职业教育新能源汽车专业产教融合创新教材

新能源汽车动力电池系统构造与检修

（配实训工单）

组　编　宁德时代新能源科技股份有限公司

主　编　吴　凯　李　伟

副主编　张　彪　薛　姣　武卫忠

　　　　李　果　孔纯放　刘　超

参　编　呼海峰　陈　宁　张　璐　马荣荣　毛昌敏

　　　　张现驰　左晨旭　于洪兵　杨　韬　李国栋

机械工业出版社

本书以国家职业教育改革为契机，以课程改革为突破口，紧密结合当前新能源汽车行业和企业的发展，以及职业岗位群和企业需求变化，来源于宁德时代企业真实工作场景和真实工作任务，融合"有效教学"理念，主要内容包括：新能源汽车作业安全准备、新能源汽车动力电池及管理系统、检修动力电池及管理系统常见故障、检修整车关联动力电池系统故障，每个项目实现了教学内容的理实一体化。

本书可作为新能源汽车检测与维修技术、新能源汽车技术、汽车技术服务与营销专业教材，也可作为新能源汽车维修企业员工的技能培训用书。

图书在版编目（CIP）数据

新能源汽车动力电池系统构造与检修：配实训工单 /
宁德时代新能源科技股份有限公司组编；吴凯，李伟主
编 . -- 北京：机械工业出版社，2024. 11. --（职业教
育新能源汽车专业产教融合创新教材）. -- ISBN 978-7
-111-77272-9

Ⅰ. U469.72

中国国家版本馆 CIP 数据核字第 2025FR8077 号

机械工业出版社（北京市百万庄大街 22 号　邮政编码 100037）
策划编辑：谢　元　　　　　　责任编辑：谢　元
责任校对：张爱妮　李　婷　　封面设计：张　静
责任印制：邬　敏
中煤（北京）印务有限公司印刷
2025 年 2 月第 1 版第 1 次印刷
184mm × 260mm · 15 印张 · 257 千字
标准书号：ISBN 978-7-111-77272-9
定价：59.90 元

电话服务　　　　　　　　　网络服务
客服电话：010-88361066　　机　工　官　网：www.cmpbook.com
　　　　　010-88379833　　机　工　官　博：weibo.com/cmp1952
　　　　　010-68326294　　金　书　网：www.golden-book.com
封底无防伪标均为盗版　　机工教育服务网：www.cmpedu.com

职业教育新能源汽车专业产教融合创新教材

编审委员会

序 一

中国的矿物能源形势是富煤、少气、缺油。2023 年自产原油 2.09 亿吨，进口 5.64 亿吨，对外依存度 73.3%。汽车消耗了 70% 的石油。我国 CO_2 排放量已居世界第一，城市大气污染主要来自机动车。

工程院咨询报告提出"电动中国"的建议，发展电动汽车、电动船舶和电动飞机，大力发展可再生能源，构建能源互联网。2001 年国家"十五"期间，新能源汽车研究项目被列入国家"863"重大科技课题。在国家多项产业政策的扶持下，我国很快成为全球新能源汽车产销量第一的大国。

习近平主席发表二〇二四年新年贺词时指出，"新能源汽车、锂电池、光伏产品给中国制造增添了新亮色"。2023 年"新三样"产品（电动载人汽车、锂离子电池和太阳能蓄电池）合计出口 1.06 万亿元，首次突破万亿元大关，同比增长 29.9%。中国锂电池产量全球占比超 70%，连续 9 年全球领先。2023 年，中国的锂离子电池产量超过 940GW·h，同比增长 25%。截至 2023 年底，中国新能源汽车保有量达 2041 万辆，占汽车总量的 6.07%。其中纯电动汽车保有量 1552 万辆，占新能源汽车保有量的 76.04%。

新能源汽车并不是非常成熟的事物，产品的某些性能与燃油汽车相比仍有差距，产品的耐久性、可靠性、安全性有待于进一步提升。

新能源汽车的关键是电池（含电芯和 BMS），主要集中在锂离子电池、原位固态化锂电池以及正在研究开发的全固态锂电池，也包括正在积极研发和推广应用的钠离子电池。电池决定了整车的续驶里程、成本、使用寿命和安全性等关键性能。

与传统燃油汽车相比，新能源汽车技术的快速发展，对从业人员的专业技能提出了更高要求。传统的汽车检测与维修知识体系和技术体系，已难以满足新能源汽车领域的实际需求。因此，编写系统、全面且实用的新能源汽车检测与维修方面的教材，对于培养高水平的新能源汽车技术人才，推动新能源汽车产业的健康发展，具有十分重要的意义。

宁德时代教授级高级工程师吴凯和李伟结合自己在锂电池工作和科研中的经历以及产业化等方面的经验积累，对新能源汽车中的关键科学问题和核心技术难题进行了全面而深入的剖析总结，成就了三本教材——《新能源汽车动力电池系统构造与检修》《新能源汽车维护与故障诊断》《新能源汽车动力电池及管理系统检修》。

这三本教材立足新能源汽车的关键技术和工作原理，重点介绍了新能源汽车关键系统模块的检测与维修技术，旨在帮助读者建立起一套完整的新能源汽车检修相关的知识和技术体系。

　　在教材编写过程中，编写团队力求做到理论与实践相结合，既注重理论知识的系统性和准确性，又强调实践操作的实用性和可操作性。书中通过大量实例分析，将复杂的检修过程生动呈现，使读者能够迅速掌握新能源汽车检测与维修的精髓。在此，感谢所有参与编写工作的朋友们为新能源汽车人才培养所作出的无私奉献。

　　衷心希望这三本教材能够成为广大新能源汽车从业人员和相关院校汽车类专业师生的良师益友，为推动我国新能源汽车产业的持续健康发展贡献一份力量。同时，期待各位读者在使用过程中，能够提出宝贵的意见和建议，共同推动新能源汽车技术的不断进步与创新。

中国工程院院士

陈立泉

序　二

发展新能源汽车是我国从汽车大国迈向汽车强国的必由之路，是应对气候变化、推动绿色发展的战略选择。我国已进入新能源汽车发展的快车道。2024 年 1 月至 11 月，我国新能源汽车产销量分别完成 1134.5 万辆和 1126.2 万辆，同比分别增长 34.6% 和 35.6%，产销量连续 9 年位居全球首位。全球一半以上的新能源汽车行驶在我国，我国作为全球最大的汽车市场，在新能源汽车领域取得了举世瞩目的成就。

新能源汽车产业发展链条，除了技术产品研发、生产制造和销售环节，离不开强大售后服务体系的支撑保障，由此给新能源汽车维修服务领域人才培养带来了新的机遇与挑战。加快培养新能源汽车维修服务技能人才，不仅是汽车维修行业转型发展的内在要求，更是确保我国新能源汽车产业持续健康发展的重要保障。新能源汽车技术的先进性对汽车维修从业人员的专业素质提出了新的更高要求。对于新能源汽车维修从业人员而言，掌握最新的新能源汽车检修技术是其核心技能要求。我们高兴地看到，宁德时代教授级高级工程师吴凯和李伟主编的职业教育新能源汽车专业产教融合创新教材，顺应汽车后市场人才的知识和技能需求，对于培育我国新能源汽车后市场创新能力，促进新能源汽车维修技能人才培养具有重要意义。

这套教材从新能源汽车的基本构造、工作原理到各子系统关键技术，再到实际检修案例的分析与总结，都进行了深入浅出的阐述，教材图文并茂，文字通俗易懂，不仅可以帮助学生系统地学习新能源汽车维修技能，为他们今后的就业打下坚实的基础，而且可以帮助维修从业人员快速掌握新能源汽车相关理论、资料和检修依据，提高检测诊断效率和维修质量，是一套符合职业成长规律的工学结合教学用书。

在此，感谢所有参与教材编写、审校和出版工作的专家同仁，你们为新能源汽车专业类师生，为新能源汽车维修从业人员提供了优质的教育培训教材，也感谢宁德时代为新能源汽车产业和汽车职业教育产教融合发展所付出的辛勤劳动。我希望有更多的此类教材尽早面世，为我国新能源汽车维修技术的普及推广，为培养更多新能源汽车维修技能人员发挥积极作用。

让我们携手共进，为实现新能源汽车产业的高质量发展，提高新能源汽车售后服务质量和水平作出新的贡献。

中国汽车维修行业协会会长

张延华

前　言

　　传统汽车产业的快速发展带来了交通拥堵、能源危机和环境污染等问题，成为限制汽车产业发展的主要瓶颈，因此新能源汽车产业成为国家重点发展和大力扶持的产业。受益于国家政策的扶持，我国新能源汽车产业得到了飞速的发展，新能源汽车的后市场也将需要大量的销售、售后，尤其是维修方面的人才。

　　为满足职业教育相关专业发展的迫切需求，由宁德时代新能源科技股份有限公司的技术专家、维修服务中心专家和汽车类专业职业院校的教师共同深入一线，结合行业协会、学会职教专家的经验，经过专业教学设计人员的指导，联合编写了这套职业教育新能源汽车专业产教融合创新教材。

　　本书以国家职业教育改革为契机，以课程改革为突破口，紧密结合当前新能源汽车行业和企业的发展，以及职业岗位群和企业需求变化，来源于宁德时代企业真实工作场景和真实工作任务，融合"有效教学"理念，主要内容包括：新能源汽车作业安全准备、新能源汽车动力电池及管理系统、检修动力电池及管理系统常见故障、检修整车关联动力电池系统故障。本书可作为新能源汽车检测与维修技术、新能源汽车技术、汽车技术服务与营销专业教材，也可作为新能源汽车维修企业员工的技能培训用书。

　　本书由宁德时代新能源科技股份有限公司组编，由吴凯、李伟担任主编，张彪、薛姣、武卫忠、李果、孔纯放、刘超担任副主编，呼海峰、陈宁、张璐、马荣荣、毛昌敏、张现驰、左晨旭、于洪兵、杨韬、李国栋参与编写。

　　在本书编写过程中，我们参考了一些汽车制造商的培训资料，在此一并向原作者和汽车制造商表示真诚的感谢！

　　限于编者水平，书中难免存在不当之处，敬请广大读者批评指正。

宁德时代新能源科技股份有限公司

目　录

项目一 新能源汽车作业安全准备

项目描述

新能源汽车是指采用非常规的车用燃料（即汽油、柴油之外）或使用常规的车用燃料、采用新型车载动力装置作为动力来源的汽车，综合了车辆的动力控制和驱动方面的先进技术。

新能源汽车包括纯电动汽车、增程式电动汽车、混合动力汽车、燃料电池汽车等类型，如图 1-1 所示。

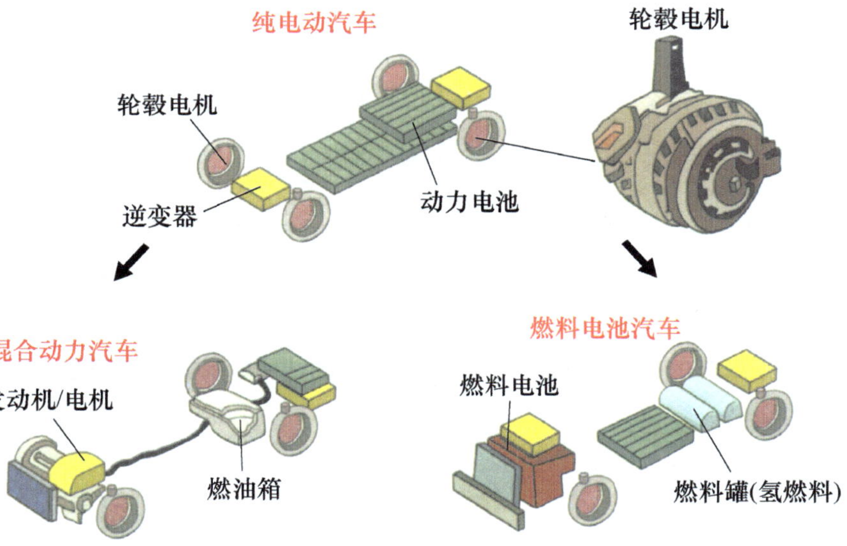

图 1-1　新能源汽车类型

新能源汽车是在传统汽车产业链基础之上发展而来的，在整车结构上与传统汽车的主要区别是动力系统，如图 1-2 所示。

新能源汽车的核心结构主要包括动力电池系统、驱动系统和整车控制器三部分，如图 1-3 所示。此外，还有车辆辅助控制系统以及动力传动系统等部件，如图 1-4 所示。

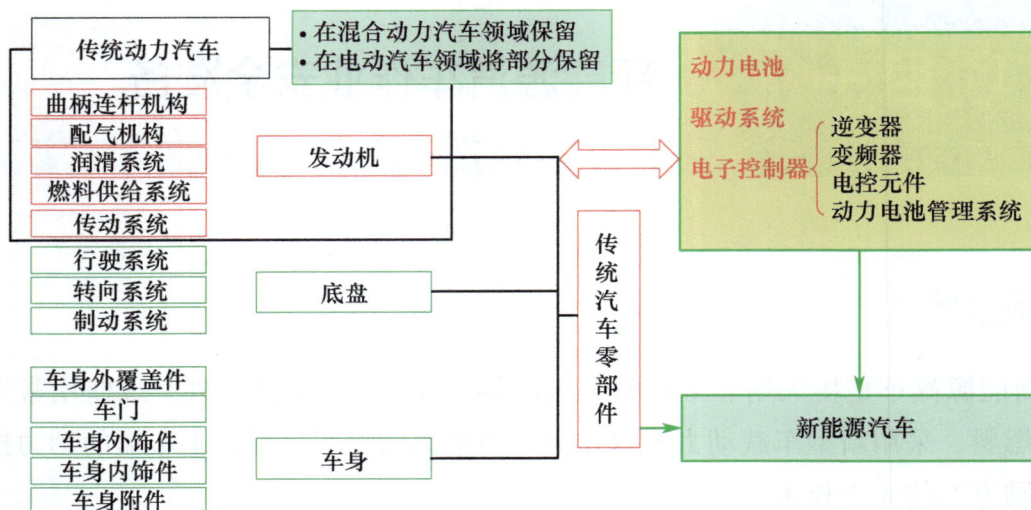

图 1-2　新能源汽车与传统汽车的主要区别

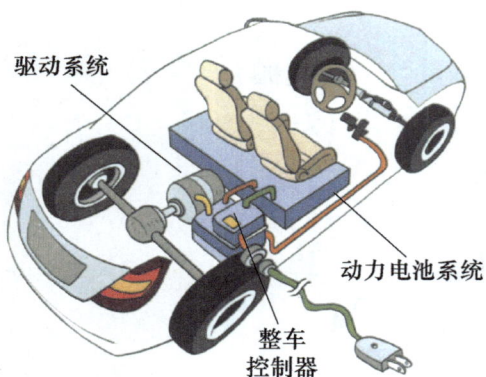

图 1-3　新能源汽车的核心结构

图 1-4　新能源汽车基本结构

⊟ 学习目标

知识目标

1. 认识新能源汽车基本结构。

2. 掌握新能源汽车高压安全防护要求。

3. 掌握不同新能源汽车维修安全操作。

技能目标

1. 掌握新能源汽车基本结构。

2. 掌握新能源汽车高压安全防护要求。

3.掌握新能源汽车高压安全防护措施。

素养目标

1.严格执行新能源汽车故障诊断规范,树立严谨科学的工作态度。

2.养成团队协作精神。

3.能够"最大化"地利用时间。

4.阅读资料划出关键技术点、归纳总结故障诊断方法。

5.能够找出"简单"的技术系统诊断方法。

任务一 新能源汽车基本结构

一、纯电动汽车

纯电动汽车主要由动力电池、电子控制器和驱动系统三部分组成。

1.动力电池

动力电池是新能源汽车的心脏。动力电池的主要作用是向高压用电设备供电,如图1-5所示。

2.电子控制器

在新能源汽车的整个平台架构中,整车控制器(Vehicle Control Unit,VCU)、电机控制器(Moter Control Unit,MCU)和动力电池管理系统(Battery Management System,

图1-5 动力电池

BMS)是最重要的核心技术,对整车的动力性、经济性、可靠性和安全性等有着重要影响。

整车控制器(图1-6)主要功能包含如下。

1)行驶控制。驱动电机必须按照驾驶人意图输出驱动或制动转矩。

2)附件管理。对DC/DC变换器、车载充电机、水泵、空调压缩机等进行控制管理。

3)能量管理。动力电池除了给动力电机供电,还要给电动附件供电,为了获得最大的续驶里程,整车控制器将负责整车的能量管理,以提高能量的利用率。

4)故障处理。监控整车电控系统,进行故障诊断。故障指示灯指示出故障类别和部分故障码。

图 1-6 整车控制器

5）信息交互。将动力系统，驱动电机、动力电池、高压系统、空调的主要数据、故障状态等传到仪表，接收驾驶人的控制信息。

动力电池管理系统是对电池进行管理的系统，通常具有量测电池电压的功能，防止或避免电池出现过放电、过充电、过温等异常状况。随着技术发展，已经逐渐增加了许多功能。

动力电池管理系统与纯电动汽车的动力电池紧密结合在一起，通过传感器对动力电池的电压、电流、温度进行实时检测，同时还进行漏电检测、热管理、电池均衡管理、报警提醒，计算电池荷电状态（SOC）、放电功率，报告电池健康状态（SOH）和 SOC，还根据电池的电压电流及温度用算法控制最大输出功率以获得最大续驶里程，以及用算法控制充电机进行最佳电流的充电，通过 CAN 总线接口与车载总控制器、电机控制器、能量控制系统、车载显示系统等进行实时通信。

3. 驱动系统

驱动系统的三大件是驱动电机、电控和减速器，其中驱动电机利用电磁感应原理实现电能向机械能的转换，驱动车辆行驶。当车辆减速时，车轮带动电机运转为电池箱充电，实现机械能向电能转换。驱动电机主要由定子、转子、机壳、连接器、旋转变压器等组成。电机控制器基于功率半导体的硬件和软件设计，对驱动电机的工作状态进行实时控制，并持续丰富其他控制功能。电机控制器主要由控制软件、绝缘栅双极型晶体管（IGBT）模块、车用膜电容器、印制电路板（PCB）及电子控制单元等元器件组成。减速器则通过齿轮组降低输出转速提高输出转矩，以保证驱动系统持续运行在高效区间。减速器由输入轴、中间轴、差速器及轴承等零部件组成，如图 1-7 所示。

图 1-8 所示为驱动电机。

图 1-7　减速器

图 1-8　驱动电机

二、混合动力汽车

Hybrid 来源于拉丁语 Hybrida，是"混合"的意思。在技术层面，Hybrid 指一种系统，它将两种不同的技术组合在一起来使用，如图 1-9 所示。

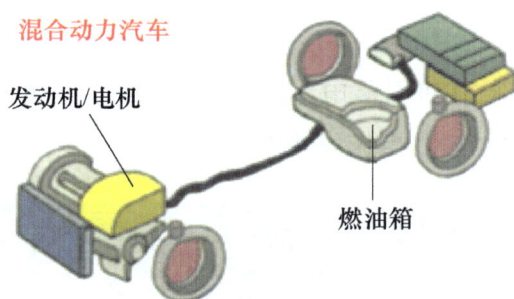

混合动力汽车

发动机/电机

燃油箱

图 1-9　将两种不同的技术组合在一起来使用

1. 串联式混合动力系统

串联式混合动力系统的结构形式及驱动方式如图 1-10 所示。串联式混合动力系统利用发动机动力进行发电，从而带动电机驱动车轮，其基本结构由电机、发动机、发电机、蓄电池等组成。由发动机运转来带动发电机，直接向电机供应电力，或一边行驶一边给蓄电池充电。因为发动机的动力是以串联的方式供应到电机，所以称为串联式混合动力系统。

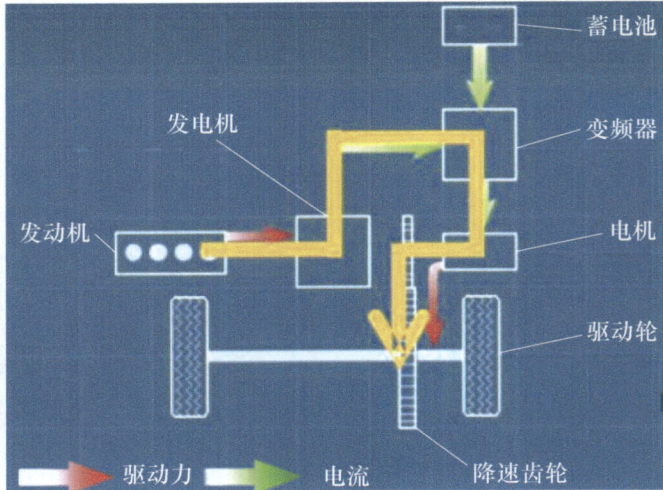

图 1-10　串联式混合动力系统的结构形式及驱动方式

2. 并联式混合动力系统

因为使用电机和发动机两种不同的装置来驱动车轮，动力的流向为并联，所以称为并联式混合动力系统。它主要采用发动机单独驱动、电机单独驱动、发动机和电机混合驱动三种工作模式。典型的并联式混合动力系统的结构形式及能量流动路线如图 1-11 所示，其基本结构由电机／发电机、发动机、蓄电池、变频器和变速器等组成。

并联式混合动力系统中利用蓄电池的电力来驱动电机，因电机在汽车制动时进行制动能量回收，此时电机当作发电机使用。

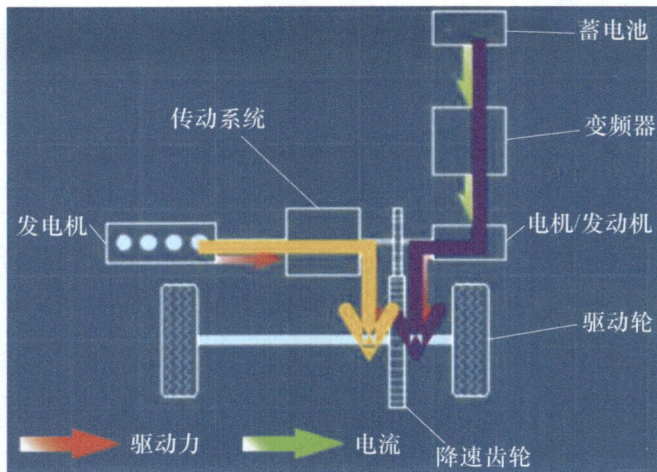

图 1-11　典型的并联式混合动力系统的结构形式及能量流动路线

任务二　新能源汽车高压安全防护措施

依据 GB 18384—2020《电动汽车安全要求》要求，考虑到空气湿度和人体在不同工作环境下的电阻不同，由于不同电压等级可能对人体产生的伤害和危险程度不同，在新能源汽车中将车辆电压按照类型和数值分为两个安全级别，见表 1-1。

A 级是较为安全的电压等级，在直流中，最大工作电压应小于或等于 60V；在交流中，最大工作电压应不大于 30V，该电压下的维修人员不需要采取特殊的防电保护。

B 级对人体会产生伤害，被认为是高压。在该电压下必须采取必要的防护设备对维护人员进行保护。

表 1-1　新能源汽车高压电的类型

电压安全级别	最大工作电压 U/V	
	DC（直流）	AC（交流）
A	$0 < U \leq 60$	$0 < U \leq 30$
B	$60 < U \leq 1500$	$30 < U \leq 1000$

直流高压主要分布在动力电池到各个驱动部件的位置，如动力电池到逆变器之间连接的是直流高电压；逆变器到压缩机之间连接的是直流高电压，如图 1-12 所示。

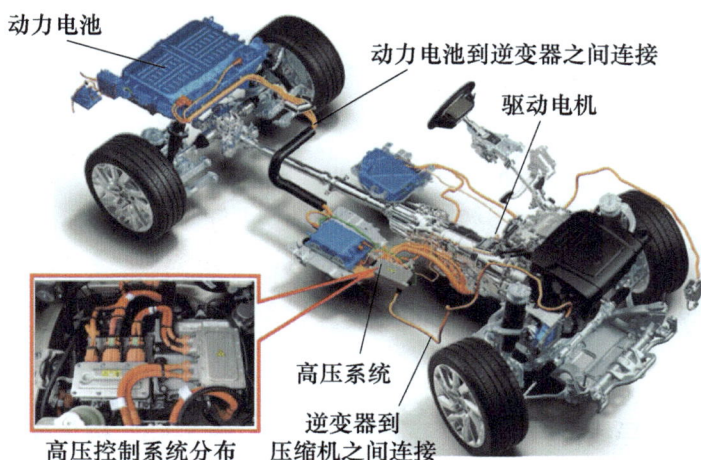

图 1-12　直流高压主要分布

交流高压主要分布在逆变器与驱动电机之间，以及充电接口与车载充电机之间。不同的是逆变器与驱动电机之间的交流高电压通常都在 200 ～ 800V，而充电接口与车载充电机之间的交流高电压即外部电网的 220V 或 380V，如图 1-13 所示。

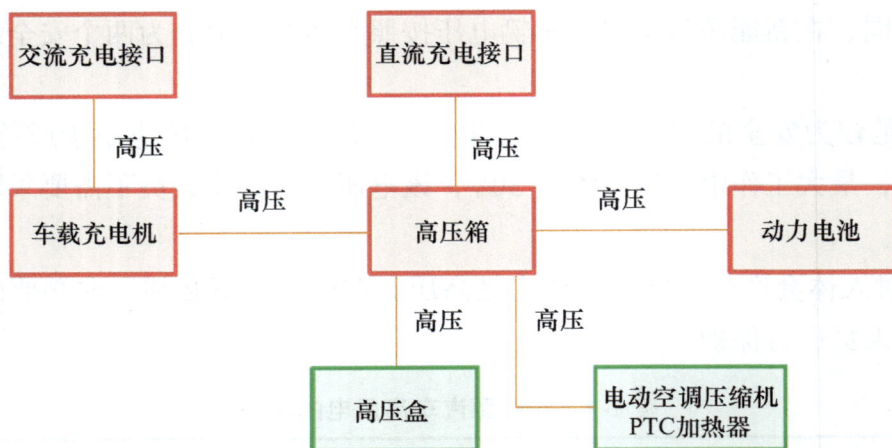

图 1-13　高压分布示意图

（1）高压警告标记

橙色高压线束：橙色波纹管隔离防护高压电，提示和警告维修人员。

高压导线警告颜色如图 1-14 所示。

橙色高压连接器：橙色提示和警告维修人员，同时所选的连接器应达到 IP67 防护等级，如图 1-15 所示。

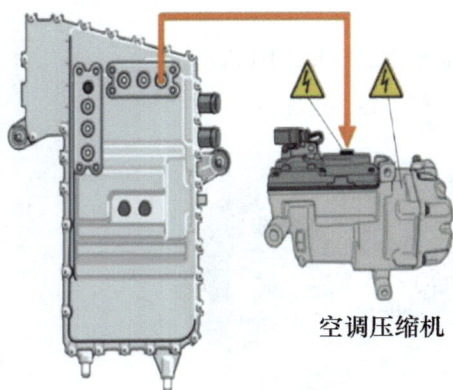

图 1-14　高压导线警告颜色

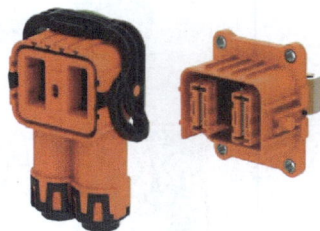

图 1-15　橙色高压连接器

高压警告标记：黄色及标记符号提示和警告维修人员，如图 1-16 所示。新能源汽车高压部件高压警告标记，如图 1-17 所示。

图 1-16　高压警告标记

图 1-17　高压部件高压警告标记

新能源汽车高压电存在的部件和时间，如图 1-18 所示。

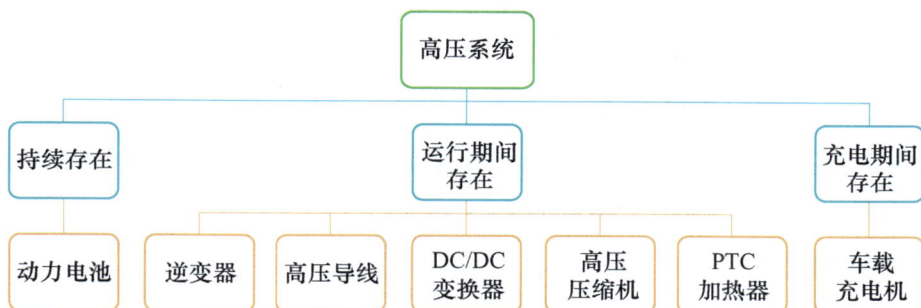

图 1-18　新能源汽车高压电存在的部件和时间

（2）持续存在高压电

新能源汽车动力电池持续存在高电压，即使在车辆停止运行期间，由于动力电池始终存储有电能，所以当满足动力电池的放电条件后，该部件将继续对外放电，如图 1-19 所示。

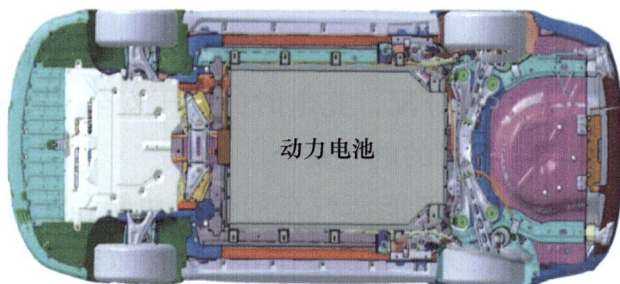

图 1-19　持续存在高压电

（3）运行期间存在

运行期间存在高压的部件，指当点火开关处于 ON、RUN 或其他运行状态时，部件上存在高电压。逆变器、高压压缩机、PTC 加热器及 DC/DC 变换器部件只有在系统运行时，来自动力电池的高电压才会加载到这些部件上。

（4）高压触电安全

人体能承受的安全电压的高低取决于人体允许通过的电流和人体电阻。人体电阻主要由体内电阻、体表电阻、体表电容组成。人体电阻随着条件的不同在很大范围内变化，但是一般不低于 1kΩ。我国民用电网中的安全电压多采用 36V，大体相当于人体允许电流 30mA（以人体电阻 1200Ω 为例）的情况，这就要求人体可接触的新能源汽车任意两个带电部位的电压要小于 36V。

无论是纯电动汽车，还是高电压的混合动力汽车，其电压和电流等级都比较高。动力电池的电压一般为 200 ～ 800V，正常工作时电流可达几百安培，这已经远远超过人体能承受的极限。

（5）危险运行工况下的安全

新能源汽车存在高压电，因此在行驶中发生事故时，如果没有很好的安全设计，就很容易发生安全隐患。危险运行工况如下：

1）发生碰撞或翻车。

2）涉水或遭遇暴雨。

3）充电时车辆的意外移动。

（6）新能源汽车的安全设计

1）维修安全。维修安全主要包含两方面：传统内燃机汽车的维修安全和针对新能源汽车的特殊维修安全。新能源汽车的维修安全主要是防止高压触电。

2）碰撞安全。当车辆发生碰撞时，车辆的安全系统应当满足以下要求：碰撞过程中以及碰撞后都要保证相关人员的人身安全。

3）电气安全。新能源汽车的电气安全主要包括以下几个方面：防止人员接触到高压电，电池能量的合理分配，充电时的高压安全，行驶过程中的高压安全，碰撞时的电气安全，维修时的电气安全。

4）功能安全。功能安全指新能源汽车的各项功能和配置能够正常、可靠、稳定地工作，不会因为故障、失效、误操作等原因导致安全事故的发生。新能源汽车的功能安全涉及电池、电机、电控、充电、智能驾驶等多个方面，如果这些功能出现问题，可能会影响车辆的动力、制动、转向、操稳等性能，危及行车安全。

一、高压电系统作业时存在的危险

1. 触电的危害

在大力推广电动汽车的同时，如何保证驾驶人员、乘车人员以及汽车维护人员的人身安全，是值得我们特别关注的话题。在电动汽车安全标准 ISO 6469-3：2018《电动道路车辆安全规范　第 3 部分：电气安全》和 GB 18384—2020《电动汽车安全要求》中，都对电动汽车的电压做了规范定义。电动汽车的工作电压分为 A、B 两个安全等级。

触电对人体的危害程度，主要取决于通过人体电流的大小和通电时间的长短。电流强度越大，致命危险越大；持续时间越长，死亡的可能性越大。能够让人感觉到的最小电流称为感知电流，交流为 1mA，直流为 5mA；人体触电后能自己摆脱的最大电流称为摆脱电流，交流为 10mA，直流为 50mA；在较短的时间内危及生命的电流称为致命电流，致命电流为交流 50mA。在有防止触电保护装置的情况下，人体允许通过的电流一般为交流 30mA。人体触电反应见表 1-2。

表 1-2　人体触电反应

序号	电流 /mA	人体触电反应	
		50Hz 交流电	直流电
1	0.6 ～ 1.5	手指开始感觉发麻	无感觉
2	2 ～ 3	手指感觉强烈发麻	无感觉
3	5 ～ 7	手指肌肉感觉痉挛	手指灼热感和刺痛
4	8 ～ 10	手指关节与手掌感觉痛，手已难以脱离电源	灼热感增加
5	20 ～ 25	手指感觉剧痛，迅速麻痹，不能摆脱电源，呼吸困难	灼热感增加，手部肌肉开始痉挛
6	50 ～ 80	呼吸麻痹，开始心房颤动	强烈灼痛，手部肌肉痉挛，呼吸困难
7	90 ～ 100	呼吸麻痹，持续 3min 后或更长时间后，心脏停搏或心房停止跳动	呼吸麻痹

2. 高压电与人体伤害

电流通过头部可使人昏迷，通过脊髓可能导致瘫痪，通过心脏会造成心跳停止、血液循环中断，通过呼吸系统会造成窒息。因此，从左手到胸部是最危险的电流路径；从手到手、从手到脚也是很危险的电流路径；从脚到脚是危险性较小的电流路径。一旦电流由一手进入，另一手或一脚流出，电流通过心脏，即可立即引起心房颤动；通过左手触电比通过右手触电更严重，因为这时心脏、肺部、脊髓等重要器官都处于电流路径内。人体电阻如图 1-20 所示，电流流经人体不同部位的电阻见表 1-3。

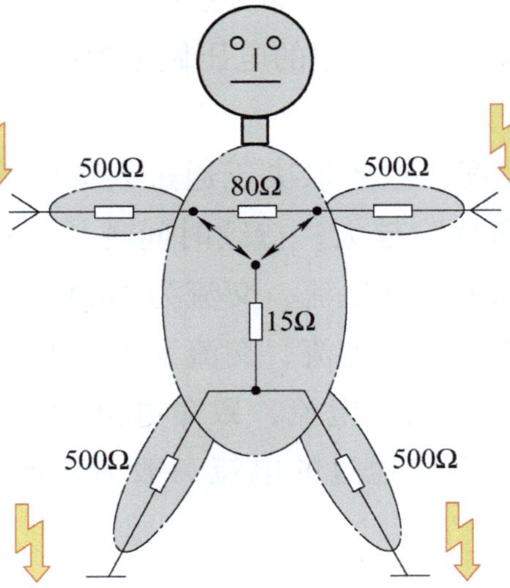

图 1-20　人体电阻

表 1-3　电流流经人体不同部位的电阻

电流路径	人体近似电阻 /Ω
手—手	1080
手—双脚	765
双手—双脚	515
双手—胸部	270

人体电阻的大小取决于衣服、皮肤湿度、体内电流路径的长度和类型等因素。有电流流过身体部位处的衣服越厚、越干，电阻越大。如果皮肤上有水或雪，那么身体电阻就会降低。如果身体内电流经过的路径较短，那么电阻就要比电流流过较长路径时小。

人体有害电流的严重程度表示各触电接触持续时间的触电危险。从电流强度达到约 30mA 时开始存在死亡危险，各触电接触持续时间的触电危险范围如图 1-21 所示，对应各类强度范围 1 ～ 4 的伤害见表 1-4。

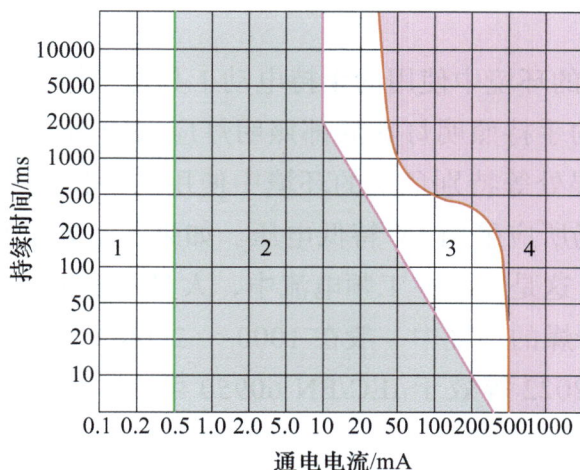

图 1-21　各触电接触持续时间的触电危险范围

表 1-4　对应各类强度范围 1～4 的伤害

强度分类	强度范围 1	强度范围 2	强度范围 3	强度范围 4
触电反应	无作用，与接触持续时间无关	0.5～2mA：感知到电流 3～5mA：开始感知到疼痛 10～20mA：释放阈值范围电流的流通通常对人体无害	肌肉痉挛 呼吸困难 心律失常 一般预计不会造成永久性器官损伤	心脏纤颤 心跳停止 呼吸停止 死亡危险！

当 288V 直流电压穿过人体后，可以通过欧姆定律粗略计算出通过人体的电流：人体电流 $I=U/R$=288V/1080Ω=0.27A；0.27A（270mA），电流参照示意图如图 1-22 所示，可以发现如果在心脏的滞留时间达到 10～15ms，那么就会致命。

人体皮肤的电阻为 0.1～1MΩ，但在有些情况下也可能降为 0Ω，尤其是当皮肤潮湿或者有伤口时，电阻会明显下降。

3. 安全电压的标准

GB/T 3805—2008《特低电压（ELV）限值》中规定，安全电压的等级有 42V、36V、24V、12V、6V 五种，同时还规定当电器电压超过 24V 时，必须采取防止直接接触带电体的

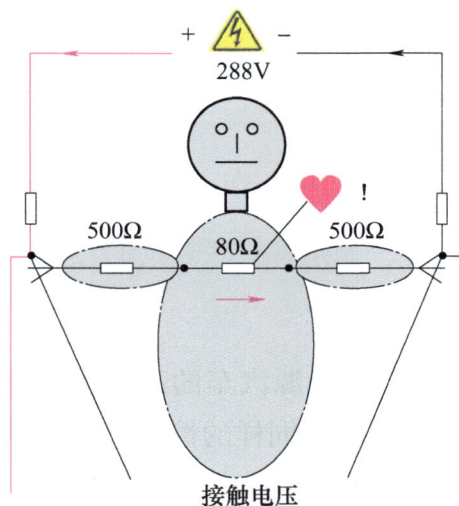

图 1-22　电流参照示意图

保护措施。

例如，特别危险的环境中使用的手持电动工具应采用 42V 特低电压，有电击危险的环境中使用的手持照明灯和局部照明灯应采用 36V 或 24V 特低电压，金属容器内、特别潮湿处等特别危险的环境中使用的手持照明灯应采用 12V 特低电压，水下作业等场所应采用 6V 特低电压。如果不是要求特殊作业的环境，一般安全电压是 36V，这是因为在工频电流中，人身能摆脱电源的电流是 30mA 左右，而人体电阻在干燥的环境中一般在 1000 ~ 2000Ω。

据 GB 4943.1—2022 等效于 IEC/EN 60950 可知，安全电压：<AC 42.4V 或 DC 60V。

4. 人体触电方式

能够对人体产生触电的前提是人体与触电源之间形成了回路，有电流流经人体后才会导致触电。新能源汽车的高压电系统与车身之间是隔离的，因此，如图 1-23 所示的情况下，人体不会产生触电，没有电流通过人体，原因就在于人体没有与触电源之间形成回路。

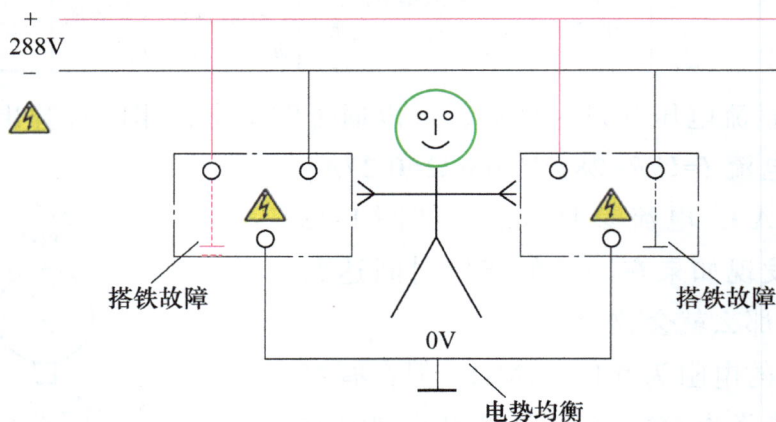

图 1-23　非触电情况

当新能源汽车的高压电部件对车身发生搭铁故障时，触电情况如图 1-24 所示，人体在同样的情况下就有可能发生触电事故。

在实际工作中，维修人员应该避免因操作失误而导致自己与电压系统形成回路，如图 1-25 所示的触电方式能够被大多数维修人员理解。但是如图 1-26 所示的两种间接触电形式却很容易被维修人员所忽视。

图 1-24 触电情况

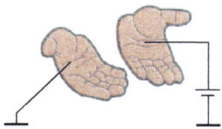

a) 两手之间　　　b) 手掌之间

图 1-25 触电方式

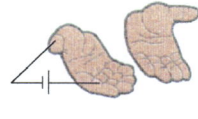

a) 两手之间　　　b) 手掌之间

图 1-26 两种间接触电形式

纯电动汽车的动力电池用低电压电芯单体进行串联，以获得 200 ~ 800V 的高压电，然后再转换成三相交流电。有些车型高压系统的电压甚至可达到 900V，因此在维修纯电动汽车的过程中必须做好对高压电的安全防护。

5. 触电急救

当发生了人身触电事故，发现者一定不要惊慌失措，应动作迅速，救护得当。首先，要迅速将触电者脱离电源；其次，立即就地进行现场救护，同时找医生进行抢救。

（1）脱离电源

电流对人体作用的时间越长，对生命的威胁越大，因此触电急救首先要使触电者迅速脱离电源。救护人员既要救人又要注意保护自己，可根据具体情况选用拉、切、挑、拽和垫等方法。

1）"拉"是指就近拉开电源开关，拔出插销或断路器。

2）"切"是指用带有绝缘柄或干燥木柄的工具切断电源。切断时，应注意防止带电导线掉落碰触到周围的人。对于多芯绞合导线，应分相切断，以防短路伤害人。

3）"挑"是指如果导线搭落在触电人身上或压在身下，这时可用干燥的木棍或竹竿等绝缘工具挑开导线，使之脱离电源。

4）"拽"是指救护人戴上绝缘手套或在手上包裹干燥的衣服、围巾、帽子等绝缘物体拖拽触电人，使其脱离开电源导线。

5）"垫"是指如果触电人由于痉挛手指紧握导线或导线缠绕在身上，这时救护人可先用干燥的木板或橡胶绝缘垫塞进触电人身下使其与大地绝缘，隔断电源的通路，然后采取其他办法把电源线路切断。

（2）注意事项

1）救护人不得采用金属和其他潮湿的物品作为救护工具。

2）在未采取绝缘措施前，救护人不得直接接触触电者的皮肤、潮湿的衣服和鞋子。

3）在拉拽触电人脱离开电源线路的过程中，救护人适合用单手操作，这样做对救护人比较安全。

4）当触电人处于较高的位置时，应采取预防摔伤措施，预防触电人在脱离电源时从高处坠落摔伤或摔死。

5）夜间发生触电事故时，在切断电源时会同时使照明断电，应考虑切断后的临时照明，如应急灯等，以利于开展救护工作。

（3）对症抢救

将触电者脱离电源后应立即移到通风处，并将其仰卧，迅速鉴定触电者是否有心跳、呼吸等体征。

1）若触电者神志清醒，但感到全身无力、四肢发麻、心悸、出冷汗、恶心或一度昏迷，但未失去知觉，应将触电者抬到空气新鲜、通风良好的地方舒适地躺下休息，让其慢慢地恢复正常，并要时刻注意保温和观察。若发现呼吸与心跳不规则，应立刻设法抢救。

2）触电者呼吸停止但有心跳，应用口对口人工呼吸法抢救。

3）若触电者心跳停止但有呼吸，应用胸外心脏按压法和口对口人工呼吸法抢救。

4）若触电者呼吸、心跳均已停止，需同时进行胸外心脏按压法与口对口人工呼吸法抢救。

5）千万不要给触电者打强心针或拼命摇动触电者，也不要用木板石夹压以及强行挟持触电者，避免使触电者的情况更加恶化。

抢救过程要不停地进行，在送往医院的途中也不能停止抢救。当触电者出现面色好转、嘴唇逐渐红润、瞳孔缩小、心跳和呼吸逐渐恢复正常时，即为抢救有效的特征。

唇逐渐红润、瞳孔缩小、心跳和呼吸逐渐恢复正常时，即为抢救有效的特征。

（4）施救方法

1）口对口人工呼吸法。在做人工呼吸之前，首先要检查触电者口腔内有无异物，呼吸道是否堵塞，特别要注意清理咽喉部分有无痰堵塞；其次要解开触电者身上妨碍呼吸的衣裤，且维持好现场秩序，口对口人工呼吸法如图 1-27 所示。

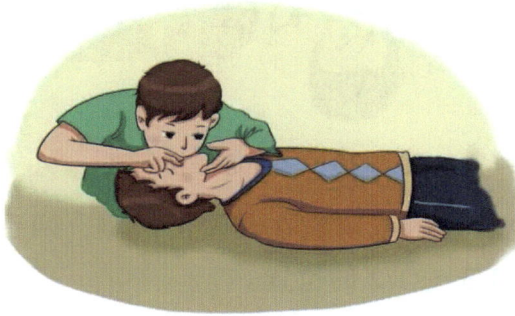

图 1-27　口对口人工呼吸法

① 将触电者仰卧，并使其头部充分后仰。一般应用一手托在其颈后，使其鼻孔朝上，以利于呼吸道畅通，但头下不得垫枕头，同时将其衣扣解开。

② 救护人在触电者头部的侧面，用一只手捏紧其鼻孔，另一只手的拇指和食指掰开其嘴巴。

③ 救护人深吸一口气，紧贴掰开的嘴巴向内吹气，也可铺一层纱布。吹气时，要用力并使其胸部膨胀，一般应每 5s 吹一次，吹 2s，放松 3s。对儿童可小口吹气。

④ 吹气后，应立即离开其口或鼻，并松开触电者的鼻孔或嘴巴，让其自动呼气。

⑤ 在实行口对口（鼻）人工呼吸时，当发现触电者腹部充气膨胀，应用手按住其腹部，并同时进行吹气和换气。

2）胸外心脏按压法。胸外心脏按压法是触电者心脏停止跳动后使心脏恢复跳动的急救方法，是每一个电气工作人员应该掌握的救护，方法如图 1-28 所示。

① 首先使触电者仰卧在坚实的地方，解开领口衣扣并使其头部充分后仰，鼻孔向上。也可由另外一人用手托在触电者颈后或将其头部放在木板端部，在其胸后垫以软物。

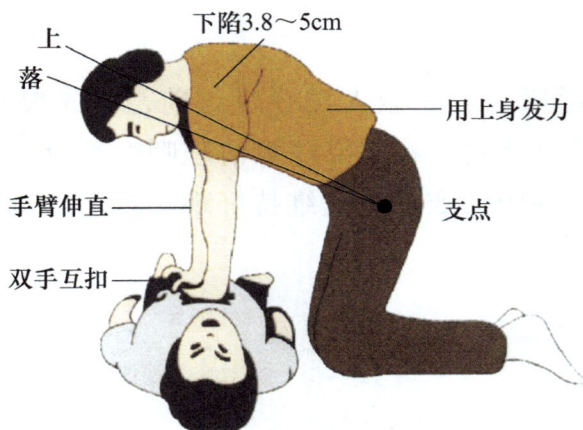

图 1-28　胸外心脏按压法

② 救护者跪在触电者一侧或骑跪在其腰部两侧，两手相叠，下面手掌根部放在心窝上方，胸骨下 1/3 ～ 1/2 的位置。

③ 手掌根用力垂直向下挤压，力量要适中，不得用力过猛。对成人应压陷 3 ～ 4cm，频率为 60 次 /min。对 16 岁以下儿童，一般应用一只手挤压，用力要比成人稍轻一点，压陷 1 ～ 2cm，频率 100 次 /min 为宜。

④ 按压后，手掌根应迅速全部放松，让触电者胸部自动复原。放松时，手掌根不要离开压迫点，只是不向下用力而已。

⑤ 为了达到良好的效果，在实施胸外心脏按压法的同时，必须做人工呼吸。因为正常的心脏跳动和呼吸是相互联系且同时进行的，没有心跳，呼吸也要停止，而呼吸停止后，心脏也不会跳动。

注意：实施胸外心脏按压法时，切忌草率行事，必须认真坚持，抢救要持续到触电者苏醒或其他救护人员、医生赶到。

（5）触电预防

1）不要带电操作。新能源汽车维修人员应尽量不进行带电作业。若必须带电操作，应采取必要的安全措施，如有专人在现场监护及采取相应的安全绝缘措施等。

2）完善安全措施。新能源汽车的金属外壳可采用保护接零或保护接地等安全措施。

3）建立安全检查制度。安全检查是发现维修设备和工具缺陷、及时消除事故隐患的重要措施。安全检查一般应每季度进行一次，特别要加强雨季前和雨季中的安全检查。

4）加强安全教育。加强新能源汽车电气安全教育和培训是提高车辆维修人员的业务素质、加强安全意识的重要途径。维修保养新能源汽车的操作者还要加强用电安全规程的学习，从事维修工作的人员除了应熟悉新能源汽车电气安全操作规程，还需要掌握新能源汽车电气设备的安装、使用、管理、维护及检修工作的安全要求，具备新能源汽车电气火灾的灭火常识和触电急救的基本操作技能。

5）作业警告。操作电工在全部停电或部分停电的电气设备上工作前，必须先做好停电、验电、装设搭铁线、悬挂安全警告牌和装设防护栏等工作，再进行实际作业。

二、高压作业个人安全防护要求

对新能源汽车的非高压部件（如制动、悬架和车身系统）进行维修时，不需要专业的安全防护措施。对高压系统中的高压组件进行维修时，要求必须采用特殊的防护措施。在劳动保护方面，要注意以下要点。

1）必须遵守有关安装和健康防护的说明和规定。

2）必须按规定使用装备（工具、车辆）。

3）如果发现装备损坏，则必须按专业的要求排除故障。如果不能排除故障，则必须向上级通报。

1. 个人防护用品

（1）绝缘鞋

绝缘鞋（安全鞋）是辅助安全用品，有多种型号，通常适用于交流 50Hz、1000V 以下或直流 1500V 以下的电力设备检修工作，如图 1-29 所示。GB 21148—2020《足部防护　安全鞋》对产品使用者也提出了新要求：使用时，应避免锐器刺伤鞋底，使用时鞋面保持干燥，避免高温和腐蚀性物质。产品在穿用 6 个月后，应做一次预防性试验，因锐器刺穿的不合格品不得再当作绝缘鞋使用。

（2）绝缘帽

绝缘帽（安全帽）是指具备电绝缘性能要求的安全帽，在帽子上会有安全常识"D"的字母标记。按照国家标准进行电绝缘性能试验，用交流 1200V 耐压试验 1min，泄漏电流不应超过 1.2mA，如图 1-30 所示。

图 1-29   绝缘鞋

图 1-30   绝缘帽

1）戴安全帽前，应将帽后调整带按自己头型调整到适合的位置，然后将帽内弹性带系牢。

2）缓冲衬垫的松紧由调整带调节，人的头顶和帽体内顶部的空间垂直距离一般在 25～50mm，至少不要小于 32mm 为好。

3）不要把安全帽歪戴，也不要把帽檐戴在头后方。

4）安全帽的下颚带必须扣在颌下并系牢，松紧要适度。

5）在现场作业中，不得将安全帽随意脱下搁置一旁或当坐垫使用。

6）平时使用安全帽时应保持整洁，不能接触火源，不要任意涂刷油漆。

（3）护目镜

护目镜也叫安全防护眼镜，其种类很多，有防尘眼镜、防冲击眼镜、防化学眼镜和防光辐射眼镜等，如图 1-31 所示。护目镜是一种能起到特殊防护作用的眼镜，可根据使用场合的不同选择合适的眼镜。

1）选择护目镜应根据脸型选择护目镜的规格大小。

2）护目镜可通过调节头带，调整到与面部的合适程度。

3）护目镜要选用经产品检验机构检验合格的产品。

4）镜片磨损粗糙、镜架损坏会影响操作人员的视力，应及时进行调换。

5）护目镜要专人专用，以防止传染眼疾。

6）焊接护目镜的滤光片和保护片要按规定作业需要进行选用和更换。

7）防止重摔、重压，防止坚硬的物体摩擦镜片和面罩。

（4）绝缘拼接地板

新能源汽车维修工具中的绝缘拼接地板具有稳定的物理化学性质，不溶于水，不溶于油，可以加强对工作人员的对地绝缘保护，避免在发生单相接地或电气设备绝缘损坏时，接触电压与跨步电压对人体造成伤害。绝缘拼接地板如图 1-32 所示。

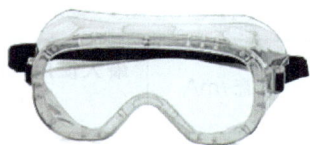

图 1-31 护目镜

图 1-32 绝缘拼接地板

（5）绝缘手套

绝缘手套是起电气绝缘作用的一种带电作业用手套，可以使人的两手与带电体绝缘，防止人手触及同一电位带电体或同时触及不同电位带电体而发生触电。

1）绝缘手套分类。按绝缘手套所用原料的不同，可分为天然橡胶绝缘手套和丁基合成橡胶绝缘手套两大类，如图 1-33 和图 1-34 所示。

图 1-33 天然橡胶绝缘手套

图 1-34 丁基合成橡胶绝缘手套

2）绝缘手套标记。根据国家标准规定，每只绝缘手套上必须有明显且持久的标记，内容包括标记符号、使用电压等级/类别、制造单位和商标、规格型号、周期试验日期栏、检验合格印章、贴有经试验单位定期试验的合格证等信息，如图 1-35 所示。

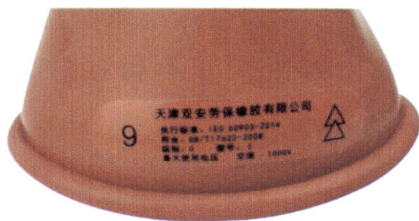

图 1-35 绝缘手套标记

3）绝缘手套等级。绝缘手套按照不同的电压等级可分为多个级别，见表1-5。

表1-5　绝缘材料制作带电作业用绝缘手套的级别（IEC 60903—2002）

级别	试验验证电压 AC/DC/kV	最低耐受电压 /kV	最大泄漏电流 /mA	最大使用电压 AC/DC/kV
00	2.5/10	5	≤14	0.5/0.75
0	5/20	10	≤16	1/1.5
1	10/40	20	≤18	7.5/11.25
2	20/50	30	≤20	17/25.5
3	30/60	40	≤22	26.5/39.75
4	40/70	50	≤24	36/54

4）绝缘手套的使用要求。

① 使用经检验合格的绝缘手套，检验应每6个月进行一次，如图1-36a所示。

检验标准：高压绝缘手套试验电压是9kV，泄漏电流是9mA；低压绝缘手套试验电压是2.5kV，泄漏电流是5mA。

② 戴之前，还要对绝缘手套进行气密性检查，如图1-36b所示。

具体方法：将手套从口部向上卷，稍用力将空气压至手掌及指头部分检查上述部位有无漏气，如有漏气，则不能使用。

③ 使用时注意防止尖锐物体刺破手套。

④ 绝缘手套使用前，应进行外观检查。当发现有发黏、裂纹、破口（漏气）、气泡、发脆等损坏时，禁止使用。

⑤ 进行新能源汽车维修工作应戴上绝缘手套，如图1-36c所示。

⑥ 使用绝缘手套时，应将上衣袖口套入绝缘手套筒口内。

⑦ 使用后，注意存放在干燥处，并不得接触油类及腐蚀性药品等，如图1-36d所示。

（6）维修工服

维修工服是维修技师所穿的衣服，能够给电动汽车操作人员提供安全保障，如图1-37所示。

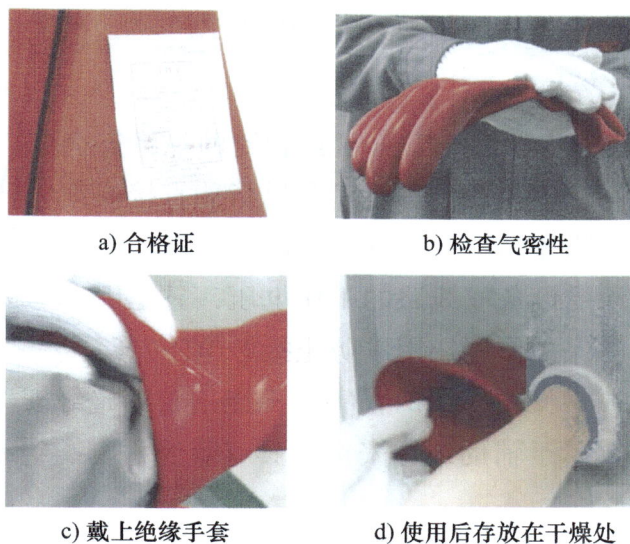

a) 合格证　　　　　b) 检查气密性

c) 戴上绝缘手套　　　d) 使用后存放在干燥处

图 1-36　绝缘手套的使用要求

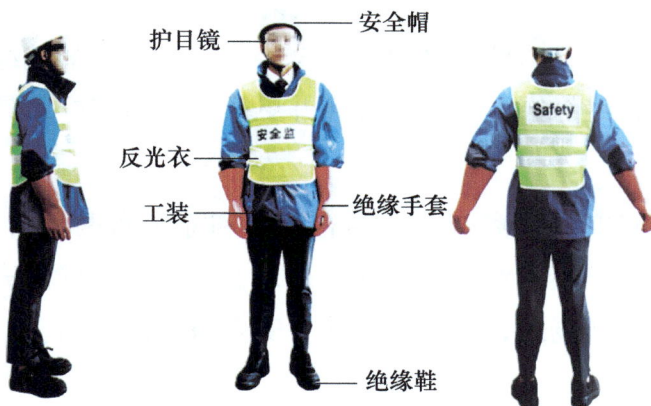

图 1-37　维修工服

维修工服的选取如下。

1）维修工服面料应当选择防静电、耐摩擦的材料。

2）维修工服要求是收口的，下摆、袖口、裤腿都是可以扣起来的，能有效降低衣服卡入车辆缝隙中的概率，提高维修作业的安全性。

3）维修工服色泽以较深为宜。

2. 干粉灭火器

新能源汽车维修工具中，干粉灭火器是必备的工具之一。如果车辆起火，当火势较小较慢时，使用干粉灭火器可以快速有效地灭火。因此干粉灭火器在新能源汽车维修中是不可或缺的工具，如图 1-38 所示。

3. 绝缘工具

绝缘工具通常分为基本绝缘安全工具和辅助绝缘安全工具，如图 1-39 所示。基本绝缘安全工具是指能直接操作带电设备或可能带电物体的维修工具。辅助绝缘安全工具是指绝缘强度不是承受设备或线路的工作电压，只是用于加强基本绝缘安全的保护作用，用以防止接触电压、跨步

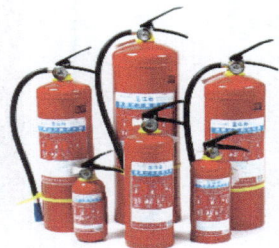

图 1-38　干粉灭火器

电压、泄漏电流电弧对操作人员的伤害。不能用辅助绝缘安全工具直接接触高压设备的带电部分。属于辅助绝缘安全工具有绝缘手套、绝缘鞋、绝缘拼接地板等。

为了顺利完成新能源汽车的维修工作任务而又不发生安全事故，操作者必须携带和使用各种绝缘安全工具。

绝缘工具通常由两个绝缘层组成。工具内部的绝缘层大多为黄色，而外层为橘色。双绝缘层的作用是为使用者提供安全警告：若工具的绝缘层部分磨损或破坏，露出内部的黄色绝缘层，则必须废弃并更换为新的完好工具。

4. 安全警示带

安全警示带也叫安全隔离带，主要有塑料和涤纶布两种材质，如图 1-40 所示。安全警示带常用于新能源汽车交通事故以及突发事件的隔离，在检修新能源汽车时可用于圈定操作场地，起到提醒他人安全防范的作用。

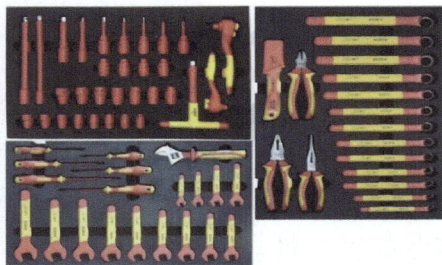

图 1-39　绝缘工具

图 1-40　安全警示带

5. 高压电警告牌

在高压电气系统的检修作业场所放置高压电警告牌是保证工作人员安全的主

要措施之一，以此起到安全警告作用，避免或减少安全事故的发生。根据作业内容的不同，通常在高压电警告牌上书写"严禁触摸 高压危险""严禁启动 正在检修""严禁操作 正在检修"等字样，如图 1-41 所示。

图 1-41 高压电警告牌

6. 高压车辆的标识

为了便于识别，所有混合动力汽车和纯电动汽车的高压电缆均标为橙色。车辆带电或起动时，应遵守"请勿接触橙色部件"的一般规则。高压电缆均标为橙色，如图 1-42 所示。

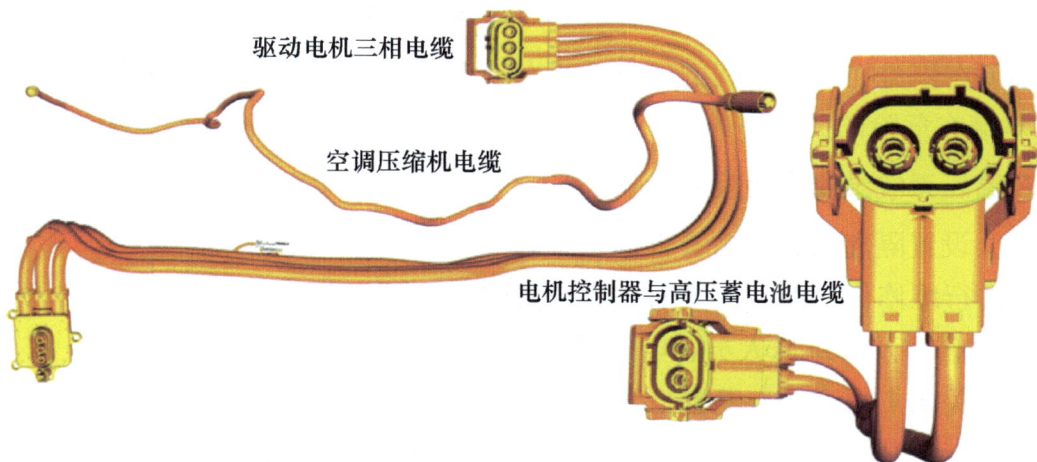

驱动电机三相电缆

空调压缩机电缆

电机控制器与高压蓄电池电缆

图 1-42 高压电缆均标为橙色

每根电缆均用机械锁定装置固定，这可确保电缆安装牢固并确保正确的电缆仅安装在相应的插座上。电缆绝缘以防止电动势（EMF）降低。

所有高压部件上均贴有引起对潜在危险注意的警告如图 1-43 所示。所有高压连接都加以保护且颜色为橙色，这使它们能够明显区别于车辆中的其他部件。

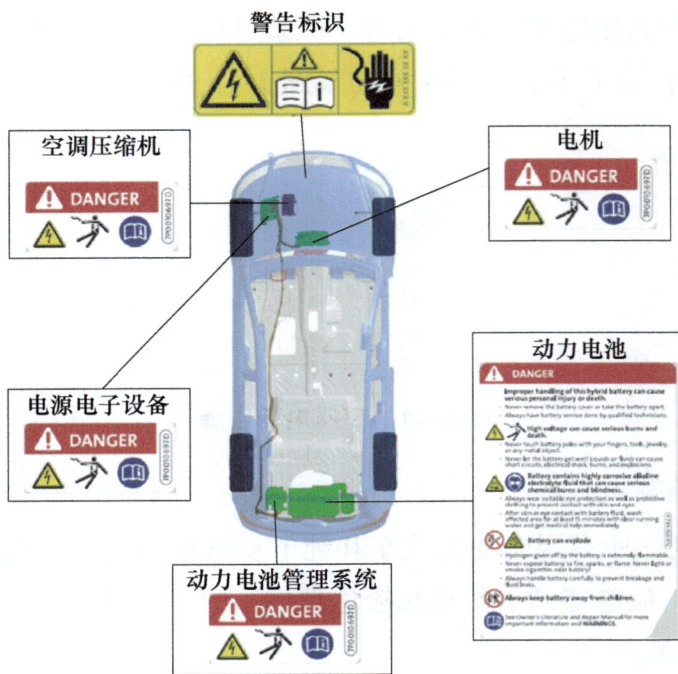

图 1-43　潜在危险注意的警告

　　必须在停放在维修车间的纯电动汽车或混合动力汽车上应粘贴警告以引起第三方对潜在危险的关注。

7. 高压系统维修安全规定

（1）设置隔离区、张贴警告标识

　　在进行维修作业前，需要对整车设置隔离区、张贴警告标识，防止非预期上电、机械伤害及非维修人员触电等带来的风险，如图 1-44 所示。

（2）关闭点火开关、断开低压及高压连接开关

　　车辆带负载的情况下断高压会有拉弧的可能。为避免拉弧带来的人身伤害，需要先断低压电，后断高压电，二者顺序不能对调。断开蓄电池负极电缆后，需要用绝缘胶带包裹负极连接线束，并将其固定，与蓄电池正极极柱保持一定的距离。

　　应确保没有任何第三方能够重新起动高压系统。负责维修的高压技师必须管理重新起动系统的所有所需部件，如点火钥匙、手动维修开关。

　　车辆下电后，技术人员必须保管好车辆钥匙，防止其他人启动车辆；若车辆配备了远程无钥匙启动系统，车辆与钥匙之间必须保持足够远的距离。

图 1-44 设置隔离区、张贴警告标识

（3）检查高压系统

检查高压系统是否已正确地断开连接，对高压系统进行定量测试，确定其是否已与电池箱隔离。可采取以下措施来检查高压系统是否已隔离。

1）验电：使用万用表测量电池正负极对整车底盘的电压，正常情况应该接近 0V，否则，说明电池箱存在漏电的情况；使用万用表测量电池箱正负极之间电压，正常情况应该接近 0V，否则，说明电池箱继电器有粘连情况。

2）等电位测试：测量电池系统搭铁线电阻，电阻应该小于 100mΩ，否则，需要检查搭铁线或固定螺栓。

3）绝缘测试：检测绝缘电阻，读取绝缘电阻数值，若测量值与标准值不符，则说明电池箱存在绝缘故障，需进一步检修。一般情况下，测量电池系统的绝缘电阻应达到兆欧级别，根据国标要求，混合电路绝缘电阻最低标准为大于 500Ω/V。

三、维护作业安全防护

新能源汽车维修作业人员要求：必须双人操作，一人操作，另一人监督，应严格遵守操作规程，如图 1-45 所示。

图 1-45　新能源汽车维修作业人员要求

（1）维修作业人员

具备纯电动、混合动力汽车对应车型维修资质的维修作业人员，或对纯电动、混合动力汽车结构和控制原理非常熟悉的技师，负责对车辆检测、维修、保养工作，具体如下：

1）常规保养作业。

2）非高压部分检测、维修。

3）高压回路检测、维修。

（2）监护人

具备纯电动、混合动力汽车对应车型维修资质的维修技师或对纯电动、混合动力汽车结构和控制原理非常熟悉。监护人的工作职责为监督维修的全过程，具体如下：

1）监督维修人员、绝缘工具套装的使用、防护用品佩戴、备件安全保护、维修安全警告牌等是否符合要求。

2）检查手动维修开关的接通和断开（装有时）/检查车辆电源的接通和断开。

3）负责对检查或维修过程中的安全维修操作规程进行检查，监护人要按安全检测和维修操作规程指挥操作，检测人员在做完一个操作后要告知监护人，监护人应在作业流程单上做标记。

4）监护人应认真负责，确保检测过程的安全，避免发生安全责任事故。

（3）高压回路检测、维修作业

高压回路检测、维修作业除专业老师或维修技师，必须配备一名监护人。

（4）新能源车型维修技师需具备的资质

新能源车型维修技师需具备的资质：国家认可的"特种作业操作证（电工）""初级（含）以上电工证"等职业资格证书。

CATL 宁德
时代介绍

⚙ 拓展学习

中国新能源汽车的渗透率持续提升，在这一大趋势中，重卡的电动化渗透率尤为突出。目前，2024 年上半年我国整个重卡行业的电动化大幅上升到 5.6%。重卡换电，已经成为产业的共识，但如何能破解不同场景、不同车辆之间的通用难题，改变目前换电站少，换电慢，效能不同等现实问题，改善卡车司机工作环境，提升卡车司机运营效率的工作现状，则是构建中国换电网络最为迫切要突破的产业藩篱。

宁德时代骐骥换电的出现，为构建全国性重卡换电网络提供了一张高技术、标准化、低成本的技术蓝图。宁德时代推出的骐骥换电一站式解决方案，包含骐骥换电块、骐骥换电站、骐骥云平台。通过平台化、模块化设计，实现不同车辆和不同场景的通用性换电，从而为构建全国换电网络奠定基础，从技术上和系统架构上实现对未来需求的超前布局，应对和加速重卡行业加快电动化的步伐，实现重卡行业的产业升级。

低温快充 -1

低温快充 -2

低温续航

项目二　新能源汽车动力电池及管理系统

项目描述

动力电池系统为新能源汽车提供动力，是新能源汽车的心脏。在汽车上，动力电池系统的主要作用是向用电设备供电，如图 2-1 所示。

图 2-1　动力电池系统

动力电池管理系统（Battery Management System，BMS）是配合监控储能电池状态的装置，主要是为了智能化管理及维护各个电池单元，防止电池出现过充电和过放电，延长电池的使用寿命，监控电池的工作状态。一般 BMS 表现为一块印制电路板（PCB），即 BMS 保护板，或者一个壳体（硬件盒子）如图 2-2 所示。

a) PCB

b) 壳体

图 2-2　动力电池管理系统（BMS）

📇 学习目标

知识目标

1. 能够掌握动力电池的定义。
2. 能够掌握常用的行业术语。
3. 能够掌握动力电池的分类。
4. 了解动力电池管理系统。

技能目标

1. 掌握动力电池的结构。
2. 掌握动力电池的应用。
3. 掌握动力电池管理系统的结构。
4. 掌握动力电池热管理系统的结构与工作原理。

素养目标

1. 养成总结学习知识和技能的方法，为完成任务积累经验。
2. 养成团队协作精神。
3. 能够自觉遵守技术标准和规范要求。
4. 培养知识总结、综合运用、语言表达的能力。

任务一　动力电池

动力电池系统由电池箱、模组与电芯、高压盒、热管理系统、动力电池管理系统、高低压线束等组成。乘用车动力电池系统主要零部件如图 2-3 所示，商用车动力电池系统主要零部件如图 2-4 所示。

一、动力电池工作原理

动力电池是新能源汽车驱动力的来源，是新能源汽车的核心组成部分。动力电池的能量密度、产品性能、使用寿命和成本等直接影响新能源汽车的续驶里程、动力性能、安全性和使用成本等。动力电池属于二次电池，二次电池可以重复充放电，也能储存电能。比较常见的二次电池是锂离子电池，作为车载电池被新能源汽车广泛使用。例如，极氪 001 动力电池如图 2-5 所示。

电池箱

a)

热管理系统

b)

模组与电芯

c)

动力电池管理系统

d)

高压盒

e)

高低压线束

f)

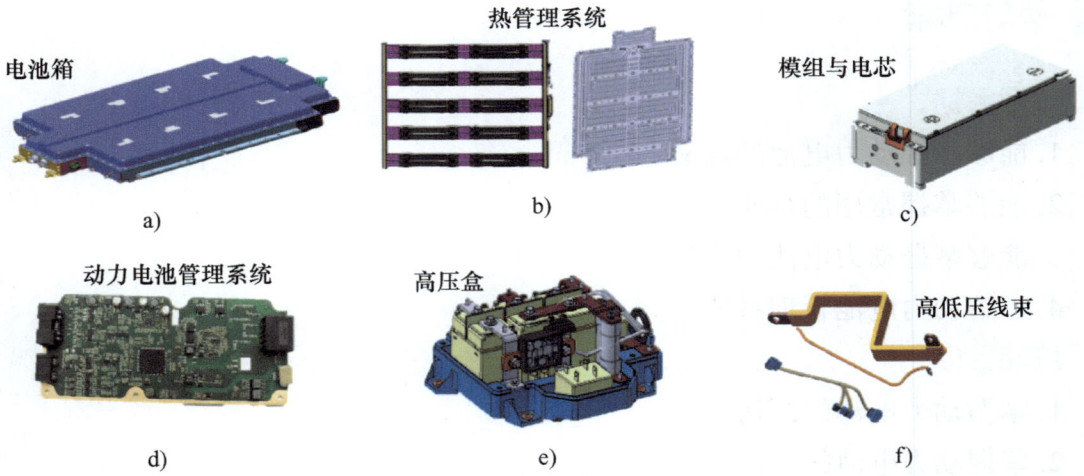

图 2-3　乘用车动力电池系统主要零部件

电池箱

a)

高压盒

b)

热管理附件

c)

高低压线束

d)

图 2-4　商用车动力电池系统主要零部件

图 2-5　极氪 001 动力电池

1.蓄电池工作原理

如果同时将两根分别由锌和铜制成的金属棒吊挂在两个单独的、装有适当电解液的容器中，那么两种金属就会以不同的速度向电解液中释放出数量不同的离子，并在金属棒上留下电子。因为锌棒上存在过量的电子，所以它充当阳极，而铜棒就成为阴极。因为电子浓度不同，所以在两极之间可以测得电压。如果用一个导体连接两个电极，电子就从阳极向阴极移动。这种结构被统称为蓄电池，是电池最简单的形式。当蓄电池释放能量时，阳极就是负极。对于可充电蓄电池，同一个电极会在蓄电池充电或放电情况下分别充当阳极或阴极。蓄电池工作原理如图2-6所示。

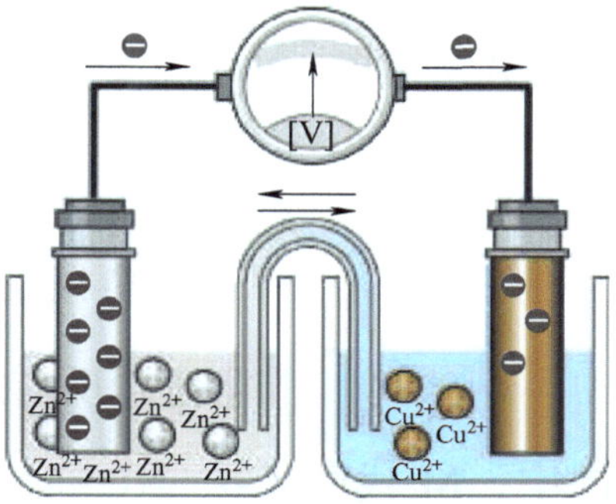

图 2-6　蓄电池工作原理

2.锂离子电池

动力电池经历了铅酸电池、镍铬电池、镍氢电池等多种类型的发展和探索之后，锂离子电池由于具备能量密度高、大功率充放电能力强等优点，目前已经成为新能源汽车动力电池的首选。

锂离子电池（LIB）是指以锂离子嵌入化合物为正极材料电池的总称。锂离子电池（锂电池）以碳材料为负极，以含锂的化合物作正极，没有金属锂存在，只有锂离子，因此称为锂离子电池。

锂离子电池的正极材料一般有钴酸锂、磷酸铁锂、锰酸锂、三元材料（三元材料主要包括镍钴锰酸锂和镍钴铝酸锂）等，负极是石墨或碳（一般多用石墨）。正负极之间使用有机溶剂作为电解质。

锂离子电池的工作原理：锂离子电池依靠锂离子在正极和负极之间往返，进行嵌入和脱嵌工作。锂离子电池充电时，锂离子从正极材料的晶格中脱嵌，经过电解质溶液和隔膜到达负极，而作为负极的碳为层状结构，它有很多微孔，到达负极的锂离子就嵌入碳层的微孔中，嵌入的锂离子越多，充电容量越高；锂离子电池放电时，锂离子从负极碳层中脱嵌，通过电解质溶液和隔膜，重新嵌入正极材料晶格中。回到正极的锂离子越多，电池的放电容量越大。

3.三元锂电池

（1）电池特点

三元锂电池的特点是能量密度大，电压更高，因此同样重量的动力电池容量更大，瞬间放电能力更强，续驶里程更远，车辆加速能力也更强。但是其弱点是稳定性较差。三元锂电池工作电压范围是 2.8 ～ 4.2V。

（2）电池充放电

在锂离子电池整个充放电过程中，没有金属锂存在，只有锂离子。从充放电的可逆性来看，锂离子电池反应是一种理想的可逆反应。锂离子电池的电极反应表达式为

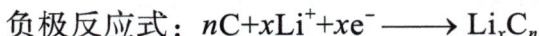

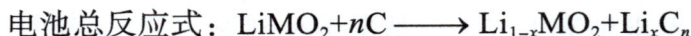

$$正极反应式：LiMO_2 \longrightarrow Li_{1-x}MO_2 + xLi^+ + xe^-$$

$$负极反应式：nC + xLi^+ + xe^- \longrightarrow Li_xC_n$$

$$电池总反应式：LiMO_2 + nC \longrightarrow Li_{1-x}MO_2 + Li_xC_n$$

式中，M 代表 Co、Ni、Mn 等金属，锂离子电池充电和放电过程示意图如图 2-7 所示。

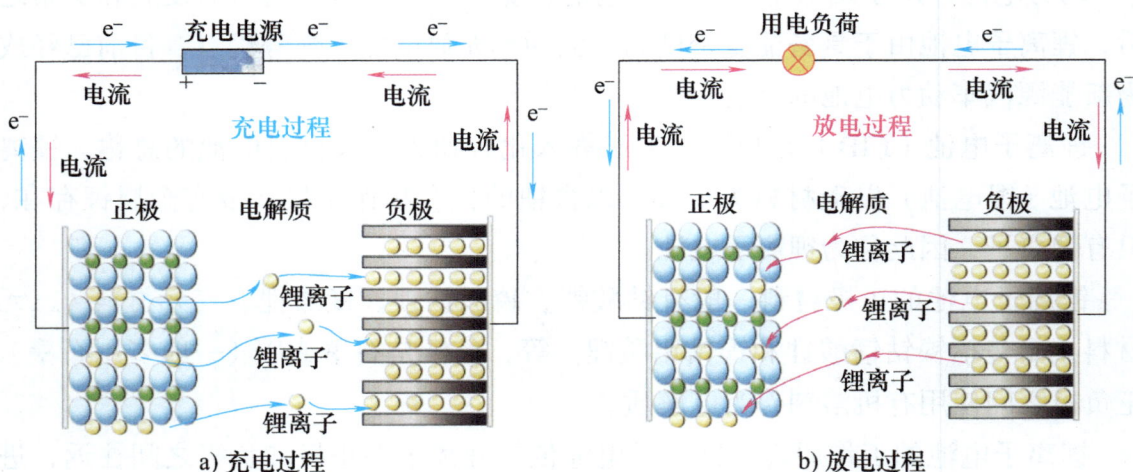

图 2-7　锂离子电池充电和放电过程示意图

4. 磷酸铁锂电池

磷酸铁锂电池（LFP）简称铁锂电池，采用橄榄石结构的磷酸铁锂（$LiFePO_4$）作为正极，由铝箔与电池正极连接，中间是聚合物隔膜，它把正极与负极隔开；右边是由石墨组成的负极，由铜箔与电池负极连接。磷酸铁锂电池的上下端之间是电解液，电池由金属外壳密闭封装，磷酸铁锂电池工作原理如图 2-8 所示。

（1）电池充电

磷酸铁锂电池的充放电反应是在 $LiFePO_4$ 和磷酸铁（$FePO_4$）两相之间进行。在充电过程中，$LiFePO_4$ 逐渐脱离出锂离子形成 $FePO_4$；在放电过程中，锂离子嵌入 $FePO_4$ 形成 $LiFePO_4$。

电池充电时，锂离子从磷酸铁锂晶体迁移到晶体表面，在电场力的作用下进入电解液，然后穿过隔膜，再经电解液迁移到石墨晶体的表面，之后嵌入石墨晶格中。

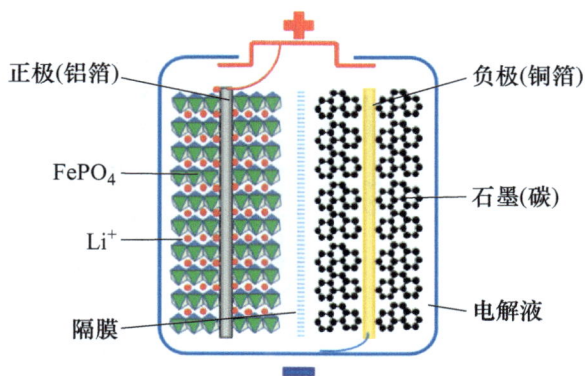

图 2-8　磷酸铁锂电池工作原理

同时，电子经导电体流向正极的铝箔集电极，经正极极耳、电池正极柱、外电路、负极柱、负极极耳流向电池负极的铜箔集流体，再经导电体流到石墨负极，使负极的电荷达到平衡。锂离子从磷酸铁锂脱嵌后，磷酸铁锂转化成磷酸铁。电池充电如图 2-9 所示。

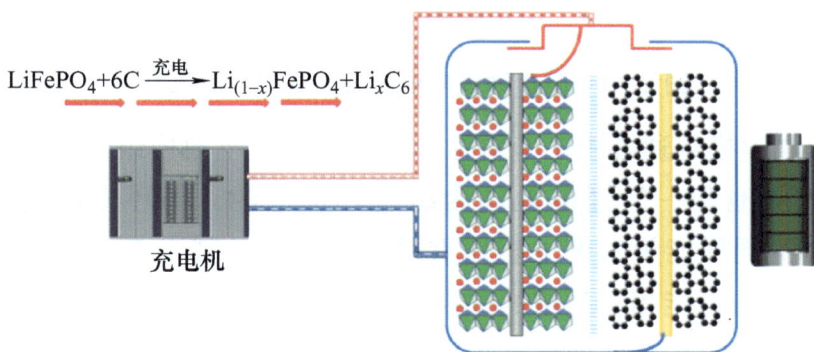

$$LiFePO_4+6C \xrightarrow{充电} Li_{(1-x)}FePO_4+Li_xC_6$$

充电机

图 2-9　电池充电

（2）电池放电

电池放电时，锂离子从石墨晶体中脱嵌出来，进入电解液，穿过隔膜，迁移到磷酸铁锂晶体的表面，然后重新嵌入磷酸铁锂的晶格内。电池放电如图 2-10 所示。

磷酸铁锂电池单体标称电压 3.2V，单体充电电压为 3.7V，放电终止电压为 2.5V，电池模组由电芯单体和动力电池管理系统（BMS）组成。

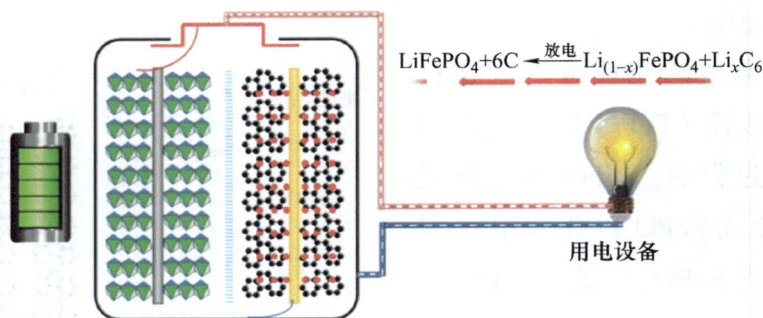

$$\text{LiFePO}_4 + 6\text{C} \xleftarrow{\text{放电}} \text{Li}_{(1-x)}\text{FePO}_4 + \text{Li}_x\text{C}_6$$

用电设备

图 2-10　电池放电

磷酸铁锂电池是用磷酸铁锂作为正极材料的锂离子电池。而三元锂电池全称为正极材料使用镍钴锰酸锂或镍钴铝酸锂等三元聚合物的锂离子电池。磷酸铁锂电池与三元锂电池的区别如图 2-11 所示。

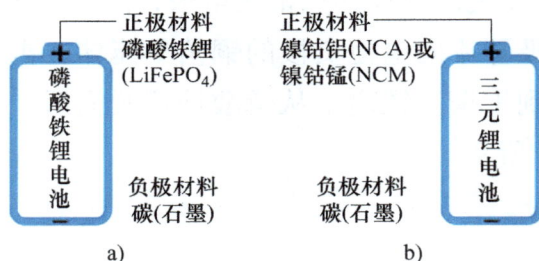

图 2-11　磷酸铁锂电池与三元锂电池的区别

磷酸铁锂电池模组通常由多节电池单体串联组成电池模组。

磷酸铁锂电池和一般锂电池同为绿色环保电池，循环寿命约是锂电池的 4 ～ 5 倍，加上同样能量密度下整体重量较锂电池约减少 30% ～ 50%。因此受到军事、汽车等与电能相关领域的重视，锂电池厂商也纷纷投入这种新型动力锂电池的生产，目标市场是新能源汽车与电动公交车。

5. 固态电池

固态电池（SSB）与目前主流锂离子电池最大的不同在于电解质。固态电池通过使用固态电解质替代了传统锂离子电池的电解液和隔膜，在大电流下工作不会因出现锂枝晶而刺破隔膜导致内部短路，不会在高温下发生副反应，大大提升了锂离子电池的安全性及使用寿命。使用全固态电解质后，电池不必使用嵌锂的石墨作负极，而是直接使用金属锂作负极，可以大大减少负极材料的用量，明显提高了整个电池的能量密度，电池能量密度可达 300 ～ 400W·h/kg。

固态电池如图 2-12 所示。

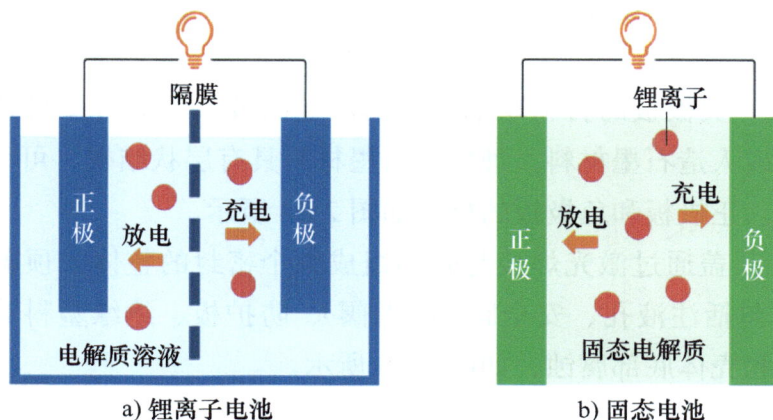

　　　　a) 锂离子电池　　　　　　　　　　b) 固态电池

图 2-12　固态电池与锂离子电池对比

二、动力电池的结构

1. 电芯

电芯（Battery Cell）是电池中最基本的组成部分，通常是一个封装在金属壳体中的电化学装置。它是储存和释放电能的单元，通过电化学反应将化学能转化为电能。

（1）电芯单体组成

电芯单体的结构由正极板、负极板、顶盖、电解液、绝缘隔膜、壳体、绝缘皮等部件组成。例如，电芯单体的结构如图 2-13 所示。

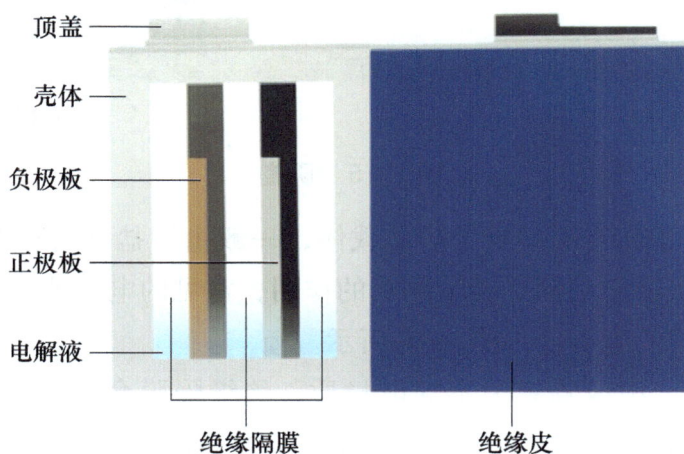

图 2-13　电芯单体的结构

1）正极板。正极板的材料是铝箔，铝箔上面被黑色的金属氧化物覆盖，金属氧化物的材料决定锂电池的名称，常见的正极材料包括钴酸锂、锰酸锂、镍钴锰、磷酸铁锂等。

2）负极板。负极板的材料是铜箔，铜箔上面被灰色的石墨材料覆盖，常见的为鳞片石墨或人造石墨材料。理想的石墨材料具有层状结构，可以嵌入和固定锂离子和电子。正极板和负极板的材料如图 2-14 所示。

3）顶盖。顶盖通过激光焊接与壳体组成一个密封的整体，顶盖具有较多的设计和功能，包括注液孔、安全阀（防爆阀）、防护板、绝缘塑料等，能够有效防止电路短路和壳体底部腐蚀，如图 2-15 所示。

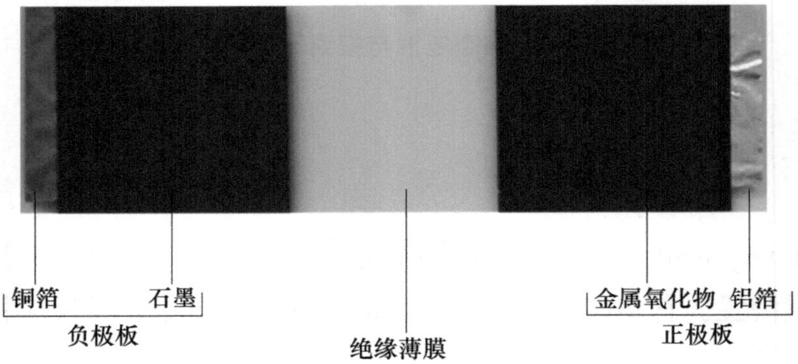

铜箔　　石墨　　　　　　　　金属氧化物　铝箔
负极板　　　　　绝缘薄膜　　　　　正极板

图 2-14　正极板和负极板的材料

注液孔　防爆阀

正极极柱　　　　　　　　　　　　负极极柱

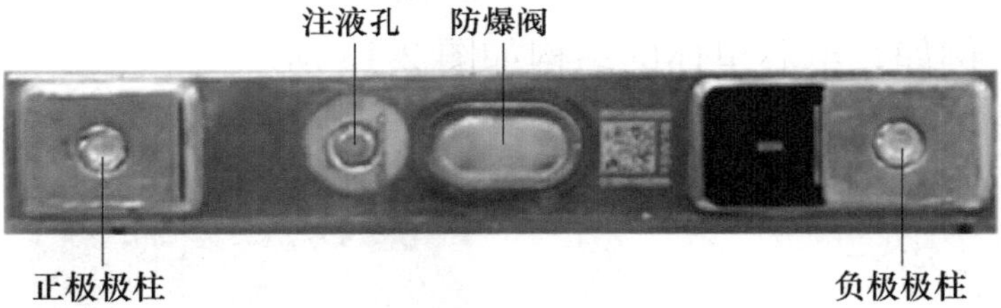

图 2-15　顶盖

4）电解液。电解液是离子传输的载体，一般由锂盐和有机溶剂组成。电解液在锂电池正、负极之间起到传输离子的作用，常见的电解液为碳酸乙烯酯、碳酸丙烯酯、碳酸二乙酯等，如图 2-16 所示。

5）绝缘隔膜。绝缘隔膜为不导电材质，绝缘隔膜会影响电池的界面结构、内阻等，由于电解液为有机溶剂体系，所以需要用耐有机溶剂的绝缘隔膜材料，一般采用高强度薄膜化的聚烯烃多孔膜，如图 2-17 所示。

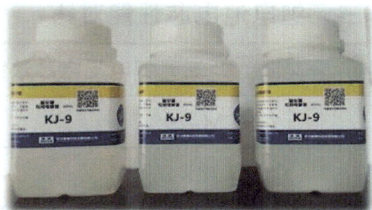

图 2-16　电解液

图 2-17　绝缘隔膜

锂电池绝缘隔膜位于正极板和负极板之间，主要作用是将正负极活性物质分隔开，防止两极因接触而短路。此外，在电化学反应时，能保持必要的电解液，形成离子移动的通道。绝缘隔膜材质不导电，其物理化学性质对电池的性能有很大的影响。电池的种类不同，采用的隔膜也不同。

6）壳体。壳体在早期主要是钢壳，现在多采用合金材料的铝壳，铝壳的重量更轻、性能更安全。从材料厚度和膨胀系数上可以有效抑制电池极化、减少热效应、保护电池和电解液。

7）绝缘皮。电芯单体外部的白色或蓝色绝缘膜胶带是以聚酯薄膜复合材料为基材，在基材胶粘带上涂覆专用的亚克力胶水，具有耐高温、耐高压击穿、耐穿刺、抗拉强度好等特点，如图 2-18 所示。

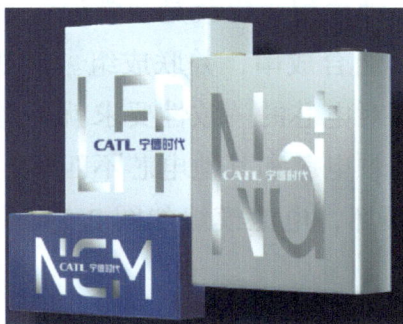

图 2-18　电芯单体外部的绝缘膜胶带

电芯单体是新能源汽车中重要的核心部件之一，它直接影响整车的性能和续驶里程。电芯单体的质量、容量和电压决定了动力电池的性能，而动力电池的性能又直接影响着新能源汽车的性能。因此，选择优质的电芯单体非常重要，不仅可以保证车辆的运行安全，还可以延长动力电池的使用寿命及续驶里程。

（2）电芯参数

某型号磷酸铁锂电池电芯和某型号三元锂电池电芯性能对比见表 2-1。

表 2-1　某型号磷酸铁锂电池电芯和某型号三元锂电池电芯性能对比

序号	参数	磷酸铁锂电池电芯数值	三元锂电池电芯数值
1	电芯规格	LFP-143A·h	NCM-190A·h
2	外形尺寸	$L \times W \times H$: 150mm × 69mm × 116mm	$L \times W \times H$: 148mm × 80mm × 103mm
3	电芯容量	143A·h	190A·h
4	标称电压	3.22V	3.7V
5	工作电压范围	2.5～3.65V	2.8～4.35V
6	电芯能量	460.46W·h	709.65W·h
7	电芯重量	（2600±45）g	（2800±200）g
8	电芯能量密度	177.1W·h/kg	253.44W·h/kg
9	工作温度	充电：-20～55℃	充电：-20～55℃
		放电：-30～55℃	放电：-30～55℃
10	4周最大自放电率	4%（25℃，以40%SOC储存）	4%（25℃，以40%SOC储存）

（3）电芯一致性

组装电池箱时，首先要做的是电芯配对，需要将相同容量和倍率的电芯进行筛选和排列，最后焊接成电池模组。也就是通常说的锂电池的参数，要确保这些电池参数的一致性，再将其组合成串，并联成组。例如，单颗电芯电压为3.7V，需要多颗电芯进行组合时，对电芯的一致性要求就更高。这将直接影响整组电池的性能，如果因为其中的一颗电芯和其他电芯不匹配，那么做出来的电池是有问题的，甚至会导致锂电池损坏，电池模组如图 2-19 所示。因此要求在组装锂电池时，要保持电池的一致性。

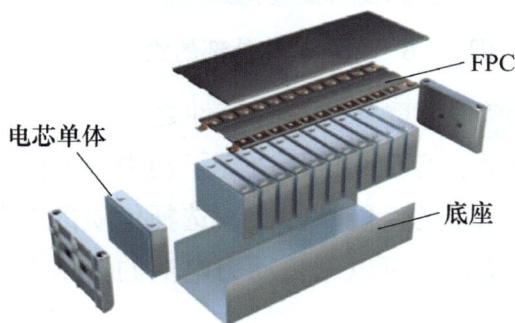

图 2-19　电池模组

2. 电池模组和电池箱

（1）电池模组

电池模组（Battery Module）是由多个电芯组装而成的单元，用于为新能源汽车提供更高的电池电压或容量，串联连接电芯可以增加电池总电压，并联连接电芯可以增加电池总容量。电池模组是电池系统中的一个组件，其结构通常由若干个电芯单体、连接器柔性印制电路板（FPC）和其他附件等组成，如图 2-20 所示。

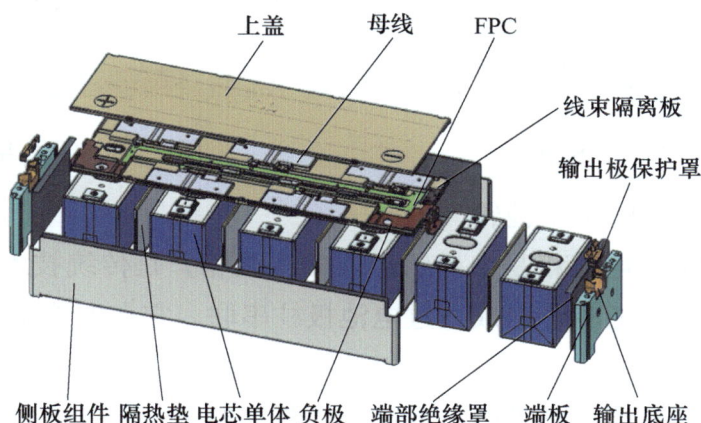

图 2-20　电池模组结构

电池模组通常还具备外壳或保护结构，用于保护电芯并提供结构支撑和物理隔离。电池外壳具有提供防护、散热和保护电池系统免受外部环境损害的功能。

（2）电池箱

电池箱（Battery Pack）是由多个电池模组组装而成的整体单元，用于为新能源汽车储存和提供电能。它是电池系统中更高级别的组件，通常由若干个电池模组、连接器、动力电池管理系统、热管理系统、电气接口和电池外壳等组成。

电池箱配备的动力电池管理系统主要用于监控和管理整个电池系统。BMS对电池模组的工作状态进行监测，控制充放电过程，实现对电池的保护和均衡控制，以确保电池箱满足安全性和性能的稳定性要求。

电池箱通常还具备热管理系统，用于控制电池箱的温度。通过热管理系统，可以有效冷却电池模组，防止其过热，使电池箱维持在适宜的工作温度范围内。

电池箱还包括电池外壳和保护结构，用于保护电池模组和BMS，并提供结构支撑和物理隔离，以确保电池系统的安全性和可靠性。

3. 动力电池分类

（1）无模组（CTP）电池箱

无模组（CTP）电池箱，电芯单体是电池箱（图 2-21）的核心组件，即 CTP 电池箱是由多个电芯单体直接集成到电池箱内，CTP 电池箱如图 2-22 所示。

图 2-21　电池箱

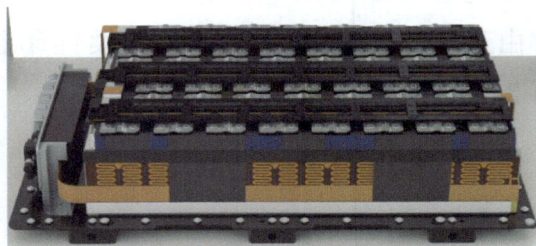

图 2-22　CTP 电池箱

（2）有模组（MTP）电池箱

有模组（MTP）电池箱是由模组组成的电池箱，是传统技术的电池箱技术，多个电池模组是由电芯单体组成通过电池极柱串联。它在电池箱内部集成封装好之后再安装到车身上，因为它是有模组的结构，所以维修的时候可以单独更换电池模组，这是目前维修中常见的电池箱，如图 2-23 所示。

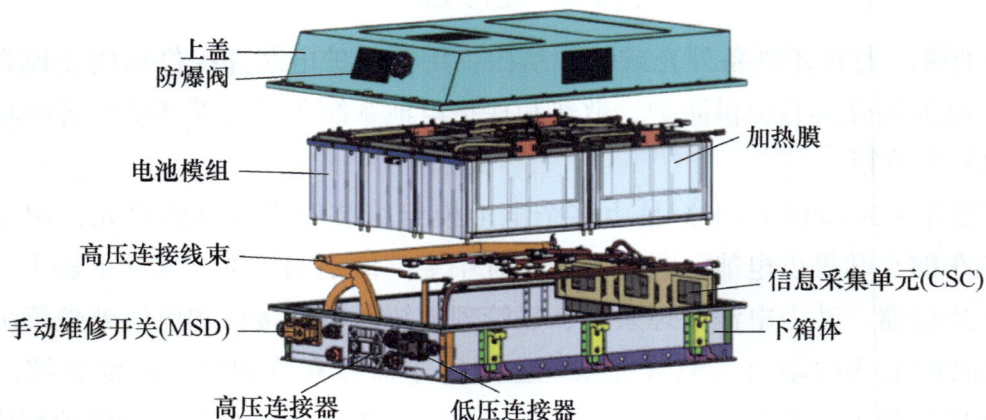

图 2-23　MTP 电池箱

CTP 电池箱在商用车领域应用的背接触电池（BC）系列如图 2-24 所示。

（3）电芯底盘一体化（CTC）电池

电芯底盘一体化（CTC）电池是将电芯直接集成到车辆底盘内部的电池技术。

CTC 电池省去了从电芯到模组，再到电池箱的步骤，直接将电芯安装在车辆底盘平台上，是 CTP 电池的升级版集成方案。

CTC 电池集成方案是直接将电芯集成在地板框架内部，将地板的上下板作为电池外壳。它是 CTP 方案的进一步集成，完全使用地板的上下板代替电池外壳和盖板，与车身地板和底盘进行一体化设计，从根本上改变了新能源汽车电池的安装形式，如图 2-25 所示。

图 2-24 BC 系列电池箱

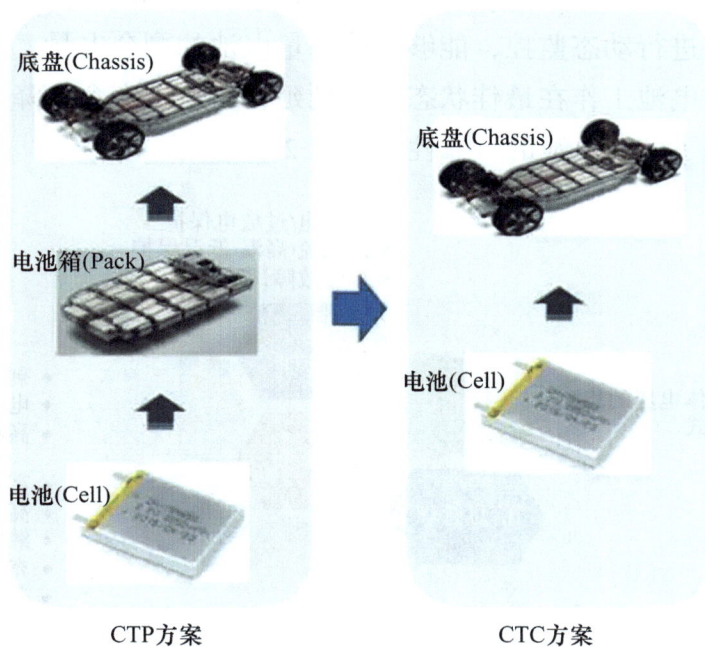

底盘(Chassis)

电池箱(Pack)

电池(Cell)

底盘(Chassis)

电池(Cell)

CTP方案

CTC方案

图 2-25 新能源汽车电池的安装形式

任务二 动力电池管理系统

新能源汽车动力电池管理系统的主要任务是保证动力电池一直处于正常、安全的工作状态，在动力电池状态出现异常时及时响应处理，并根据车辆行驶状态、环境温度、动力电池状态等确定动力电池的充放电功率等。动力电池管理系统包括众多的传感器（检测电流、电压和温度等）和电池控制单元（BMU）等。其中，动力电池管理系统重要部件 BMU 如图 2-26 所示。

图 2-26　动力电池管理系统重要部件 BMU

一、动力电池管理系统（BMS）功能和组成

1. 动力电池管理系统（BMS）功能

动力电池管理系统（Battery Management System，BMS）可对电池箱和电池模组的运行状态进行动态监控，能够精确测量电池的剩余电量，同时对电池进行充放电保护，使电池工作在最佳状态，达到延长其使用寿命、降低运行成本的目的，进一步提高了动力电池的可靠性，如图 2-27 所示。

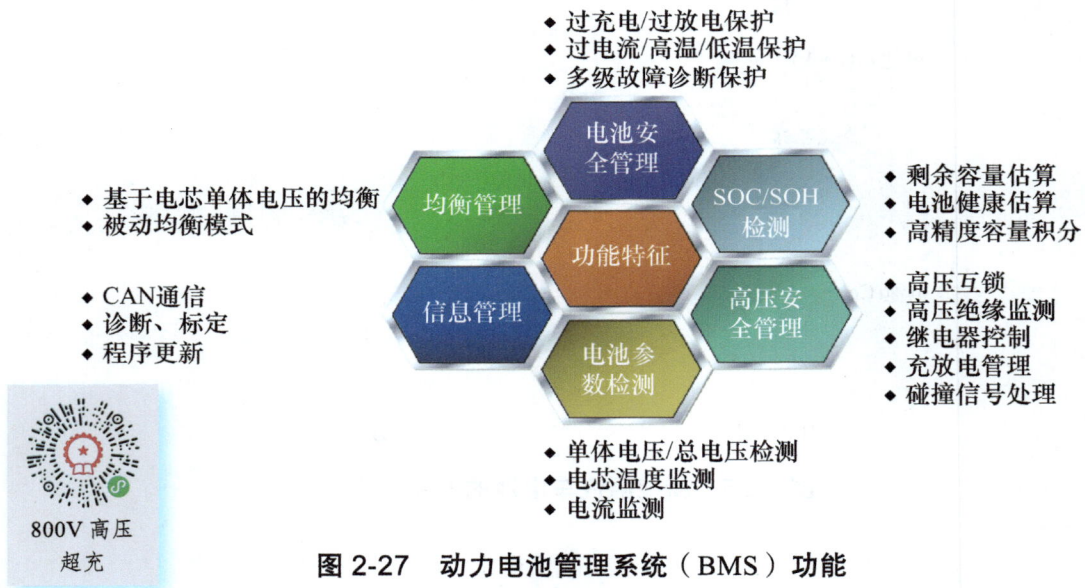

◆过充电/过放电保护
◆过电流/高温/低温保护
◆多级故障诊断保护

◆基于电芯单体电压的均衡
◆被动均衡模式

◆CAN通信
◆诊断、标定
◆程序更新

◆剩余容量估算
◆电池健康估算
◆高精度容量积分

◆高压互锁
◆高压绝缘监测
◆继电器控制
◆充放电管理
◆碰撞信号处理

电池安全管理　均衡管理　SOC/SOH检测　功能特征　信息管理　高压安全管理　电池参数检测

◆单体电压/总电压检测
◆电芯温度监测
◆电流监测

800V 高压超充

图 2-27　动力电池管理系统（BMS）功能

2. 动力电池管理系统（BMS）组成

动力电池管理系统（BMS）由电池控制单元（BMU）、电池监控单元（CSU）、信息采集单元（CSC）、熔断器或手动维修开关（MSD）、继电器、高低压线束等部件组成。通过各部件或模块协同配合工作，实现高效有序的动力电池性能管理。

（1）电池控制单元（BMU）

电池控制单元（BMU）是 BMS 的核心，根据采样芯片的位置分为集成式与分布式。分布式 BMS 和集成式 BMS 的示意图如图 2-28 所示。

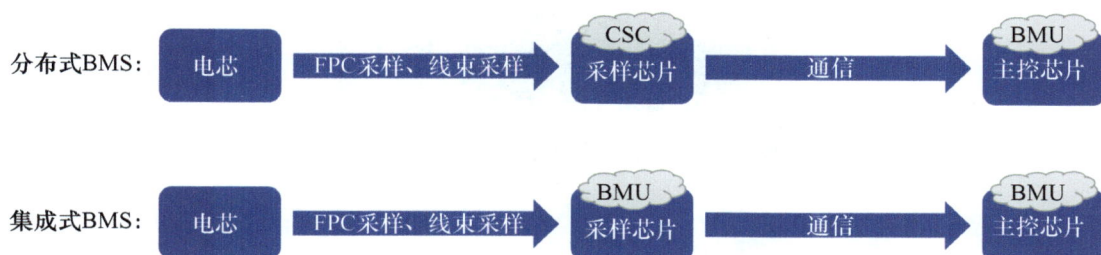

图 2-28　分布式 BMS 和集成式 BMS 的示意图

（2）动力电池数据采集系统

1）电流采样采用两种形式，一是霍尔式传感器，二是分流器。

① 霍尔式传感器。霍尔式传感器根据霍尔原理设计制造，由于其采样时并不连接高压回路，所以也叫非接触式电流传感器；感受被测电流信息，并将检测内容转化为电信号发送给 BMU 的检测通信装置，位于 S 盒（S-BOX），当一次电流流过导体时，在导体周围产生磁场强度与电流大小成正比的磁场，霍尔元件输出与气隙处磁感应强度成正比的电压信号，放大电路将该信号放大输出。霍尔式传感器工作原理如图 2-29 所示，乘用车霍尔式传感器实物如图 2-30 所示。

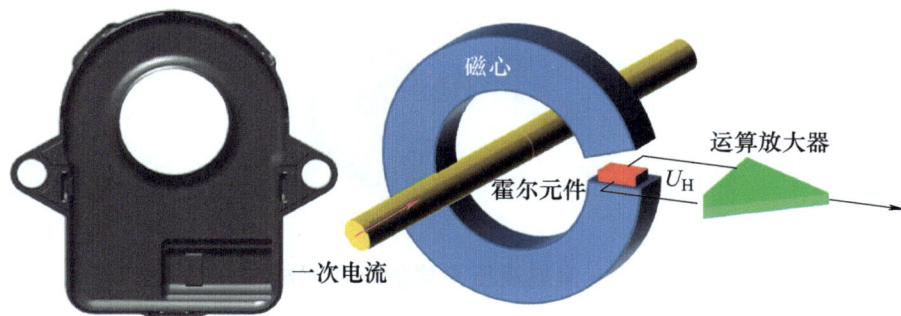

图 2-29　霍尔式传感器工作原理

非接触式电流传感器，对温度不敏感，但是对外部磁场变化比较敏感，对于结构（尤其是母线）设计有较高的要求，商用车霍尔式传感器如图 2-31 所示。

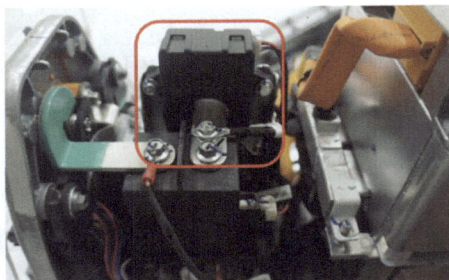

图 2-30　乘用车霍尔式传感器实物

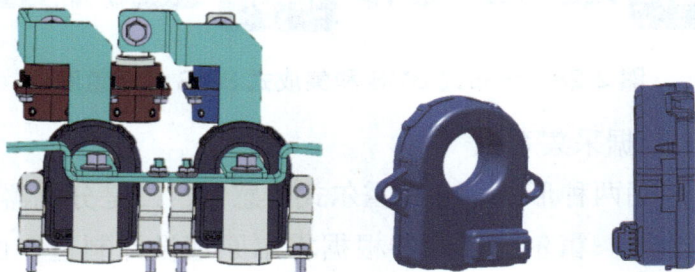

图 2-31　商用车霍尔式传感器

② 分流器。分流器电流采样；与 BMU 进行 SCAN 通信。

区别于传统意义上的电流传感器，分流器在检测到被测电路的电流与主回路电压信息时，将检测信息转化为电信号发送给 BMU 的检测通信装置，位于 S-BOX，集成高压采样的电流采样单元如图 2-32 所示。

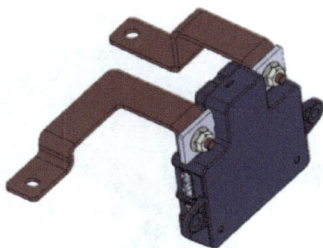

图 2-32　集成高压采样的电流采样单元

2）高压继电器。高压继电器作为高压通断的开关器件，如图 2-33 所示。高压继电器的主要作用如下：

① 控制充放电回路的接通与断开。

② 控制充电流程。

③ 控制热管理系统的开启与关闭。

④ 具备在发生电池自保护故障或火灾预警故障时断开所有高压连接回路，以实现保护电池及确保整车安全的目的。

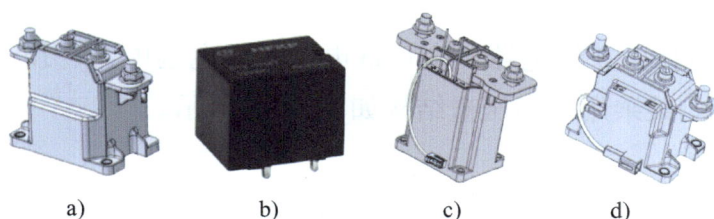

a)　　　　b)　　　　c)　　　　d)

图 2-33　高压继电器

通过采集电池内侧电压与高压继电器外侧电压进行比较来判断高压继电器的工作状态；如果高压继电器闭合前采样到的内外侧电压一致，说明高压继电器粘连；如果高压继电器闭合后采样到的外侧电压为 0V，说明高压继电器断路，高压继电器实物如图 2-34 所示。

图 2-34　高压继电器实物

3）信息采集单元（CSC）。信息采集单元（Cell Supervision Circuit，CSC）是一种安装在电池箱内部的监测器，负责将电池信息采集后传递给 BMU 进行处理。CSC 是新能源汽车中的一个重要部件，如图 2-35 所示。

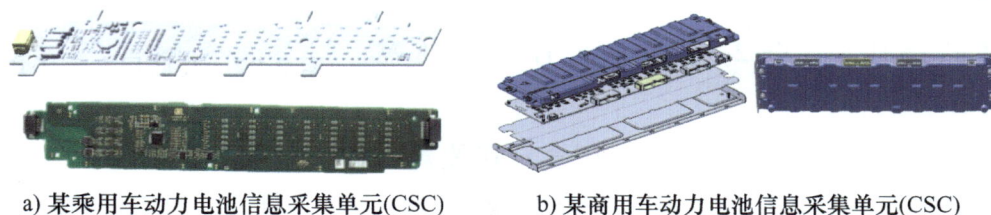

a) 某乘用车动力电池信息采集单元(CSC)　　　b) 某商用车动力电池信息采集单元(CSC)

图 2-35　信息采集单元（CSC）

CSC 主要功能有单体电压监控、模组温度监控、与 BMU 通信、执行均衡。

每一个电池单元有多个 CSC，以监测其中每个单体电池或电池模组的单体电压、温度信息。CSC 将相关信息上报电池控制单元（BMU），并根据 BMU 的指令执行相关动作。

（3）高压盒

高压盒主要包括主正继电器、主负继电器、充电继电器、预充继电器、预充电阻、熔断器等。某乘用车高压盒结构如图 2-36 所示。

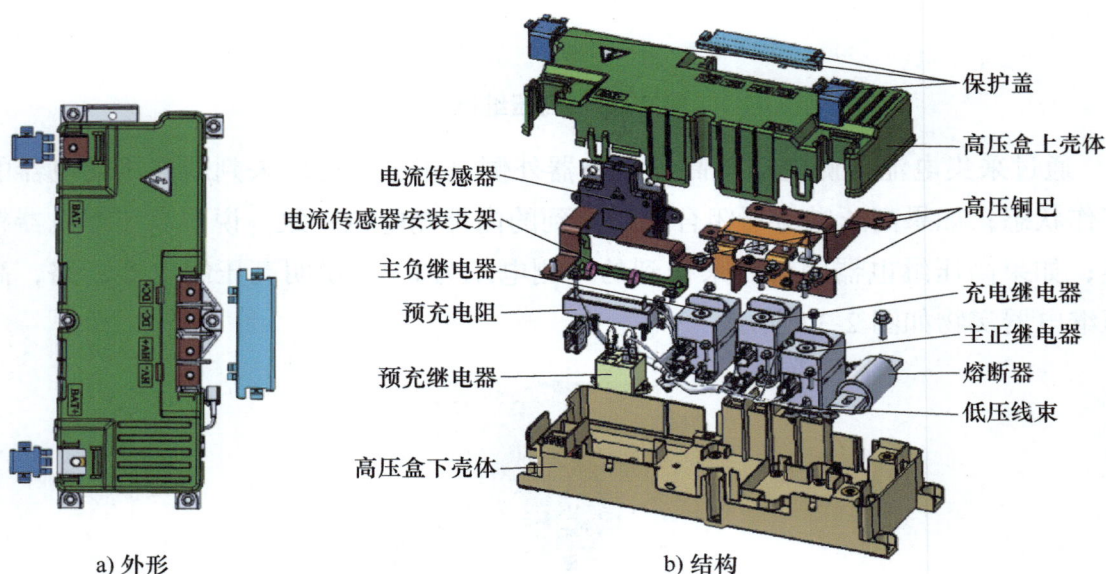

a）外形　　　　　　　　　　　　b）结构

图 2-36　某乘用车高压盒结构

高压盒的继电器接收控制单元指令，完成整车的预充、上电、下电过程，在短路、过热或故障情况下可切断动力电池输出。某商用车高压盒实物如图 2-37 所示。

某商用车高压盒如图 2-38 所示。高压盒分为一体式高压盒（图 2-38a）和分体式高压盒（图 2-38b）两种，即

图 2-37　某商用车高压盒实物

分体式高压盒 = 接线盒 + 控制盒

1）接线盒：高压回路及高压采样模块，包含高压采样板（HVB）模块。

2）控制盒：包括 BMS 硬件及驱动控制，包含 BMU、数据管理（PDM）、关系数据库（RDB）模块。

a) 一体式高压盒　　　　　　　接线盒　　　　控制盒　　b) 分体式高压盒

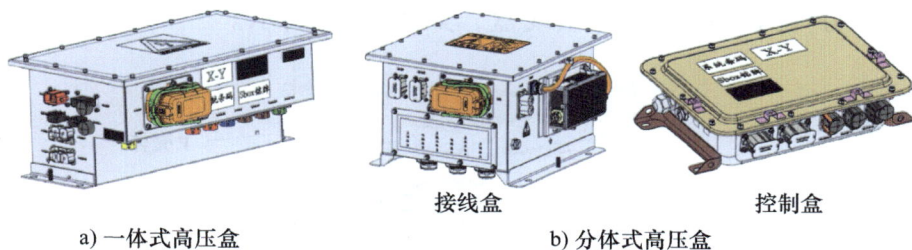

图 2-38　某商用车高压盒

某商用车一体式高压盒结构如图 2-39 所示。

绝缘柱　　　DC/DC
高压盒上壳体
高压继电器
整车低压
高压电缆(铜巴)　　调试接口
加热继电器
低压输入输出　　主回路正负
加热输入输出
电流传感器
电池总正总负
MSD及底座
PDM　　HVB
BMU

图 2-39　某商用车一体式高压盒结构

某商用车分体式高压盒——控制盒，如图 2-40 所示。

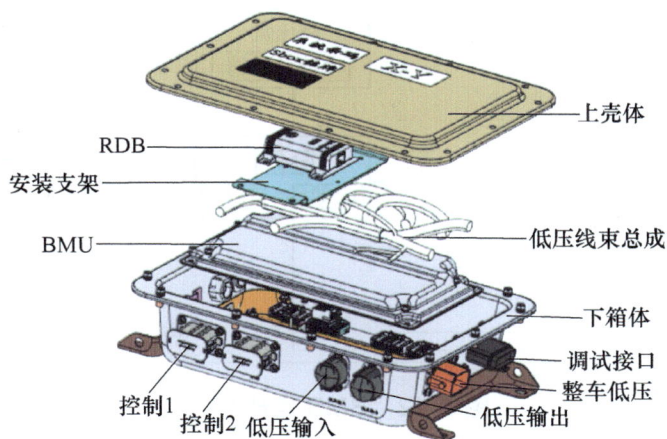

上壳体
RDB
安装支架
BMU　　低压线束总成
下箱体
调试接口
整车低压
控制1　控制2　低压输入　低压输出

图 2-40　某商用车分体式高压盒——控制盒

某商用车分体式高压盒——接线盒，如图 2-41 所示。

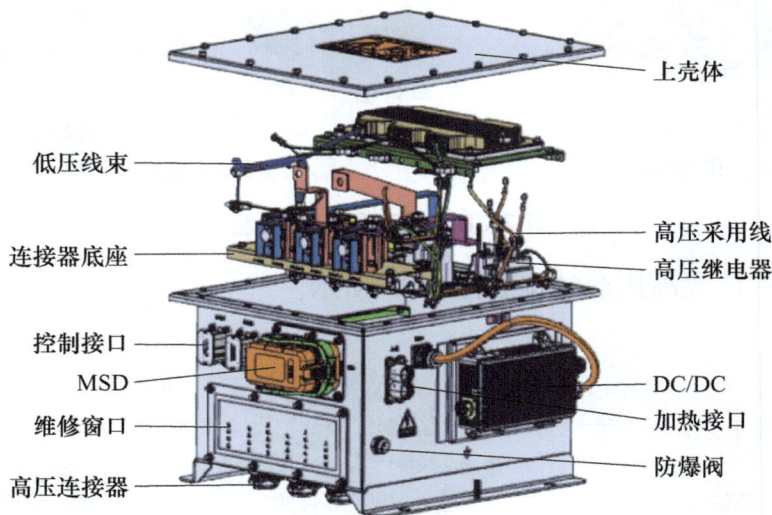

图 2-41　某商用车分体式高压盒——接线盒

二、动力电池管理系统（BMS）工作原理

动力电池管理系统（BMS）组成架构如图 2-42 所示，一般包括信息采集单元（CSC，从控模块）、电池控制单元（BMU，主控模块）、高压盒、电流传感器和热管理系统五个部分组成。集中式 BMS 将从控模块与主控模块集成为一个整体。

图 2-42　BMS 组成架构

动力电池管理系统是保证动力电池正常使用、行车安全、数据采集和提高电池寿命的一种关键技术。它能提升动力电池的工作性能，预防个别电芯单体早期发生损坏，有利于新能源汽车的顺利运行，并对乘员具有保护和警告功能。

　　动力电池管理系统不仅要保证动力电池系统安全可靠的运行，还要充分发挥动力电池的性能并延长其使用寿命。BMS 是动力电池和整车控制器与驾驶人之间沟通的桥梁，通过控制高压继电器的动作来控制动力电池的充放电，并向整车控制器上报动力电池系统的运行参数与故障信息。BMS 是动力电池的核心部件，是集监测、控制与管理为一体的控制单元，主要由 BMU、CSC、高压盒、温度调节装置等部件组成。动力电池的性能很复杂，不同类型的动力电池特性相差很大。需要建立 BMS 来提高对动力电池的利用率，防止动力电池出现过充电和过放电的情况，延长动力电池的使用寿命并监控动力电池的状态。

1. 信息采集单元

　　信息采集单元（Cell Supervising Circuit，CSC）是一个专用的集成数据采集模块，负责对动力电池模组各电芯单体电压、温度和采样线是否异样进行监测。为了达到动力电池系统布线的最优化，各电芯单体的均衡电路也在这个模块中完成。一个动力电池模组对应一个 CSC，由于动力电池由多个动力电池模组组成，所以动力电池管理系统由多个 CSC 组成，如图 2-43 所示。

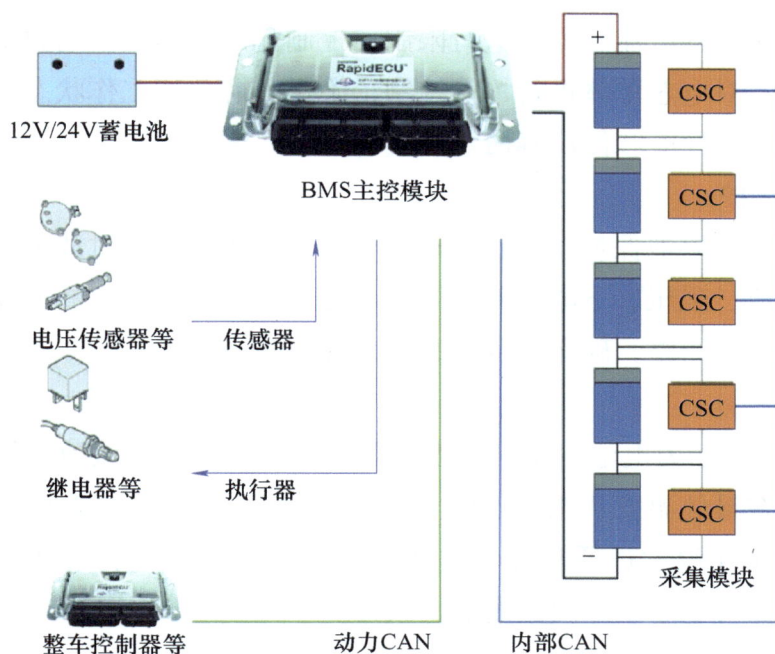

图 2-43　BMS 由多个 CSC 组成

（1）数据采集

动力电池管理系统所有的控制均源于准确的数据采集，采集的数据包括电芯单体电压、温度、总电压、总电流、绝缘电阻、高压互锁（HVIL）信号、碰撞信号、热管理系统进出水口温度等。

根据 GB 18384—2020《电动汽车安全要求》，在最大工作电压下，绝缘电阻直流电路应≥100Ω/V，交流电路应≥500Ω/V。如果直流和交流的 B 级电压电路可导电的连接在一起，则应满足绝缘电阻≥500Ω/V 的要求。动力电池管理系统还对高压插接件的连接可靠性、手动维修开关及部件开合状态进行高压互锁检测，确保高压系统安全有效。动力电池管理系统对所有采集的数据均通过动力系统 CAN 总线与整车控制器进行交互。

（2）状态估算

状态估算是 BMS 的重要功能之一，通过采集当前的动力电池状态、运行工况和充放电电量信号，对动力电池的电池荷电状态（SOC）、电池健康状态（SOH）进行估算，SOC、SOH 估算精度直接影响动力电池的运行效率和使用寿命，一般要求估算误差不超过 5%。SOC、SOH 信息还会与整车控制器交互，并显示在仪表上。

（3）能量管理

能量管理主要包括动力电池充放电管理和均衡管理。BMS 根据动力电池荷电状态对充放电过程的电流和电压进行限制，控制充放电功率。动力电池模组中设置有均衡电路，对电芯单体进行均衡控制，确保电芯单体工作状态的一致性，提高动力电池的整体性能和使用寿命。

（4）安全保护

BMS 具备动力电池保护功能，当动力电池出现过充电、过放电、过热时对动力电池进行限流、限压、下电控制，监测动力电池绝缘故障、高压互锁故障和碰撞信号，切断高压回路，确保人身和高压系统的安全。

（5）热管理

例如，锂离子动力电池对工作温度的要求非常高，动力电池热管理系统必须确保动力电池在最佳温度状态下工作。当动力电池工作温度过高时会启动制冷系统进行冷却，工作温度过低时会通过 PTC 加热器等方式进行加热，并在动力电池工作过程中保持电芯单体间温度的一致性。

（6）数据通信与显示

BMS 具有与整车控制器（VCU）、车载充电机（OBC）及直流充电桩等进行通信的功能。通信方式包括模拟量、脉冲宽度调制（PWM）信号和动力 CAN 总线。为了帮助驾驶人及时准确地了解新能源汽车动力系统的状态，动力电池管理系统还需将温度、SOC 和各种警告信息通过仪表进行显示。

（7）故障自诊断

BMS 具备故障自诊断功能，系统上电后根据动力电池的工作状况、采样线通断等情况，对动力电池及其管理系统自身的故障进行判断和报警，保存故障信息，以便进行故障快捷排查。

2. 动力电池管理系统（BMS）的类型

BMS 一般采用模块化设计，主要包括两大功能模块，BMU 和 CSC，通常也称之为主控模块和从控模块。从控模块（CSC）为动力电池信息采集与均衡控制模块，负责采集动力电池信息和执行 BMU 的均衡控制。主控模块（BMU）负责信息处理及系统控制。由于主控模块和从控模块拓扑结构的不同，BMS 可分为集中式 BMS 和分布式 BMS 两种类型。

（1）集中式 BMS

集中式 BMS 将主控模块（BMU）、从控模块（CSC）组成一个一体机，如图 2-44 所示。集中式 BMS 高度集成，主控模块与从控模块位于同一块 PCB 内，结构简单，成本较低，占用电池箱空间较少，维护比较简单。但由于采集线全部从一体机引出，当动力电池串联电芯单体过多时，一体机采集线会十分庞大，部分采集线过长且长短不一，容易造成信号失真和均衡时产生额外的电压降，过长的采集线也容易产生一些安全隐患。因此集中式 BMS 通常只适用于电池容量低、总电压低、串联数量不多、电池系统体积较小的车型，如电动场地车（电瓶车）、低速乘用车等。

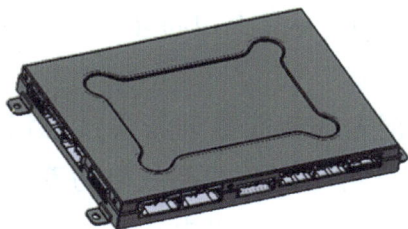

图 2-44　集中式 BMS

（2）分布式 BMS

分布式 BMS 主要由多个从控模块（CSC）、主控模块（BMU）、高压控制单元等部件构成，如图 2-45 所示。一个从控模块对应一个动力电池模组或一组电芯，负责监控电芯单体电压、温度采集、均衡管理和故障诊断。高压控制单元负责对动力电池系统的电池总电压、总电流、绝缘电阻等状态进行监测。从控模块和高压控制单元分别将采集后的数据发送到主控单元，由主控单元对 BMS 进行状态估算、能量管理、安全保护、热管理、数据通信与显示和故障自诊断等。

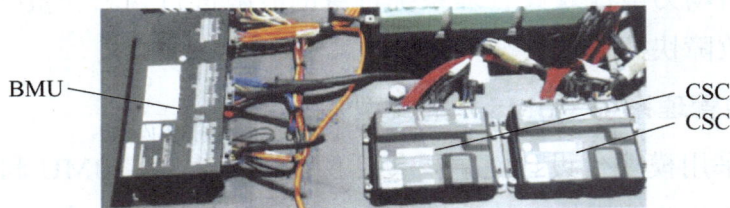

图 2-45　分布式 BMS

　　分布式 BMS 架构的优势在于可以根据不同电池系统的串并联设计进行高效配置，分布式 BMS 连接到动力电池的采样线更短、更均匀、可靠性更高，同时也可以支持体积更大的电池系统。目前分布式 BMS 主控模块、从控模块之间主要采用 CAN 总线进行通信。

⚙ 拓展学习

　　2024 年 1 月 3 日，猛士科技与宁德时代在福建宁德签署三年战略合作协议。宁德时代作为猛士科技汽车动力电池的首选合作伙伴，将全力支持猛士科技整车开发及生产，向猛士科技提供具有竞争力的汽车动力电池产品和服务。同时，双方还将充分发挥各自优势，在新型电池产品开发、神行超充电池应用、科技创新项目、市场推广等多个维度展开紧密合作，共同打造新能源汽车行业跨领域合作的新范本。后续上市的猛士 917 车身上也将印有 "CATL Inside"，这也是首个印有此标识的百万级电动车。

　　作为全球领先的新能源创新科技公司，宁德时代以先进电池和风、光、水等可再生能源的高效电力系统替代传统化石能源为主的固定和移动能源系统，并以电动化＋智能化为核心，实现市场应用的集成创新。宁德时代已在全球设立了十三大电池生产制造基地和六大研发中心，产品深受市场认可，2017—2023 年动力电池使用量已连续 7 年排名全球第一，2024 年 1—5 月动力电池使用量全球市场占有率 37.5%。

电池寿命

职业教育新能源汽车专业产教融合创新教材

新能源汽车动力电池系统构造与检修

实训工单

组　编　宁德时代新能源科技股份有限公司

主　编　吴　凯　李　伟

副主编　张　彪　薛　姣　武卫忠

　　　　李　果　孔纯放　刘　超

参　编　呼海峰　陈　宁　张　璐　马荣荣　毛昌敏

　　　　张现驰　左晨旭　于洪兵　杨　韬　李国栋

机械工业出版社

目 录

项目一　新能源汽车作业安全准备

📋 项目任务单

项目描述	个人独立完成新能源汽车作业安全准备		
项目要求	1. 认识新能源汽车基本结构 2. 新能源汽车安全防护要求		
学习目标	掌握不同新能源汽车维修的安全操作		
项目载体	 动力电池高压系统防护试验台		
计划学时	18 ～ 24 学时		
工作页	上课地点	学生姓名	完成 / 未完成
	任课教师	上课时间	优 / 良 / 中 / 及格

📖 导入

　　小蔡是本校新能源汽车运用与维修专业的学生，刚刚接触新能源汽车的他十分好奇新能源汽车的高压电是否有危险？怎样进行防护？小蔡带着这个问题找到老师进行咨询：新能源汽车的动力来自哪里，由哪些部件组成，新能源汽车和传统内燃机汽车相比有哪些不同，怎样进行安全的防护？接下来，让老师带着小蔡这些疑问和同学们一起认知新能源汽车高压系统的安全防护。

动力电池

动力电池到逆变器之间连接

驱动电机

高压系统

逆变器到
压缩机之间连接

高压控制系统分布

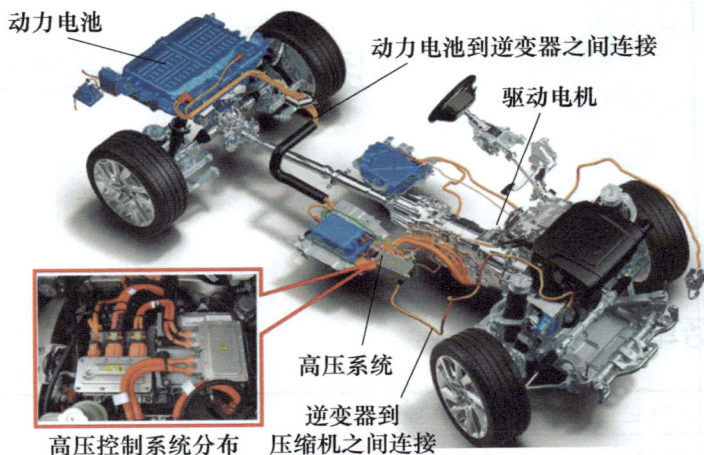

此案例中，如果想要解决小蔡同学的疑问，就需要我们首先认识新能源汽车的结构，了解不同类型新能源汽车的高压系统和高压防护要求。

📖 想一想

请同学们尝试在实训车辆或动力电池高压系统防护试验台（动力电池试验台）上找到新能源汽车由哪些部件组成？并将自己的总结用铅笔记录到下图中。

👥 安全教育与防护要求

请同学们声音洪亮地说出老师要求的安全与防护，做好防护准备，同时进行自检和互检。若已完成，请在方框里画√。

□ 工作服穿着符合安全防护要求，穿绝缘鞋，戴绝缘帽，戴护目镜。

□ 不佩戴手表等金属首饰。

□ 严禁操作与本次任务无关的设备和工具。

□ 遵守场地安全规定，注意高压电、设备用电安全。

□ 严禁嬉戏打闹。

老师检查纠错，学生改正错误。

实施

任务一 新能源汽车基本结构

❖ 步骤一：作业准备

请认真列出作业准备项目和内容，对照下表核准检查项目内容。若已准备，请在方框里画√；若有遗漏，请补充后画√。

项目	新能源汽车基本结构作业准备检查内容
作业场地	□配有举升机和消防设施的新能源汽车维修作业场地
设备设施	□极氪001新能源汽车　□混合动力汽车试验台　□举升工位 □汽车维修三件套　□垃圾桶
工量辅具	□常用工具　□数字万用表　□数字示波器　□故障诊断仪　□工具车 □接线盒　□动力电池试验台
耗材	□线束　□干净抹布

老师检查纠错，学生改正错误。

❖ 步骤二：认识纯电动汽车和混合动力汽车

1.请观察老师铺设汽车维修三件套的示范动作，并模仿重复操作，结合老师的讲解，学生查阅教材，在实训车辆上找到纯电动汽车的动力电池，并认真记录在下表中。

序号	车型	动力电池	驱动电机	控制系统
1				
2				
3				
4				

2. 请观察老师铺设汽车维修三件套的示范动作，并模仿重复操作，结合老师的讲解，学生查阅教材，在实训车辆上找到混合动力汽车的动力电池、驱动电机、发动机并认真记录在下表中。

序号	车型	动力电池	驱动电机	控制系统	发动机
1					
2					
3					
4					

3. 请根据老师的讲解和演示，详细总结你在操作过程中出现的问题，试着分析其产生的原因，并归纳出关键词，用铅笔认真填写在下图中。

4. 请观察老师示范动作，模仿并重复操作，结合老师的讲解，学生查阅教材，进行练习，并认真记录在下表中。

序号	方法一	方法二

拓展训练

1. 确定任务的关键词，按照其重要性排序并举例解读，同时根据关键

词的重要程度（按百分制划分），判断自己的掌握程度，并进行自评打分，见下表。（满分100分）

序号	关键词	举例解读	自定权重	自评得分
1				
2				
3				
4				
5				
		总分		

2. 请列举出新能源汽车维修工具与仪器使用过程中易出现的问题，并在附页上用思维导图等图示工具分析问题产生的原因，制定解决措施。（满分100分）

实施

任务二　新能源汽车高压安全防护措施

依据 GB 18384—2020《电动汽车安全要求》要求，考虑到空气湿度和人体在不同工作环境下的电阻不同，由于不同电压等级可能对人体产生的伤害和危险程度不同，在新能源汽车中将车辆电压按照类型和数值分为两个安全级别，见下表。

电压安全级别	最大工作电压 U/V	
	DC（直流）	AC（交流）
A	$0<U\leqslant60$	$0<U\leqslant30$
B	$60<U\leqslant1500$	$30<U\leqslant1000$

A级是较为安全的电压等级，在直流中，最大工作电压应小于或等于60V；在交流中，最大工作电压应不大于30V，该电压下的维修人员不需要采取特殊的防电保护。

B级对人体会产生伤害，被认为是高压。在该电压下必须采取必要的防护设备对维护人员进行保护。

📖 想一想

大家思考：安全电压等级是多少？把想到的原因用铅笔认真地写在下面方格内。

✏️ 写一写

请查阅相关资料，将不同种类、用途的新能源汽车动力电池的电压填到下表中，并思考不同车型动力电池电压不同的原因。

商用车	动力电池电压：
工程机械	动力电池电压：
乘用车	动力电池电压：

❖ **步骤一：作业准备**

请认真列出作业准备项目和内容，对照下表核准检查项目内容。若已准备，请在方框里画√；若有遗漏，请补充后画√。

项目	新能源汽车高压安全防护作业检查内容
作业场地	配有练习假人或角色扮演者同学
设备设施	专用场地、假人、模拟器材
工量辅具	—
耗材	—

老师检查纠错，学生改正错误。

❖ **步骤二：人工呼吸救护演练、胸外心脏按压演练**

请观察老师的示范动作，模仿并重复操作，结合老师的讲解，学生查阅教材，进行练习，并认真记录在下表中。

序号	方法一	方法二

安全防护用品规范使用

新能源汽车的非高压部件（如制动、悬架和车身系统）进行维修时，不需要专业的安全防护措施。对高压系统中的高压组件进行维修时，必须采用特殊的防护措施。在安全防护方面，要注意以下要点：

1）必须遵守有关安装和健康防护的规定。

2）必须使用现有防护装备。

3）必须按规定使用装备（工具、车辆）。

4）如果发现装备损坏，必须按专业要求排除故障。如果不能排除故障，必须向上级通报。

请观察老师的示范动作，模仿并重复操作，结合老师的讲解，学生查阅教材，进行练习，并认真记录在下表中。

序号	防护用品	要求

请根据老师的讲解和演示，详细总结你在操作过程中出现的问题，试着分析其产生的原因，并归纳出关键词，用铅笔认真填写在下图中。

✉ 考核与评价

一、考评项目

请根据本项目所学对极氪 001 车辆动力电池和动力电池管理系统的认知，完成考评报告。

二、考核内容及评价标准

序号	评分项	得分条件	评分标准	配分	扣分
1	安全 /5S/ 态度	□ 1. 能进行工位 5S 操作 □ 2. 能进行设备和工具安全检查 □ 3. 能进行车辆安全防护操作 □ 4. 能进行工具清洁校准存放操作 □ 5. 能进行三不落地操作	未完成 1 项扣 3 分，扣分不得超 15 分	15	
2	专业技能能力	□ 1. 能正确读取数据流 □ 2. 能根据正确诊断方法进行动力电池电压检测 □ 3. 能按照正确的故障维修思路和步骤进行故障检修 □ 4. 能正确检测相关数据，并做好记录 □ 5. 能够熟练操作工量具及检测仪器	未完成 1 项扣 10 分，扣分不得超 50 分	50	
3	工具及设备的使用能力	□ 1. 能正确选用维修工具 □ 2. 能正确使用动力电池诊断仪 □ 3. 能正确使用测量工具 □ 4. 能正确使用专用工具	未完成 1 项扣 5 分，扣分不得超 10 分	10	
4	资料、信息查询能力	□ 1. 能正确使用维修手册查询资料 □ 2. 能正确使用用户手册查询资料 □ 3. 能在规定时间内查询所需资料 □ 4. 能正确记录查询资料章节页码 □ 5. 能正确记录所需维修信息	未完成 1 项扣 2 分，扣分不得超 10 分	10	

（续）

序号	评分项	得分条件	评分标准	配分	扣分
5	数据、判读和分析能力	□能根据诊断仪数据分析判断动力电池及动力电池管理系统部件是否需要维修或更换	未完成 1 项扣 10 分，扣分不得超 10 分	10	
6	表单填写与报告的撰写能力	□ 1. 字迹清晰 □ 2. 语句通顺 □ 3. 无错别字 □ 4. 无涂改 □ 5. 无抄袭	未完成 1 项扣 1 分，扣分不得超 5 分	5	
合计				100	

项目二　新能源汽车动力电池及管理系统

📝 项目任务单

项目描述	新能源汽车动力电池及管理系统		
项目要求	1. 掌握动力电池的结构 2. 掌握动力电池管理系统的工作原理 3. 掌握动力电池的应用 4. 掌握动力电池及管理系统故障的诊断方法		
学习目标	1. 能掌握动力电池的定义 2. 能掌握动力电池术语 3. 能掌握动力电池的分类 4. 了解动力电池管理系统		
项目载体	 动力电池CSC 电芯单体 **动力电池**		
计划学时	18～24 学时		
工作页	上课地点		学生姓名		完成 / 未完成
	任课教师		上课时间		优 / 良 / 中 / 及格

📖 导入

　　小李是本校新能源汽车运用与维修专业的大二学生，刚刚接触新能源汽车的他十分好奇新能源汽车是如何行驶的，它们的动力来自哪里？由哪些部件组成？和传统燃油车相比新能源汽车有哪些不同？接下来，让我们带着这些疑问和小李一起认知新能源汽车。

此案例中，如果想要解决小李的疑问，首先需要我们认识新能源汽车的结构，了解不同类型新能源汽车的主要区别。

📖 想一想

请同学们尝试着在实训车辆上找到新能源汽车是由哪些部件组成的，并将自己的总结用铅笔记录到下图中。

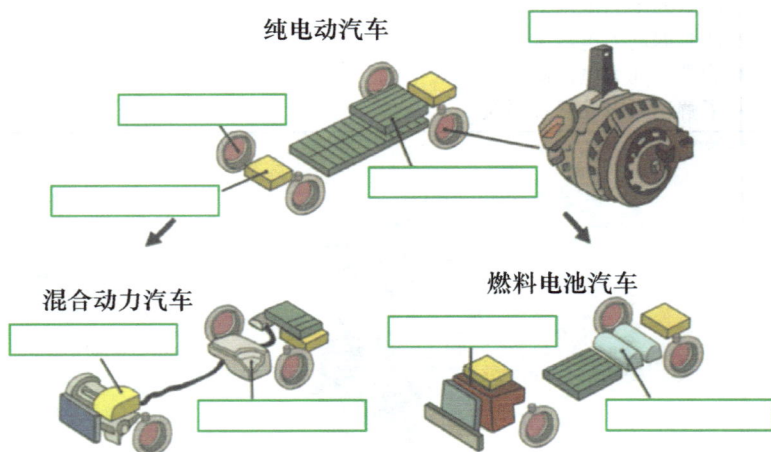

👥 安全教育与防护要求

请同学们声音洪亮地说出安全与防护要求，做好防护准备，同时进行自检和互检。若已完成，请在方框内画√。

□ 工作服穿着符合安全防护要求，穿绝缘鞋，戴绝缘帽，戴护目镜。

□ 不佩戴手表等金属首饰。

□ 严禁操作与本次任务无关的设备和工具。

□ 遵守场地安全规定，注意高压电、设备用电安全。

□ 严禁嬉戏打闹。

老师检查纠错，学生改正错误。

⚒ 实施

任务一 动力电池

❖ 步骤一：作业准备

请认真列出作业准备项目和内容，对照下表核准检查项目内容。若已准备，请在方框里画√；若有遗漏，请补充后画√。

项目	新能源汽车动力电池作业准备内容
作业场地	□配有举升机和消防设施的新能源汽车维修作业场地
设备设施	□极氪001新能源汽车 □动力电池试验台 □举升工位 □汽车维修三件套 □垃圾桶
工量辅具	□常用工具 □数字万用表 □数字示波器 □故障诊断仪 □工具车 □接线盒 □动力电池试验台
耗材	□线束 □干净抹布

老师检查纠错，学生改正错误。

❖ 步骤二：识别新能源汽车动力电池

1. 请观察老师铺设汽车维修三件套的示范动作，模仿并重复操作，结合老师的讲解，学生查阅教材，在实训车辆上找到动力电池，并认真记录在下表中。

序号	车型	电池制造商
1		
2		
3		
4		

2. 请尝试在实车上查找动力电池的安装位置，并对其线束、插接件进行常规的外观检查，最后将检验结果填写在下面思维导图中。

```
                        具体位置
          动力电池                      线束检查
                        外观检查
                                       插接件检查
```

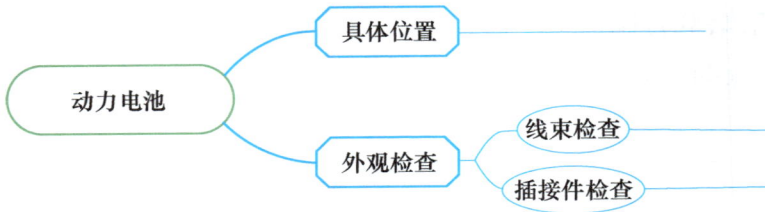

3. 请查找动力电池维修电路图，并将电路图绘制到下面方框内。

（空白方框）

4. 请使用电路图完成对动力电池端子的查找，教师测量动力电池电压，并将整理的检测结果记录到下表中。

端子	含义	动力电池电压检测结果

5. 不同动力电池的参数比较。

动力电池型号	规格	单体电池容量	单体电池质量	动力电池系统能量密度	动力电池系统成本

6. 查找实训车辆的动力电池编码。

序号	动力电池编码	编码位置
1		
2		

❖ 步骤三：试车，交付车辆

1. 对车辆进行试车，检验车辆动力是否恢复正常？

2. 请尝试利用鱼骨图总结动力电池的查找和测量流程。

📧 拓展训练

1. 本任务是确定新能源汽车动力电池的关键词，按照重要程度对关键词进行排序并举例解读，同时根据关键词的重要程度（按百分制划分），判断自己的掌握程度，并进行自评打分。（满分100分）

序号	关键词	举例解读	自定权重	自评得分
1				
2				
3				
4				
5				
	总分			

2. 请大家思考一下，动力电池如果出现问题，除了会导致车辆动力不足，还会导致什么故障现象？（满分100分）

3. 如果现在有一台新能源汽车在行驶过程中出现动力明显不足，维修人员初步判断是动力电池故障，试制定检测流程并进行检修。（满分100分）

4. 小李是学习新能源汽车运用与维修专业的学生，大学一毕业就来到了一家汽车服务中心（4S店），成为了一名新能源汽车维修学徒工。学徒期间小李积极向师傅请教，进步很快，尤其是在新能源汽车故障判断思维方面得到了师傅的高度认可。

请按下列思维导图格式，对检修动力电池的学习收获进行总结，同时搜集至少 2 个动力电池故障判断案例，谈一谈你对新能源汽车动力电池故障判断思维的理解。（满分 100 分）

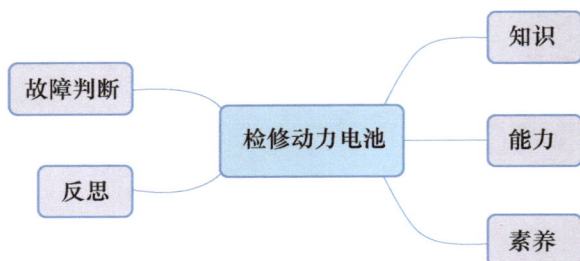

任务检验

1. 自检：参与实训练习的学员自我完成质量检验。
2. 互检：由完成相同实操练习项目的学员相互进行质量检验。
3. 终检：由专职质量管理人员（教师）进行专业检查。

实施

任务二　动力电池管理系统

❖ **步骤一：作业准备**

请认真列出作业准备项目和内容，对照下表核准检查项目内容。若已准备，请在方框里画√；若有遗漏，请补充后画√。

项目	新能源汽车 BMS 认知作业准备检查内容
作业场地	□配有实训新能源汽车、动力电池管理系统试验台和消防设施的汽车维修作业场地
设备设施	□极氪 001 实训车辆　□安全专用工位　□汽车维修三件套　□垃圾桶
工量辅具	□常用工具　□数字万用表　□数字示波器　□故障诊断仪　□工具车 □接线盒
耗材	□线束　□干净抹布

老师检查纠错，学生改正错误。

❖ **步骤二：动力电池管理系统认知**

1. 请观察老师铺设汽车维修三件套的示范动作，并模仿重复操作，结合老师的讲解，学生查阅教材，在动力电池试验台上找到动力电池管理系统并认真记录在下表中。

序号	安装位置及作用
1	
2	
3	
4	

对实训车辆动力电池进行拆卸，对其分解并找出动力电池管理系统，认真记录在下表中。

序号	拆卸流程	安装位置及作用
1		
2		
3		
4		
5		
6		
7		
8		
9		

2. 请尝试在实车上或动力电池试验台上查找动力电池管理系统的具体位置，并对其线束、插接件进行常规外观检查，最后将检验结果填写在下面思维导图中。

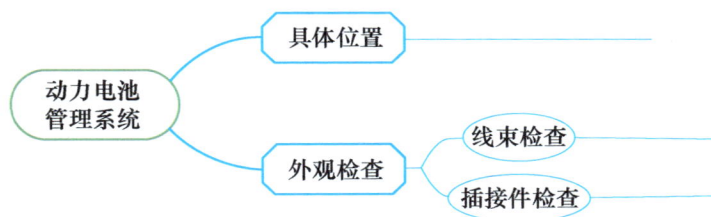

3. 请查找动力电池维修电路图，并将动力电池管理系统电路连接简图绘制到下面方框内。

4. 请按照你画的动力电池管理系统电路简图的端子信息，整理端子结果并将其记录到下表中。

端子	含义	连接电气元器件，安装位置

5. 认真观察动力电池体内的各个零部件，并填写任务实施记录单。

序号	辅助元器件名称	作用
1	主控模块	
2	从控模块	
3	高压盒	
4	高压继电器	
5	维护插接件	
6	手动维修开关（MSD）	
7	电加热膜	
8	加热断路器	
9	温度传感器	
10	预充电阻	
11	分流器	

6.连接车辆专用故障诊断仪，读取动力电池管理系统的运行数据，并填写下表任务实施记录单。

序号	动力电池数据流名称	当前值
1	动力电池内部总电压	
2	动力电池充放电电流	
3	动力电池负极继电器当前状态	
4	动力电池正极继电器当前状态	
5	动力电池预充继电器当前状态	
6	正极对地绝缘电阻	
7	负极对地绝缘电阻	
8	动力电池 SOC	
9	动力电池可用容量	
10	电芯单体最高电压	
11	最高电压单体序号	
12	电芯单体最低电压	
13	最低电压单体序号	
14	电芯单体最高温度	
15	最高温度单体序号	
16	电芯单体最低温度	
17	最低温度单体序号	

7.请根据测量的动力电池管理系统数据流和端子检测结果，分析推断其故障原因，并将推断过程用铅笔整理到下面思维导图中。

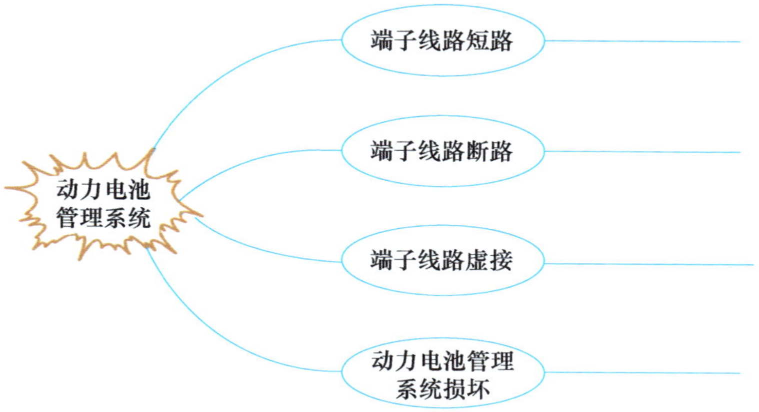

动力电池管理系统 → 端子线路短路 / 端子线路断路 / 端子线路虚接 / 动力电池管理系统损坏

8.请再次确定故障点，将具体故障内容整理好，及时排除故障，整理好排除故障的步骤，并完成下面思维导图。

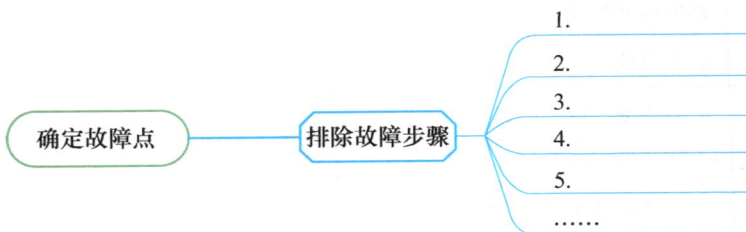

确定故障点 —— 排除故障步骤
1.
2.
3.
4.
5.
……

9.观察老师讲解动力电池检测仪时的示范操作，运用示波器读取数据流，并分析测试结果是否正常，将正确的数据流记录到下面方框内。

老师检查纠错，学生改正错误。

❖ **步骤三：试车，交付车辆**

1.对实训车辆进行恢复并试车，检验车辆动力是否恢复正常。

2.请尝试利用鱼骨图总结动力电池管理系统的检修流程。

检修流程

拓展训练

1. 本任务是确定新能源汽车动力电池管理系统的关键词，按照重要程度对关键词进行排序，并举例解读，同时根据关键词的重要程度（按百分制划分），判断自己的掌握程度，并进行自评打分。（满分 100 分）

序号	关键词	举例解读	自定权重	自评得分
1				
2				
3				
4				
5				
总分				

2. 请大家思考一下，动力电池管理系统如果出现问题，除了会导致车辆动力电池工作不正常故障，还会导致什么故障现象？（满分 100 分）

3. 现有一辆新能源汽车在行驶过程中动力明显不足，维修人员初步判断是动力电池管理系统故障，试制定检测流程并进行检修。（满分 100 分）

4. 小李是学习新能源汽车检测与维修技术专业的学生，大学一毕业就来到了一家汽车 4S 店，成为一名新能源汽车维修学徒工。学徒期间小李积极向师傅请教，进步很快，尤其是在新能源汽车故障判断思维方面得到了师傅的高度认可。

请按下列思维导图格式，对检修动力电池管理系统的学习收获进行总结，同时搜集至少 2 个动力电池管理系统故障判断案例，谈一谈你对新能源汽车动力电池管理系统故障判断思维的理解。（满分 100 分）

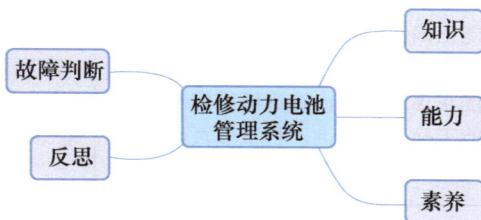

📑 任务检验

1. 自检：参与实训练习的学员自我完成质量检验。
2. 互检：由完成相同实操练习项目的学员相互进行质量检验。
3. 终检：由专职质量管理人员（教师）进行专业检查。

✉ 考核与评价

一、考评项目

请根据本项目所学对极氪 001 车辆动力电池和动力电池管理系统的认知，完成考评报告。

二、考核内容及评价标准

序号	评分项	得分条件	评分标准	配分	扣分
1	安全 /5S/ 态度	□ 1. 能进行工位 5S 操作 □ 2. 能进行设备和工具安全检查 □ 3. 能进行车辆安全防护操作 □ 4. 能进行工具清洁校准存放操作 □ 5. 能进行三不落地操作	未完成 1 项扣 3 分，扣分不得超 15 分	15	
2	专业技能能力	□ 1. 能正确读取数据流 □ 2. 能根据正确诊断方法进行动力电池电压检测 □ 3. 能按照正确的故障维修思路和步骤进行故障检修 □ 4. 能正确检测相关数据，并做好记录 □ 5. 能够熟练操作工量具及检测仪器	未完成 1 项扣 10 分，扣分不得超 50 分	50	
3	工具及设备的使用能力	□ 1. 能正确选用维修工具 □ 2. 能正确使用动力电池诊断仪 □ 3. 能正确使用测量工具 □ 4. 能正确使用专用工具	未完成 1 项扣 5 分，扣分不得超 10 分	10	
4	资料、信息查询能力	□ 1. 能正确使用维修手册查询资料 □ 2. 能正确使用用户手册查询资料 □ 3. 能在规定时间内查询所需资料 □ 4. 能正确记录查询资料章节页码 □ 5. 能正确记录所需维修信息	未完成 1 项扣 2 分，扣分不得超 10 分	10	

（续）

序号	评分项	得分条件	评分标准	配分	扣分
5	数据、判读和分析能力	□能根据诊断仪数据分析判断动力电池及动力电池管理系统部件是否需要维修或更换	未完成1项扣10分，扣分不得超10分	10	
6	表单填写与报告的撰写能力	□ 1. 字迹清晰 □ 2. 语句通顺 □ 3. 无错别字 □ 4. 无涂改 □ 5. 无抄袭	未完成1项扣1分，扣分不得超5分	5	
合计				100	

项目三 检修动力电池及管理系统常见故障

📋 项目任务单

项目描述	检修动力电池及管理系统常见故障
项目要求	1. 能够熟练使用检测设备 2. 能够排除电芯欠电压或过电压的故障 3. 能够排除电芯温度异常的故障 4. 能够排除动力电池和动力电池管理系统的常见故障 5. 能够排除不同类型的动力电池故障
学习目标	1. 能够分析电芯单体产生电压类故障的原因 2. 能够掌握电芯单体检修的方法 3. 掌握动力电池与动力电池管理系统的构造及工作原理 4. 掌握上位机软件的安装与使用 5. 能够掌握动力电池和动力电池管理系统产生故障的诊断流程
项目载体	 动力电池
计划学时	18～24 学时

工作页	上课地点		学生姓名		完成／未完成
	任课教师		上课时间		优／良／中／及格

📖 导入

现有一几何 A 车主，最近发现自己爱车的电耗在增加，续驶里程在减少。某天，该车主加班后到托管班接女儿回家，由于提前到了托管班，女儿作业还没写完。此时外面天气在 30℃ 左右，因此车主没有关闭车辆，并在车里打开空调等几分钟，这时车主发现动力电池的存储电量显示下降速度过快。车主见此情况心里有些不安，决定一会将女儿送回家后，驾车到服务中心（4S 店）让专业维修技术人员好好检查一下这辆车。

想一想

请同学们尝试说出导致动力电池储存电量（容量）下降的原因都有哪些，并将自己的总结分析用铅笔记录到下面圆圈图中。

动力电池容量下降原因

安全教育与防护要求

请同学们声音洪亮地说出安全与防护要求，做好防护准备，同时进行自检和互检。若已完成，请在方框里画√。

☐　工作服穿着符合安全防护要求，穿绝缘鞋，戴绝缘帽，戴护目镜。

☐　不佩戴手表等金属首饰。

☐　严禁操作与本次任务无关的设备和工具。

☐　遵守场地安全规定，注意高压电、设备用电安全。

☐　严禁嬉戏打闹。

老师检查纠错，学生改正错误。

⚘ 实施

任务一　检修电芯单体电压类故障

❖ 步骤一：作业准备

请认真列出作业准备项目和内容，对照下表核准检查项目内容。若已准备，请在方框里画√；若有遗漏，请补充后画√。

项目	检修电芯单体电压类故障作业准备内容
作业场地	□配有安全作业区域和消防设施的新能源汽车维修作业场地
设备设施	□几何 A 汽车或动力电池试验台　□举升工位　□汽车维修三件套　□垃圾桶
工量辅具	□常用工具　□数字万用表　□检测仪　□故障诊断仪　□接线盒
耗材	□线束　□干净抹布

❖ 步骤二：检修电芯单体电压类故障

1. 请观察老师铺设汽车维修三件套的示范动作，并模仿重复操作，结合老师的讲解，学生查阅教材，使用诊断仪读取故障码，并将故障码认真记录在下表中。

序号	故障码内容
1	
2	
3	
4	

2. 使用诊断仪读取数据流，并将数据流认真记录在下表中。

序号	数据流数值
1	
2	
3	
4	

3. 使用万用表读取电芯单体的电压，并将测量电压认真记录在下表中。

序号	电压
1	
2	
3	
4	

4.请尝试在实车或试验台上查找电芯单体的具体位置，并对其线束、插接件、管路等进行常规外观检查，最后将检验结果填写在下面思维导图中。

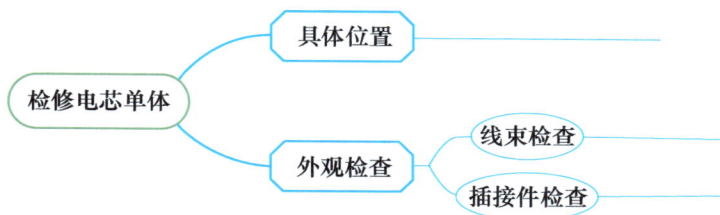

5.请准备好诊断仪，铺好维修三件套，对车辆电芯单体进行检测，检测步骤见下表。

步骤	电芯单体检测
1	
2	
3	
4	
5	
6	
7	
...	

6.请准备好万用表，铺好维修三件套，检测电芯单体电压，具体检测步骤见下表。

步骤	电芯单体电压检测
1	
2	
3	
4	
5	
...	

7. 请按照正确工艺流程对电芯单体进行检查分析，并将推断过程用铅笔整理到下面思维导图中。

电芯单体 —— 电芯单体损坏
　　　　—— 连接导线
　　　　—— 单体电压采样失效故障

8. 请确定故障点，将具体故障内容整理好，及时排除故障，整理好排除故障的步骤，并完成下面思维导图。

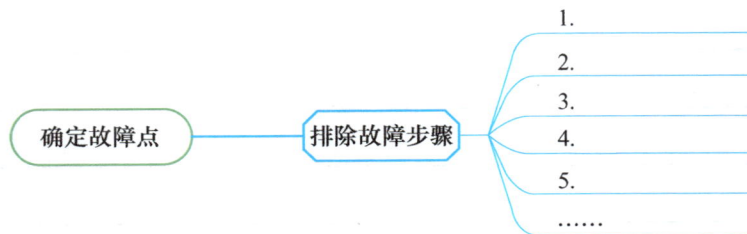

确定故障点 —— 排除故障步骤 —— 1. 2. 3. 4. 5. ……

❖ **步骤三：试车，交付车辆**

1. 对几何 A 车辆或试验台进行电芯单体更换，并试车，检验车辆电量是否恢复正常？

2. 请尝试利用鱼骨图总结电芯单体故障检修流程。

拓展训练

1. 本任务是确定检修电芯单体电压类故障的关键词，按照重要程度对关键词进行排序，并举例解读，同时根据关键词的重要程度（按百分制划分），判断自己的掌握程度，并进行自评打分。（满分 100 分）

序号	关键词	举例解读	自定权重	自评得分
1				
2				
3				
4				
5				
总分				

2. 请结合实际案例，分析电芯单体电压出现问题都会导致车辆哪些故障现象发生？（满分 100 分）

3. 2019 款几何 A 车辆动力电池续驶里程短，充电时会出现警告，维修人员初步判断是电芯单体故障，试制定检修流程并进行检修。（满分 100 分）

4. 小李在 4S 店工作的一年里养成了一个习惯，在每次维修作业之前都会认真点检自己准备的工具、设备和安全防护措施，车辆维修完毕后都要对检修项目进行再三的检查确认，确保自己检修的零部件、螺栓等都安装正确、可靠牢固。同时将自己工位的工具设备进行现场 5S，确保工具设备完好无损，没有落在客户车辆上。他的师傅非常欣赏他这种做法，告诉他说："这是机修学徒必须经历的，更是确保自己和客户行车安全的基本前提。"

请按照下列思维导图的格式，对检修电芯单体故障的学习收获进行总结，列举 5 个电芯单体故障导致的行车安全隐患，谈一谈你对"维修人员对客户行车安全责任"的理解。（满分 100 分）

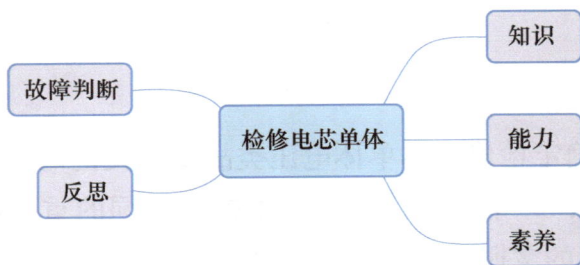

实施

任务二　检修电芯温度类故障

❖ 步骤一：作业准备

请认真列出作业准备项目和内容，对照下表核准检查项目内容。若已准备，请在方框里画√；若有遗漏，请补充后画√。

项目	检修电芯温度类故障作业准备内容
作业场地	□配有安全作业区域和消防设施的新能源汽车维修作业场地
设备设施	□阿维塔车辆或动力电池试验台　□举升工位　□汽车维修三件套　□垃圾桶
工量辅具	□常用工具　□数字万用表　□检测仪　□故障诊断仪　□接线盒
耗材	□线束　□干净抹布

❖ 步骤二：检修电芯温度类故障

1. 请观察老师铺设汽车维修三件套的示范动作，模仿并重复操作，结合老师的讲解，学生查阅教材，使用诊断仪读取故障码，并将故障码认真记录在下表中。

序号	故障码内容
1	
2	
3	
4	

2.使用诊断仪读取数据流，并将数据流认真记录在下表中。

序号	数据流数值
1	
2	
3	
4	

3.通过观察老师讲解示波器的示范操作，运用示波器读取BMS温度采样工作波形，检验波形是否正常，并将正确波形绘制到下面方框内。

4.请查找动力电池温度采样电路图，并将温度采样电路图绘制到下面方框内。

5.请尝试在实车上查找动力电池温度采样电路的具体位置，并对其线束、插接件等进行常规外观检查，最后将检验结果填写在下面思维导图中。

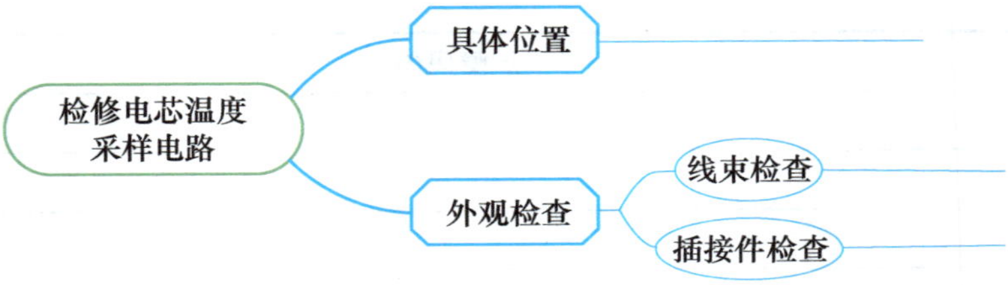

6. 请使用万用表完成对温度采样电路端子检测，并整理端子检测结果，同时将其记录到下表中。

端子	含义	温度采样端子检测结果

7. 针对温度采样电路端子的检测结果，分析推断其故障原因，并将推断过程用铅笔整理到下面思维导图中。

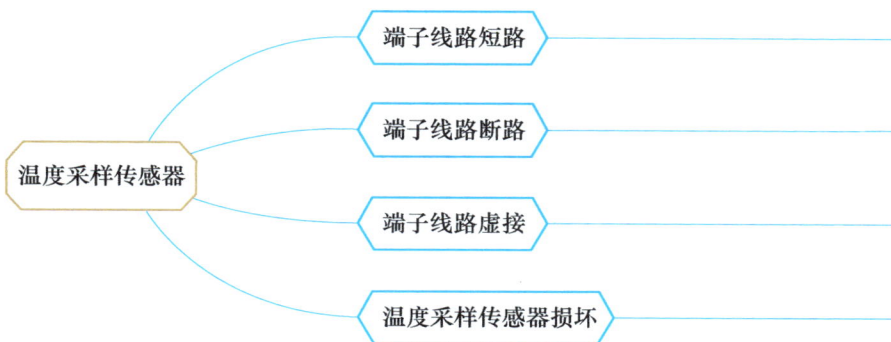

8. 请再次确定故障点，将具体故障内容整理好，及时排除故障，整理好排除故障的步骤，并完成下面思维导图。

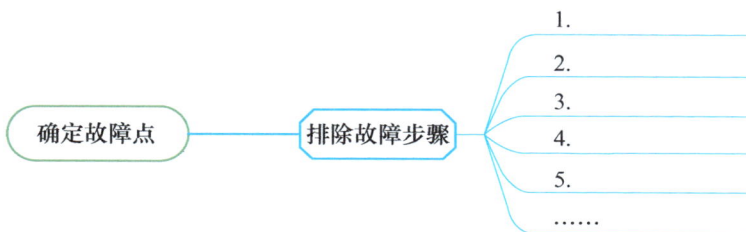

9. 通过观察老师讲解示波器的示范操作，运用示波器重新读取温度采样传感器波形，检验波形是否正常，并将正确波形绘制到下面方框内。

❖ **步骤三：试车，交付车辆**

1. 对阿维塔车辆进行试车，检验车辆温度采样是否恢复正常？

2. 请尝试利用鱼骨图总结温度采样传感器故障检修流程。

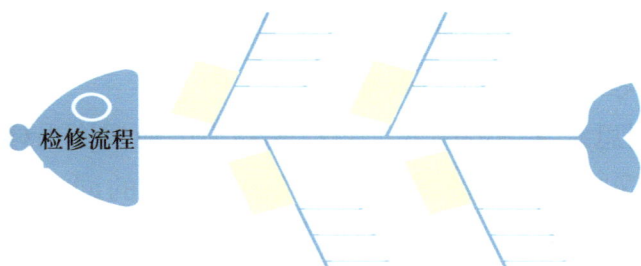

拓展训练

1.本任务是确定检修温度类故障的关键词，按照重要程度对关键词进行排序，并举例解读，同时根据关键词的重要程度（按百分制划分），判断自己的掌握程度，并进行自评打分。（满分100分）

序号	关键词	举例解读	自定权重	自评得分
1				
2				
3				
4				
5				
		总分		

2.请结合实际案例，分析新能源汽车温度类传感器的发展历史。（满分100分）

3.阿维塔车辆存在动力电池温度过高警告，实际动力电池温度正常，维修人员初步判断是动力电池温度采样传感器故障，试制定检修流程并进行检修。（满分100分）

4.小李在汽车4S店工作一天下班后，准备去找同在汽修店实习的小王一起吃晚饭。刚到小王实习的汽修店门口，他看见小王在使用诊断仪检测动力电池温度采样传感器，而且小王身边的工作环境很糟糕，地上的油渍、工具随地可见。小李上前对小王说："你在这样的场地对动力电池进行检测和维修，容易发生事故，应该用新能源汽车安全场地进行检测和维修，你这是对客户不负责任。"小王听后，苦笑道："我们是维修小店，没有你说的那种场地和设备。"

请按照下列思维导图的格式，对检修动力电池温度采样电路的学习收获进行总结，同时将小王的态度总结成一个合适的词填到空格里并说明依据。（满分100分）

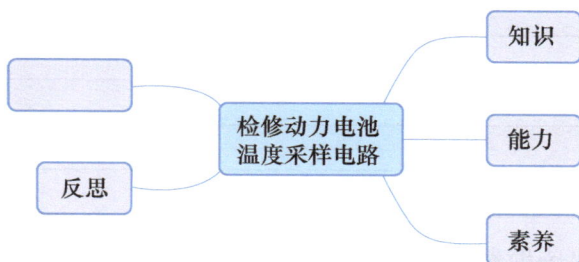

知识

能力

素养

检修动力电池
温度采样电路

反思

任务检验

1. 自检：参与实训练习的学员自我完成质量检验。
2. 互检：由完成相同实操练习项目的学员相互进行质量检验。
3. 终检：由专职质量管理人员（教师）进行专业检查。

实施

任务三　检修电流采样故障

❖ **步骤一：作业准备**

请认真列出作业准备项目和内容，对照下表核准检查项目内容。若已准备，请在方框里画√；若有遗漏，请补充后画√。

项目	检修电流采样故障作业准备内容
作业场地	□配有安全作业区域和消防设施的新能源汽车维修作业场地
设备设施	□阿维塔车辆或动力电池试验台　□举升工位　□汽车维修三件套　□垃圾桶
工量辅具	□常用工具　□数字万用表　□检测仪　□故障诊断仪　□接线盒
耗材	□线束　□干净抹布

❖ **步骤二：检修电流采样故障**

1. 请观察老师铺设汽车维修三件套的示范动作，模仿并重复操作，结合老师的讲解，学生查阅教材，使用诊断仪读取故障码，并将故障码认真记录在下表中。

序号	故障码内容
1	
2	
3	
4	

2. 使用诊断仪读取数据流，并将数据流认真记录在下表中。

序号	数据流数值	数据流分析
1		
2		
3		
4		

3. 通过观察老师讲解示波器的示范操作，运用示波器读取动力电池电流采样工作波形，检验波形是否正常，并将正确波形绘制到下面方框内。

4. 请查找动力电池电流采样电路图，并将电流采样电路图绘制到下面方框内。

5. 请尝试在实车上查找动力电池电流采样电路的具体位置，并对其线束、插接件等进行常规外观检查，最后将检验结果填写在下面思维导图中。

```
                        ┌──── 具体位置 ──────────
        检修电流 ───────┤
        采样电路        │                ┌── 线束检查 ──────────
                        └──── 外观检查 ──┤
                                         └── 插接件检查 ──────
```

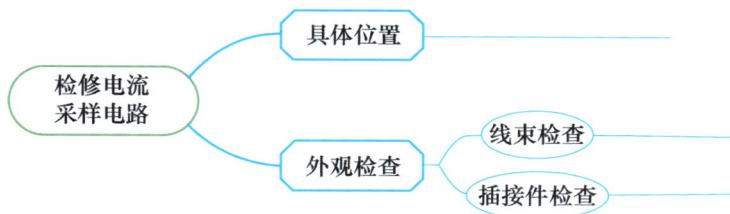

6.请查找阿维塔电流采样电路图，并将电流采样电路图绘制到下面方框内。

（空白方框）

7.请使用万用表完成对电流采样传感器端子的检测，并整理端子检测结果，同时将其记录到下表中。

端子	含义	电流采样传感器端子检测结果

8.请根据电流采样传感器端子的检测结果，分析推断其故障原因，并将推断过程用铅笔整理到下面思维导图中。

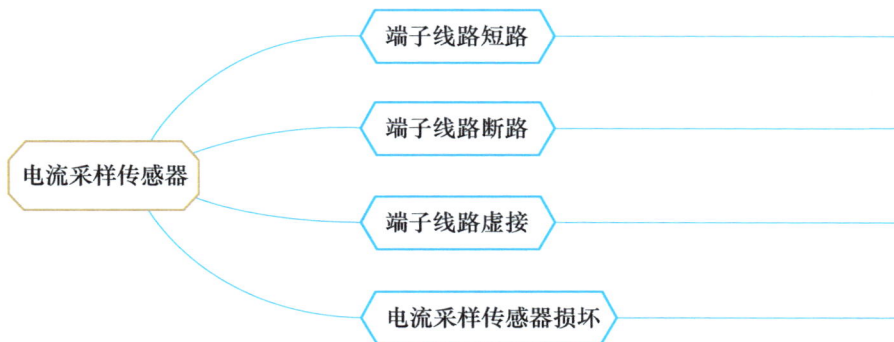

```
                        ┌──── 端子线路短路 ──────────
                        │
                        ├──── 端子线路断路 ──────────
        电流采样传感器 ─┤
                        ├──── 端子线路虚接 ──────────
                        │
                        └──── 电流采样传感器损坏 ────
```

9.通过观察老师讲解示波器的示范操作，运用示波器重新读取电流采样信号波形，检验波形是否正常，并将正确的波形绘制到下面方框内。

10.请再次确定故障点，将具体故障内容整理好，及时排除故障，整理好排除故障的步骤，并完成下面思维导图。

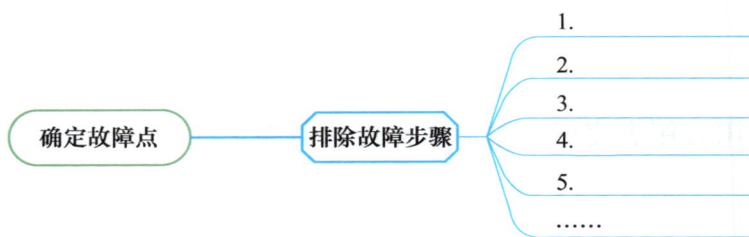

确定故障点 → 排除故障步骤

1.
2.
3.
4.
5.
……

❖ **步骤三：试车，交付车辆**

1.对阿维塔车辆进行试车，检验电流采样是否恢复正常？

2.请尝试利用鱼骨图总结电流采样故障检修流程。

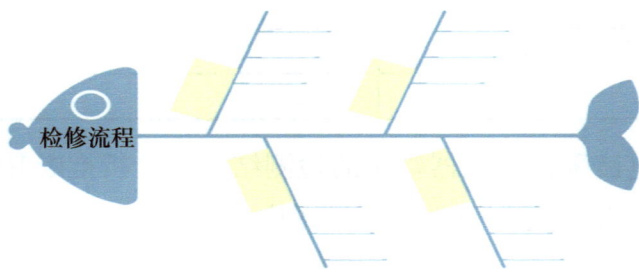

检修流程

👤 **实施**

任务四　检修均衡功能故障

❖ **步骤一：作业准备**

请认真列出作业准备项目和内容，对照下表核准检查项目内容。若已准备，请在方框里画√；若有遗漏，请补充后画√。

项目	检修均衡故障作业准备情况检查内容
作业场地	□配有安全作业区域和消防设施的新能源汽车维修作业场地
设备设施	□阿维塔车辆或动力电池试验台　□举升工位　□汽车维修三件套　□垃圾桶
工量辅具	□常用工具　□数字万用表　□检测仪　□故障诊断仪　□接线盒
耗材	□线束　□干净抹布

❖ 步骤二：检修均衡故障

1. 请观察老师铺设汽车维修三件套的示范动作，模仿并重复操作，结合老师的讲解，学生查阅教材，使用诊断仪读取故障码，并将故障码认真记录在下表中。

序号	故障码内容
1	
2	
3	
4	

2. 使用诊断仪读取数据流，并将数据流认真记录在下表中。

序号	数据流数值	数据流分析
1		
2		
3		
4		

3. 使用动力电池诊断仪对实训车辆或试验台的动力电池进行均衡，并将操作流程认真记录在下表中。

序号	操作流程	记录电池均衡结果
1		
2		
3		
4		

（续）

序号	操作流程	记录电池均衡结果
5		
6		
7		
8		
9		

4.请准备好诊断仪，铺好维修三件套，对车辆电芯单体进行检测，检测步骤见下表。

步骤	电芯单体检测
1	
2	
3	
4	
5	
6	
7	
…	

5.检测电芯单体电压，具体检测步骤见下表。

步骤	电芯单体电压检测
1	
2	
3	
4	
5	
…	

6.请确定电芯单体的故障，将具体故障内容整理好，及时排除故障，整理好排除故障的步骤，并完成下面思维导图。

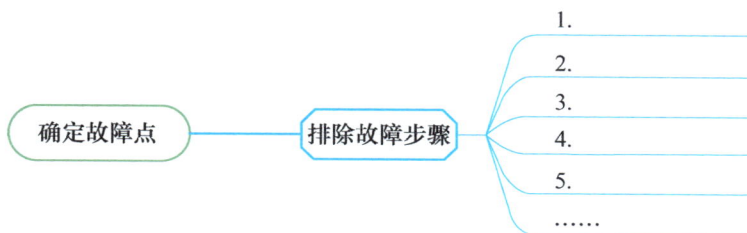

❖ **步骤三：试车，交付车辆**

1. 对阿维塔车辆进行试车，检验车辆动力电池均衡后是否恢复正常？

2. 请尝试利用鱼骨图总结动力电池不均衡故障检修流程。

✉ 拓展训练

1. 本任务是确定电池均衡关键词，按照重要程度对关键词进行排序，并举例解读，同时根据关键词的重要程度（按百分制划分），判断自己的掌握程度，并进行自评打分。（满分100分）

序号	关键词	举例解读	自定权重	自评得分
1				
2				
3				
4				
5				
总分				

2. 动力电池均衡如果出现问题，会导致什么故障现象发生？（满分100分）

3. 由于动力电池存储容量过低，维修人员初步判断是动力电池均衡故障，试制定动力电池均衡故障检修流程并进行锂电池均衡。（满分100分）

4. 小李在汽车 4S 店从事汽车维修工作已经一年多了，认识了很多同事同行。一次在上班午休的时候，小李和一位同事闲聊，该同事对他说："有一次检修动力电池的时候，其实动力电池没有坏，是动力电池均衡问题，简单处理一下使用没问题的，但是我懒得处理直接换了一个新的动力电池。"小李听后说："这么做不地道吧，你这不是欺骗客户吗？让客户多花冤枉钱。"

请按下列思维导图格式，对动力电池均衡的学习收获进行总结，并搜集 5 个"诚实守信，德技并修"的汽车维修案例以故事的形式讲给老师或者同学听，并给每一个故事取一个过目不忘的好名字。（满分 100 分）

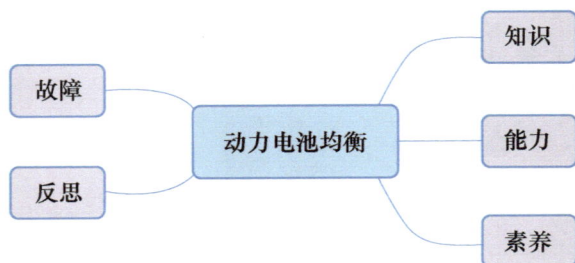

🧍 实施

任务五　检修高压采样和继电器类故障

❖ 步骤一：作业准备

请认真列出作业准备项目和内容，对照下表核准检查项目内容。若已准备，请在方框里画√；若有遗漏，请补充后画√。

项目	检修高压采样和继电器故障作业准备情况检查内容
作业场地	□配有安全作业区域和消防设施的新能源汽车维修作业场地
设备设施	□阿维塔车辆或动力电池试验台　□举升工位　□汽车维修三件套　□垃圾桶
工量辅具	□常用工具　□数字万用表　□检测仪　□故障诊断仪　□接线盒
耗材	□线束　□干净抹布

❖ 步骤二：检修高压采样和继电器故障

1. 请观察老师铺设汽车维修三件套的示范动作，模仿并重复操作，结合老师的讲解，学生查阅教材，使用诊断仪读取故障码，并将故障码认真记录在下表中。

序号	故障码内容
1	
2	
3	
4	

2.使用诊断仪读取数据流，并将数据流认真记录在下表中。

序号	数据流数值	数据流分析
1		
2		
3		
4		

3.请准备好诊断仪，铺好维修的三件套，对车辆进行高压采样检测，检测步骤见下表。

步骤	高压采样检测
1	
2	
3	
4	
5	

4.检测高压继电器，具体检测步骤见下表。

步骤	高压继电器检测
1	
2	
3	
4	
5	
6	

5. 请确定高压采样或继电器故障，将具体故障内容整理好，及时排除故障，整理好排除故障的步骤，并完成下面思维导图。

❖ **步骤三：试车，交付车辆**

1. 对阿维塔车辆进行试车，检验车辆高压采样和继电器维修后是否恢复正常？

2. 请尝试利用鱼骨图总结高压采样和继电器故障检修流程。

📋 任务检验

1. 自检：参与实训练习的学员自我完成质量检验。

2. 互检：由完成相同实操练习项目的学员相互进行质量检验。

3. 终检：由专职质量管理人员（教师）进行专业检查。

✉ 考核与评价

一、考评项目

请根据本项目所学对阿维塔动力电池和动力电池管理系统的认知，完成考评报告。

二、考核内容及评价标准

序号	评分项	得分条件	评分标准	配分	扣分
1	安全/5S/态度	□ 1. 能进行工位 5S 操作 □ 2. 能进行设备和工具安全检查 □ 3. 能进行车辆安全防护操作 □ 4. 能进行工具清洁校准存放操作 □ 5. 能进行三不落地操作	未完成 1 项扣 3 分，扣分不得超 15 分	15	
2	专业技能能力	□ 1. 能正确读取数据流 □ 2. 能根据正确诊断方法进行动力电池电压检测 □ 3. 能按照正确的故障维修思路和步骤进行故障检修 □ 4. 能正确检测相关数据，并做好记录 □ 5. 能够熟练操作工量具及检测仪器	未完成 1 项扣 10 分，扣分不得超 50 分	50	
3	工具及设备的使用能力	□ 1. 能正确选用维修工具 □ 2. 能正确使用动力电池诊断仪 □ 3. 能正确使用测量工具 □ 4. 能正确使用专用工具	未完成 1 项扣 5 分，扣分不得超 10 分	10	
4	资料、信息查询能力	□ 1. 能正确使用维修手册查询资料 □ 2. 能正确使用用户手册查询资料 □ 3. 能在规定时间内查询所需资料 □ 4. 能正确记录查询资料章节页码 □ 5. 能正确记录所需维修信息	未完成 1 项扣 2 分，扣分不得超 10 分	10	
5	数据、判读和分析能力	□能根据诊断仪数据分析判断动力电池及动力电池管理系统部件是否需要维修或更换	未完成 1 项扣 10 分，扣分不得超 10 分	10	
6	表单填写与报告的撰写能力	□ 1. 字迹清晰 □ 2. 语句通顺 □ 3. 无错别字 □ 4. 无涂改 □ 5. 无抄袭	未完成 1 项扣 1 分，扣分不得超 5 分	5	
合计				100	

项目四　检修整车关联动力电池系统故障

📋 项目任务单

项目描述	检修整车关联动力电池系统故障
项目要求	1. 掌握高压互锁故障的诊断流程 2. 掌握绝缘故障的诊断流程 3. 掌握新能源汽车充电故障的诊断流程 4. 掌握动力电池通信类故障的诊断流程
学习目标	1. 高压互锁的定义 2. 掌握高压互锁的结构及工作原理 3. 掌握高压互锁的结构及工作原理 4. 掌握绝缘检测的工作原理 5. 了解新能源汽车交直流充电系统 6. 认识新能源汽车充电故障灯 7. 掌握常见通信信号的传输
项目载体	 手动维修开关位置
计划学时	18 ～ 24 学时

工作页	上课地点		学生姓名		完成 / 未完成
	任课教师		上课时间		优 / 良 / 中 / 及格

📖 导入

近期二手车公司收购了一辆几何 A 新能源汽车，这台车暂时无法起动。经过二手车公司专业维修人员对这款车进行全车检查后，发现该车动力电池严重亏电、高压系统和充电系统工作异常。为了整备这辆车，维修人员准备从检修动力电池、高压系统、充电系统入手，逐一进行故障排查，修好这辆二手车。

📖 想一想

请同学们尝试着说出导致动力电池严重亏电、高压系统和充电系统工作异常的原因有哪些，并将自己的总结分析用铅笔记录到下面圆圈图中。

动力电池严重亏电、高压系统和充电系统工作异常原因有哪些？

👥 安全教育与防护要求

请同学们声音洪亮地说出安全与防护要求，做好防护准备，同时进行自检和互检。若已完成，请在方框里画√。

☐ 工作服穿着符合安全防护要求，穿绝缘鞋，戴绝缘帽，戴护目镜。

☐ 不佩戴手表等金属首饰。

☐ 严禁操作与本次任务无关的设备和工具。

☐ 遵守场地安全规定，注意高压电、设备用电安全。

☐ 严禁嬉戏打闹。

老师检查纠错，学生改正错误。

🧘 实施

<h1 style="text-align:center">任务一　检修高压互锁故障</h1>

❖ 步骤一：作业准备

请认真列出作业准备项目和内容，对照下表核准检查项目内容。若已准备，请在方框里画√；若有遗漏，请补充后画√。

项目	检修互锁故障作业准备情况检查内容
作业场地	□配有安全作业区域和消防设施的新能源汽车维修作业场地
设备设施	□几何 A 车辆或高压互锁试验台　□举升工位　□汽车维修三件套　□垃圾桶
工量辅具	□常用工具　□数字万用表　□检测仪　□故障诊断仪　□接线盒
耗材	□线束　□干净抹布

❖ 步骤二：检修高压互锁故障

1. 请尝试在实车上查找高压互锁的具体位置，并对其线束、高压接线柱盒、低压回路安全线等进行常规外观检查，最后将检验结果填写在下面思维导图中。

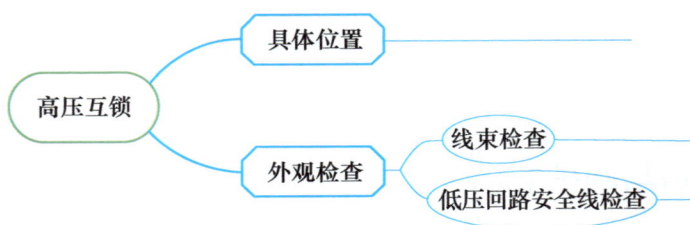

2. 请观察老师铺设汽车维修三件套的示范动作，模仿并重复操作，结合老师的讲解进行高压互锁检测流程。

序号	高压互锁检测流程
1	
2	
3	
4	
5	

3.请铺好维修三件套，对车辆进行通电。高压互锁检测的步骤见下表。

步骤	高压互锁检测的步骤
1	
2	
3	
4	
5	
6	
7	
…	

4.检测低压安全回路线，具体检测步骤见下表。

步骤	低压安全回路线检测步骤
1	
2	
3	
4	
5	
…	

5.请确定故障点，将具体故障内容整理好，及时排除故障，整理好排除故障的步骤，并完成下面思维导图。

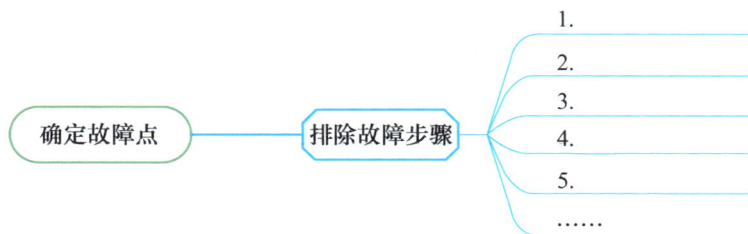

确定故障点 —— 排除故障步骤

1.
2.
3.
4.
5.
……

6.请对动力电池检测和充电，对车辆进行更换高压互锁，具体的更换步骤见下表。

步骤	更换高压互锁步骤
1	
2	
3	
4	
5	
…	

❖ **步骤三：试车，交付车辆**

1. 对几何 A 车辆进行试车，检验车辆是否能够正常起动？

2. 请尝试利用鱼骨图总结高压互锁故障检修流程。

拓展训练

1. 本任务是确定检修高压互锁亏电的关键词，按照重要程度对关键词进行排序并举例解读，同时根据关键词的重要程度（按百分制划分），判断自己的掌握程度，并进行自评打分。（满分 100 分）

序号	关键词	举例解读	自定权重	自评得分
1				
2				
3				
4				
5				
总分				

2.请大家思考一下，新能源汽车上有几种类型高压互锁，分别都有什么功用？（满分 100 分）

3.现有一辆新能源汽车，维修人员初步判断是高压互锁故障，试制定检修流程并进行检修。（满分 100 分）

4.请按下列思维导图格式，对高压互锁检修的学习收获进行总结，同时搜集至少 2 个因为高压互锁故障导致汽车工作不良的案例，梳理故障判断思路，并结合今天检修高压互锁故障的任务谈谈对"聪明出于勤奋，天才在于积累"的理解。（满分 100 分）

```
勤勉 ─┐                      ┌─ 知识
      ├─ 检修高压互锁故障 ─┼─ 能力
反思 ─┘                      └─ 素养
```

实施

任务二　检修绝缘故障

❖ **步骤一：作业准备**

请认真列出作业准备项目和内容，对照下表核准检查项目内容。若已准备，请在方框里画√；若有遗漏，请补充后画√。

项目	检修绝缘故障作业准备情况检查内容
作业场地	□配有安全作业区域和消防设施的新能源汽车维修作业场地
设备设施	□新能源汽车或高压系统试验台　□举升工位　□汽车维修三件套　□垃圾桶
工量辅具	□常用工具　□数字万用表　□检测仪　□故障诊断仪　□接线盒
耗材	□线束　□干净抹布

❖ **步骤二：检修绝缘故障**

1.请准备好绝缘表，观察老师铺设汽车维修三件套的示范动作，模仿并重复操作，结合老师的讲解，检测高压系统绝缘。

序号	绝缘检测步骤
1	
2	
3	
4	
5	

2.结合老师的讲解，学生查阅教材，使用诊断仪读取故障码，并将故障码认真记录在下表中。

序号	故障码内容
1	
2	
3	
4	

3.使用诊断仪读取数据流，并将数据流认真记录在下表中。

序号	数据流数值	数据流分析
1		
2		
3		
4		

4.请查找维修电路图，并将高压绝缘监测电路图绘制到下面方框内。

5.请尝试在实车上查找高压绝缘监测电路的具体位置，并对其线束、插接件进行常规外观检查，将检验结果填写在下面思维导图中。

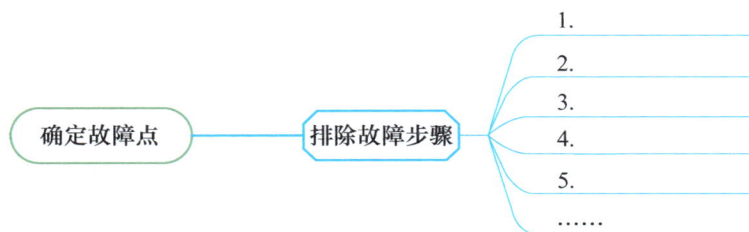

6.请根据以上检测结果确定故障点，将具体故障内容整理好，及时排除故障，整理好排除故障的步骤，并完成下面思维导图。

```
确定故障点 ——— 排除故障步骤 ——— 1.
                              2.
                              3.
                              4.
                              5.
                              ……
```

7.请准备维修工具，结合老师讲解内容和故障诊断结果，进行故障维修步骤见下表。

序号	绝缘故障维修步骤
1	
2	
3	
4	
5	

❖ **步骤三：试车，交付车辆**

1.对维修后的车辆试车，检验车辆是否恢复正常？

2.请尝试利用鱼骨图总结绝缘故障检修流程。

🖥 拓展训练

1.本任务是确定检修高压绝缘故障的关键词，按重要程度进行关键词排序并举例解读，并根据关键词的重要程度（按百分制划分），判断自己的掌握程度自评打分。（满分100分）

序号	关键词	举例解读	自定权重	自评得分
1				
2				
3				
4				
5				
	总分			

2.请结合实际案例分析高压绝缘故障经常会发生的部位都有哪些？（满分100分）

3.车辆因高压绝缘故障警告，维修人员初步判断是高压绝缘系统故障，试制定检修流程并进行检修。（满分100分）

4.请按下列思维导图格式，对检修高压绝缘故障的学习收获进行总结，重点思考并列举至少3个高压绝缘故障案例，梳理故障判断思路，并画出思维导图。（满分100分）

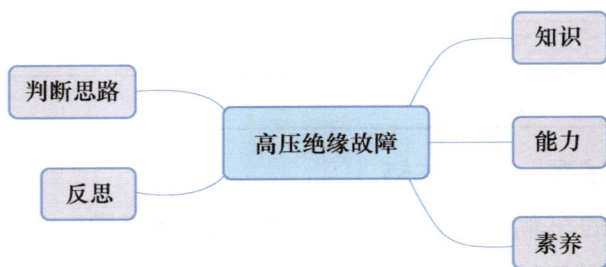

🖥 实施

任务三　检修新能源汽车充电系统故障

❖ **步骤一：作业准备**

请认真列出作业准备项目和内容，对照下表核准检查项目内容。若已准备，请在方框里画√；若有遗漏，请补充后画√。

项目	新能源汽车充电系统故障作业检查内容
作业场地	□配有安全作业区域和消防设施的新能源汽车维修作业场地
设备设施	□新能源汽车或充电系统试验台　□举升工位　□汽车维修三件套　□垃圾桶
工量辅具	□常用工具　□数字万用表　□检测仪　□故障诊断仪　□接线盒
耗材	□线束　□干净抹布

❖ 步骤二：新能源汽车充电系统故障

1.请观察铺设汽车维修三件套的示范动作，模仿并重复操作，结合老师的讲解，学生查阅教材，使用诊断仪读取充电系统故障码，并将故障码认真记录在下表中。

序号	充电系统故障码内容
1	
2	
3	
4	

2.使用诊断仪读取充电系统数据流，并将数据流认真记录在下表中。

序号	数据流数值	充电系统数据流分析
1		
2		
3		
4		

3.请查找充电系统维修电路图，并将充电系统电路图绘制到下面方框内。

4. 请尝试在实车上查找充电系统部件具体位置，并对其部件、线束、插接件、进行常规外观检查，最后将检验结果填写在下面思维导图中。

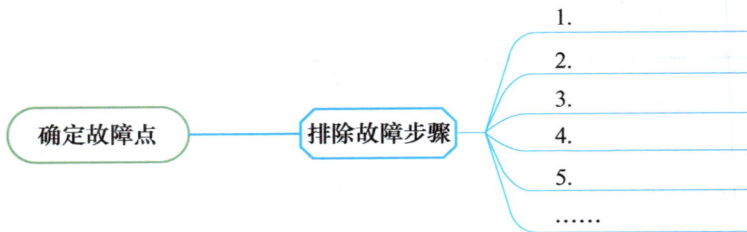

5. 请根据以上检测结果确定故障点，将具体故障内容整理好，及时排除故障，整理好排除故障的步骤，并完成下面思维导图。

确定故障点 —— 排除故障步骤
1.
2.
3.
4.
5.
……

6. 请准备维修工具，结合老师的讲解内容和故障诊断结果，进行故障维修步骤见下表。

序号	充电系统故障维修步骤
1	
2	
3	
4	
5	

❖ **步骤三：试车，交付车辆**

1. 对维修后的车辆试车，检验车辆是否恢复正常。

2. 请尝试利用鱼骨图总结充电系统故障检修流程。

拓展训练

1. 本任务是确定检修充电系统故障的关键词，按照重要程度对关键词进行排序并举例解读，同时根据关键词的重要程度（按百分制划分），判断自己的掌握程度，并进行自评打分。（满分 100 分）

序号	关键词	举例解读	自定权重	自评得分
1				
2				
3				
4				
5				
总分				

2. 请大家结合实际案例，分析新能源汽车充电系统都会出现哪些故障点，会导致什么故障现象发生？（满分 100 分）

3. 现有新能源汽车无法充电。维修人员初步判断是充电控制系统故障，试制定检修流程并进行检修。（满分 100 分）

4. 今天 4S 店里来了一辆新能源故障车，该车是从同行手里送过来的。很多业内维修师傅都不愿意接这个活。小李不明白便去问师傅："为什么其他师傅不愿意修这辆车呢？"师傅向他道出了其中的缘由。小李听后没有打退堂鼓，反而坚定地跟师傅说："越是这样的车辆，越是有挑战性，如果公司允许，能让我试一试吗？"师傅看小李上进心很强，便答应让他试试。小李利用非工作时间独自待在维修车间利用自己所学，翻阅大量的维修资料，根据自己的故障判断思路一点一点地细致排查故障。经过 4 天的刻苦钻研和不懈努力，小李终于独自修好了这辆故障车。故障原因是传动控制系统出问题导致车辆无法传动。师傅听闻自己的爱徒独自修好一台疑难杂症车辆，心里甚是欣慰，夸奖小李具有工匠精神。

请按下列思维导图格式，对检修充电控制系统的学习收获进行总结，并收集至少 2 个具有疑难杂症的故障车辆案例。并结合今日任务，试着对其中一个案例进行故障判断分析，并在此过程中体会"匠心"精神。（满分 100 分）

实施

任务四 检修动力电池通信类故障

❖ 步骤一：作业准备

请认真列出作业准备项目和内容，对照下表核准检查项目内容。若已准备，请在方框里画√；若有遗漏，请补充后画√。

项目	检修动力电池通信类故障作业检查内容
作业场地	□配有安全作业区域和消防设施的新能源汽车维修作业场地
设备设施	□新能源汽车或动力电池通信系统试验台 □举升工位 □汽车维修三件套 □垃圾桶
工量辅具	□常用工具 □数字万用表 □检测仪 □故障诊断仪 □接线盒
耗材	□线束 □干净抹布

❖ 步骤二：检修动力电池通信类故障

1. 请观察老师铺设汽车维修三件套的示范动作，模仿并重复操作，结合老师的讲解，学生查阅教材，使用诊断仪读取动力电池通信系统故障码，并将故障码认真记录在下表中。

序号	动力电池通信系统故障码内容
1	
2	
3	
4	

2. 使用诊断仪读取动力电池通信系统数据流，并将数据流认真记录在下表中。

序号	数据流数值	数据流分析
1		
2		
3		
4		

3. 请查找 CAN 总线系统维修电路图，并将 CAN 总线电路图绘制到下面方框内。

4. 请查找菊花链通信总线系统维修电路图，并将菊花链通信总线电路图绘制到下面方框内。

5. 请尝试在实车上查找通信系统部件的具体位置，并对其部件、线束、插接件进行常规的外观检查，将检验结果填写在下面思维导图中。

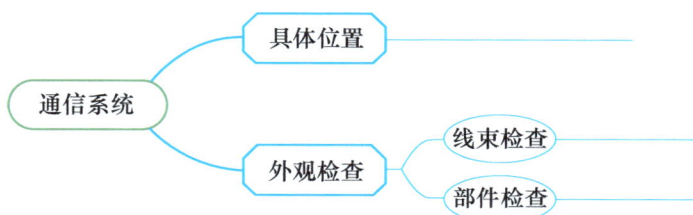

6. 请根据以上检测结果确定故障点，将具体故障内容整理好，及时排除故障，整理好排除故障的步骤，完成下面思维导图。

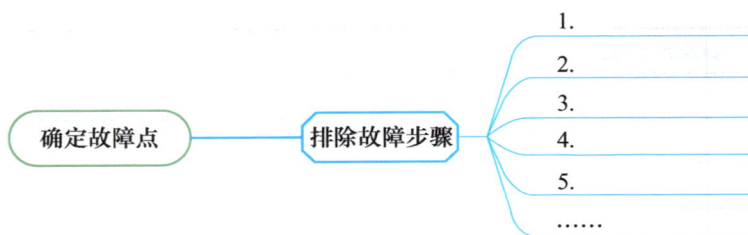

7.请准备维修工具，结合老师讲解内容和故障诊断结果，进行故障维修步骤见下表。

序号	通信系统故障维修步骤
1	
2	
3	
4	
5	

❖ 步骤三：试车，交付车辆

1.对维修后的车辆试车，检验车辆是否恢复正常？

2.请尝试利用鱼骨图总结动力电池通信类故障检修流程。

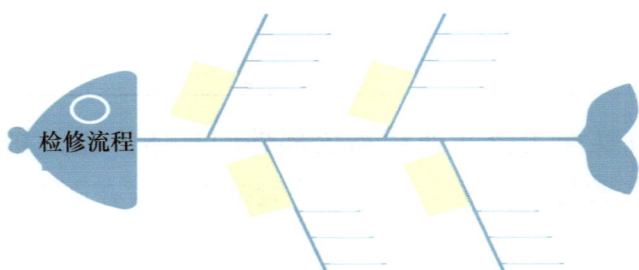

✉ 拓展训练

1.本任务是确定检修通信系统故障的关键词，按照重要程度对关键词进行排序并举例解读，同时根据关键词的重要程度（按百分制划分），判断自己的掌握程度自评打分。（满分 100 分）

序号	关键词	举例解读	自定权重	自评得分
1				
2				
3				
4				
5				
总分				

2.请结合实际案例，分析讨论新能源汽车通信系统是如何改进发展的？（满分100分）

3.现有一辆新能源汽车，维修技师初步判断是通信系统失效故障引起的，试制定检修流程并进行检修。（满分100分）

4.请按下列思维导图格式，对检修通信系统失效的学习收获进行总结，并收集至少3个新能源汽车通信系统故障案例，结合故障案例分析，你认为作为一名优秀汽修技师最重要的职业品质是什么？选取一个词语填到下面思维导图的空格里，并举例说明。（满分100分）

✉ 考核与评价

一、考评项目

请根据本项目所学对阿维塔车辆动力电池和动力电池管理系统的认知，完成考评报告。

二、考核内容及评价标准

序号	评分项	得分条件	评分标准	配分	扣分
1	安全/5S/态度	□ 1. 能进行工位 5S 操作 □ 2. 能进行设备和工具安全检查 □ 3. 能进行车辆安全防护操作 □ 4. 能进行工具清洁校准存放操作 □ 5. 能进行三不落地操作	未完成 1 项扣 3 分，扣分不得超 15 分	15	
2	专业技能能力	□ 1. 能正确读取数据流 □ 2. 能根据正确诊断方法进行动力电池管理系统检测 □ 3. 能按照正确的故障维修思路和步骤进行故障检修 □ 4. 能正确检测相关数据，并做好记录 □ 5. 能够熟练操作工量具及检测仪器	未完成 1 项扣 10 分，扣分不得超 50 分	50	
3	工具及设备的使用能力	□ 1. 能正确选用维修工具 □ 2. 能正确使用动力电池诊断仪 □ 3. 能正确使用测量工具 □ 4. 能正确使用专用工具	未完成 1 项扣 5 分，扣分不得超 10 分	10	
4	资料、信息查询能力	□ 1. 能正确使用维修手册查询资料 □ 2. 能正确使用用户手册查询资料 □ 3. 能在规定时间内查询所需资料 □ 4. 能正确记录查询资料章节页码 □ 5. 能正确记录所需维修信息	未完成 1 项扣 2 分，扣分不得超 10 分	10	
5	数据、判读和分析能力	□能根据诊断仪数据分析判断动力电池及动力电池管理系统部件是否需要维修或更换	未完成 1 项扣 10 分，扣分不得超 10 分	10	
6	表单填写与报告的撰写能力	□ 1. 字迹清晰 □ 2. 语句通顺 □ 3. 无错别字 □ 4. 无涂改 □ 5. 无抄袭	未完成 1 项扣 1 分，扣分不得超 5 分	5	
合计				100	

项目三

检修动力电池及管理系统常见故障

📌 项目描述

动力电池系统一般包括电池箱、高低压线束、动力电池管理系统（BMS），其中电池箱是由很多电池单体串并联在一起组成的。因此动力电池系统故障按照发生的部位可以分为三类：电芯单体故障、动力电池管理系统故障、线路或连接件故障，动力电池安装位置如图 3-1 所示。

图 3-1　动力电池安装位置

电芯单体故障一般可以分为以下三种。

（1）电芯单体性能正常，电芯单体无须进行更换处理

对应故障现象有电芯单体 SOC 偏低和电芯单体 SOC 偏高两种。如果电芯单体 SOC 偏低，对应策略是应及时对该电芯单体进行充电，以防电池箱实际电池容量降低。如果电芯单体 SOC 偏高，对应策略是需要对该电芯单体进行单独放电，以防止影响整体电池的充电容量。导致电芯单体 SOC 不一致的原因有制造因素、储存环境、电芯单体内阻不同、用户使用习惯不同等。

（2）电芯单体性能衰退严重

对应故障现象有电芯单体内阻偏大和电芯单体容量不足。如果锂离子电池内阻偏大，会严重影响电池的电化学性能，在电池箱中，最小的电芯单体容量会限制整个电池箱的容量，电芯单体容量不足会影响车辆的续驶里程。因此对于性能衰退严重的电芯单体应进行立即更换处理。

（3）电芯单体短路故障影响行车安全

对应故障现象有电芯单体内部短路和电芯单体外部短路。车辆行驶中如果遇强振动，锂离子电池内部极板上的活性物质、接线柱可能会出现脱落或折断，因此可能造成电芯单体内部短路或者外部短路故障。

动力电池管理系统（BMS）对于保障电池箱的安全及使用寿命具有重要作用，若电池管理系统发生故障，就失去了对电池的监控，不能估算电池的 SOC，容易对电池造成过充、过放、过载、过热等问题，影响电池的性能、使用寿命和行车安全如图 3-2 所示。动力电池管理系统故障主要包括 CAN 通信故障、总电压测量故障、电芯单体电压测量故障、温度测量故障、电流测量故障、继电器故障、PTC 加热器故障和冷却系统故障等。

图 3-2　动力电池管理系统（BMS）

因为车辆振动可能会造成电池间的连接螺栓松动，电池间接触电阻增大，发生电池间虚接故障，以致电池箱内部能量损耗增加，直接造成车辆动力不足和续驶里程变短的问题，极端情况下还能引起高温，产生电弧，熔化电池电极和连接片，甚至造成电池着火等极端电池安全事故。在新能源汽车运行过程中，电池箱和新能源汽车的电气连接也是故障的高发点，电插接件在经历长时间振动后容易出现虚接、易烧蚀、接触不良等故障。

学习目标

知识目标

1. 能够分析电芯单体欠电压或过电压的故障原因。

2. 能够掌握电芯温度异常的检修方法。

3. 能够掌握动力电池和动力电池管理系统故障的诊断流程。

技能目标

1. 能够排除电芯欠电压或过电压的故障。

2. 能够排除电芯温度异常的故障。

3. 能够排除动力电池和动力电池管理系统的常见故障。

素养目标

1. 能够"最大化"地利用有限时间。

2. 能够通过阅读资料划出关键技术点，具备归纳整流做出故障诊断方法的能力。

3. 培养能够对"简单"的技术系统确认诊断方法的能力。

任务一　检修电芯单体电压类故障

电芯单体是电池箱中的单个电池，如图 3-3 所示。电池箱由电芯单体和动力电池管理系统（BMS）等组成。

图 3-3　电芯单体

一、上位机软件的安装与使用

上位机是指可以直接发出操控命令的计算机。

1. 诊断仪连接

诊断仪连接见表 3-1。

表 3-1　诊断仪连接

调试接口	位置	调试线束
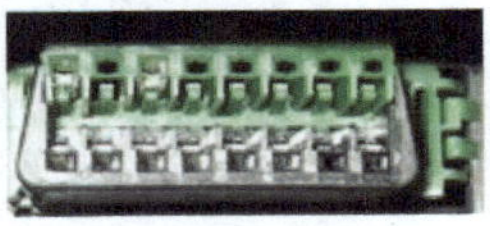	车载自动诊断系统（OBD）接口：主驾驶处	 OBD 调试线束 +DB9 转接线
	网关接口：前排乘客或后排座椅处	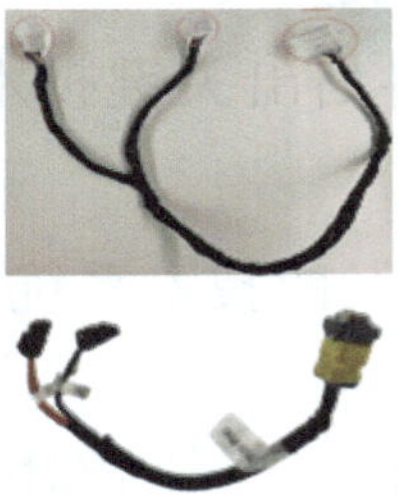 1）网关调试线束 +DB9 转接线 2）某车型连接插头
	整车低压接口：电池箱外壳处	 电池调试线 +DB9 转接线

CAN 盒		诊断计算机
	1）CAN 盒自带适配线，与诊断计算机相连 2）选择上位机支持的 CAN 盒 3）CAN 盒通信接口端子 7-CANH、2-CANL 4）CAN 盒通信通道选择必须与上位机设置保存一致	 1）需自装上位机环境 2）需自装不同 CAN 盒驱动程序 3）需自装对应项目的上位机软件

2. 线束连接顺序

乘用车线束连接顺序如下。

线束查询表见表 3-2。按照线束查询表，查询对应子线束的序号，找出检测转接线，如图 3-4 所示。

表 3-2　线束查询表

序号	名称	标识码
A	调试中转线束	18-10-02-013078
B	香蕉头转 DB9 连接线	18-10-02-013079
C	24V 电源连接线	18-10-02-013080
D	易损连接线	18-10-02-013081
1	吉利 PMA-1_DC1E 高配 /PMA-1_DC1E 中配 /PMA-1+800V/CMA_19.4/CMA_PHEV/CMA_ 高包 /SC02 低配 /SC02 高配 /EX11/ 本田 DE01/GE5/BSUV/ 合众 EP11/EP12/ 长城 141E/EC01/ES11/ 金康 X1/F1/X1_BEV/SF5_REV/ 欧标 SF5_REV/X1_REV 23 款 /RK08/F2REV 岚图 H97BEV/H97REV/H37_BEV/H56_BEV/H97C_REV/ 现代 TAM 调试线	18-10-02-013082
2	吉利 G1 项目调试线束	18-10-02-013083
3	吉利 G2/G4/G5/G9/E100/E200/ 五菱 E50/E100/E200/ 车和家 X01/X02/X03/五菱 E50 外协 / 东风小康 E501 外协项目调试线	18-10-02-013084
4	五菱 N300L/CN115/ 萤石 EL155/ 广汽 A20/A26/A27/A75/A77/ 一汽 FME_120kW·h/ 东南 FSE26.6kW·h/ 长安 C211-LEP/ 捷豹路虎 D8/ 小鹏 D55/G3/161A·h 低压调试线	18-10-02-013085
5	东风 F15A/F37/F148/132LFP/153LFP 低压调试线	18-10-02-013086
6	零跑 T03/ 恒大 SK11/ 北汽三合一平台 /C46/ 合众 _EP36-2/EP40-500/华人运通 VC1/ 鸿华先进 TWH_57kW·h 低压调试线	18-10-02-013087
7	长安 A301/ 长安 A301 外协 / 长安 E2（四驱 / 二驱）/EPA1-59/EPA1-120/CD569/B561/S311/C673 低压调试线	18-10-02-013088
8	长安 C211 快换 / 凯翼 FX11/ 北汽 EU5/N60/N61/FSR 低压调试线	18-10-02-013089
9	长安 C385/A158 外协 / 长安 C385（快充）项目低压调试线	18-10-02-013090
10	北汽 EU300 低压调试线	18-10-02-013091
11	小米 MS11 低压调试线	18-10-02-013092

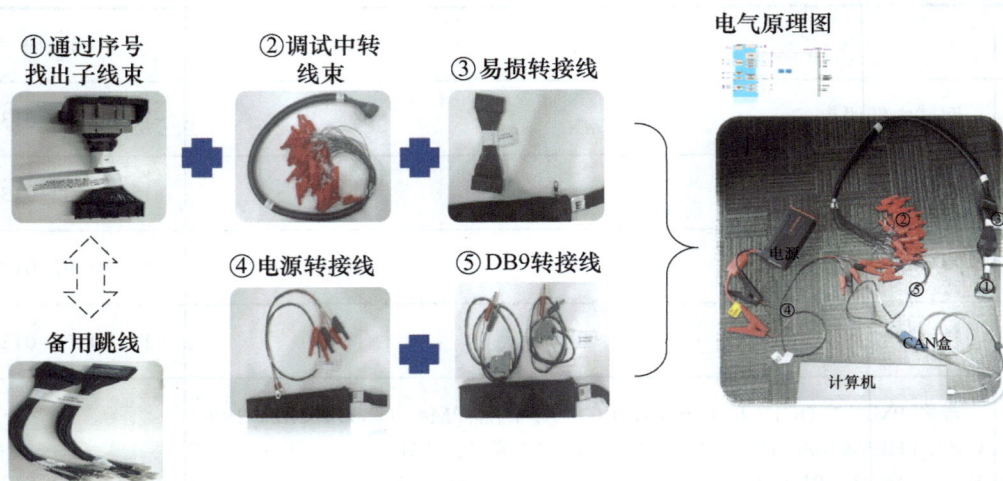

图 3-4　找出检测转接线

3. 安装注册

安装注册上位机软件，双击运行，如图 3-5 所示。

复制 + 截图发送、点击注册、添加许可证（license），安装过程截图如图 3-6 所示。

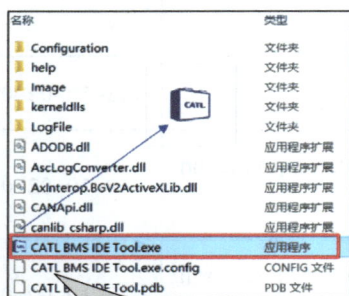

图 3-5　双击运行

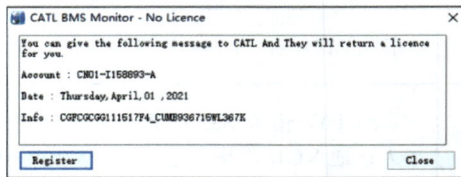

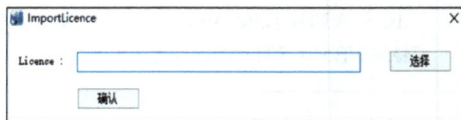

图 3-6　安装过程截图

一台计算机需要一个 license，基本适配所有上位机软件。

4. 检测动力电池

双击打开如图 3-7 所示的上位机软件，显示如图 3-8 所示的主界面。

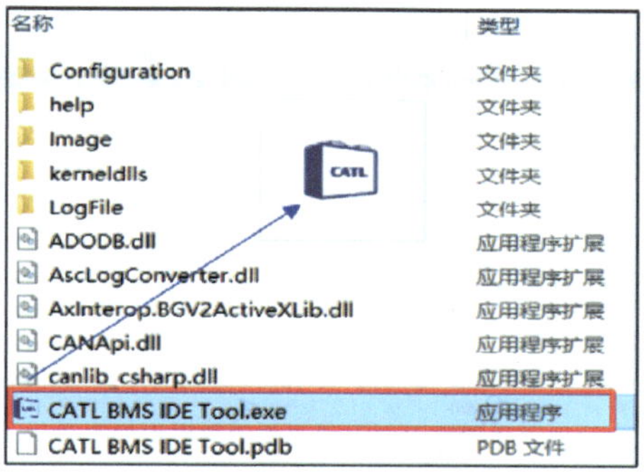

图 3-7　上位机软件

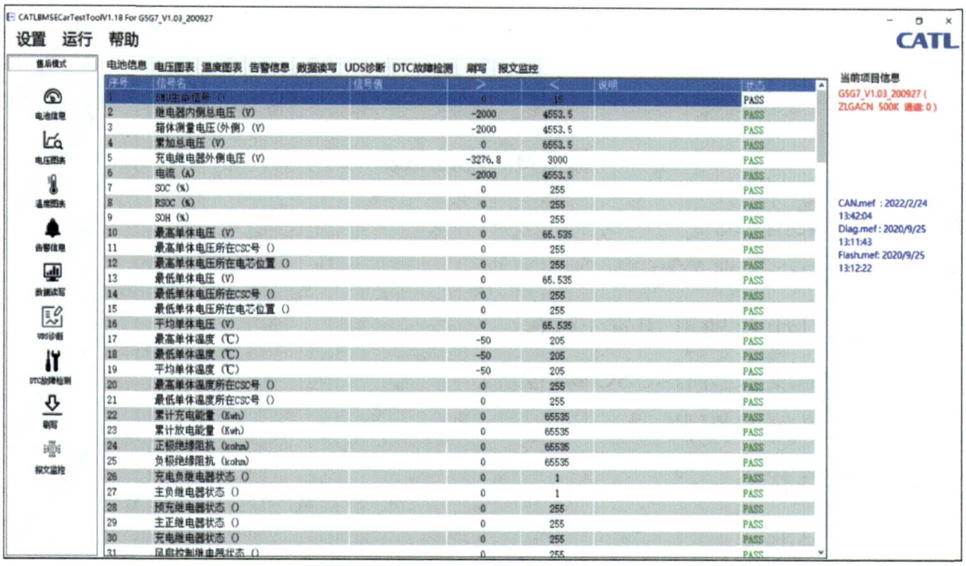

图 3-8　主界面

① 操作区：设置、运行、帮助。

② 导航栏：电池信息、电压图表、温度图表、告警信息、数据读写、UDS诊断、DTC 故障检测、刷写、报文监控。

1）电池信息如图 3-9 所示。

电池信息总览。

① BMU 生命信号——判定 BMU 是否被唤醒。

② 继电器内外侧电压。

③ 累计总电压——单体电压求和。

④ 母线电流。

电池信息 电压图表 温度图表 告警信息 数据读写 UDS诊断 DTC故障检测 刷写 报文监控

序号	信号名	信号值	>	<	说明	状态
1	BMU生命信号 ()	14.000	0	15	14.000	PASS
2	继电器内侧总电压 (V)	375.500	-2000	4553.5	375.500	PASS
3	箱体测量电压(外侧) (V)	0.700	-2000	4553.5	0.700	PASS
4	累加总电压 (V)	376.000	0	6553.5	376.000	PASS
5	充电继电器外侧电压 (V)	0.700	-3276.8	3000	0.700	PASS
6	电流 (A)	0.000	-2000	4553.5	0.000	PASS
7	SOC (%)	83.000	0	255	83.000	PASS
8	RSOC (%)	64.000	0	255	64.000	PASS
9	SOH (%)	100.000	0	255	100.000	PASS
10	最高单体电压 (V)	3.969	0	65.535	3.969	PASS
11	最高单体电压所在CSC号 ()	3.000	0	255	3.000	PASS
12	最高单体电压所在电芯位置 ()	9.000	0	255	9.000	PASS
13	最低单体电压 (V)	3.639	0	65.535	3.639	PASS
14	最低单体电压所在CSC号 ()	6.000	0	255	6.000	PASS
15	最低单体电压所在电芯位置 ()	2.000	0	255	2.000	PASS
16	平均单体电压 (V)	3.958	0	65.535	3.958	PASS
17	最高单体温度 (℃)	28.000	-50	205	28.000	PASS
18	最低单体温度 (℃)	26.000	-50	205	26.000	PASS
19	平均单体温度 (℃)	26.000	-50	205	26.000	PASS
20	最高单体温度所在CSC号 ()	7.000	0	255	7.000	PASS
21	最低单体温度所在CSC号 ()	3.000	0	255	3.000	PASS
22	累计充电能量 (Kwh)	0.000	0	65535	0.000	PASS
23	累计放电能量 (Kwh)	0.000	0	65535	0.000	PASS
24	正极绝缘阻抗 (kohm)	65534.000	0	65535	65534.000	PASS
25	负极绝缘阻抗 (kohm)	65534.000	0	65535	65534.000	PASS
26	充电负继电器状态 ()	0.000	0	1	OFF	PASS
27	主负继电器状态 ()	0.000	0	1	OFF	PASS
28	预充继电器状态 ()	0.000	0	255	OFF	PASS
29	主正继电器状态 ()	0.000	0	255	OFF	PASS
30	充电继电器状态 ()	0.000	0	255	OFF	PASS

图 3-9　电池信息

⑤ SOH：健康指数。

⑥ SOC、RSOC：当前电量。

⑦ 最高单体电压及所在电芯位置。

⑧ 最高单体温度及所在 CSC 编号。

⑨ 正极、负极绝缘阻抗。

⑩ 各类继电器状态。

⑪ 累计充放电能量。

2）电压图表如图 3-10 所示。

操作。

① 勾选“Plot Enable”，显示代表电芯电压的柱状图。

② 点击“Overall”，显示系统所有电芯的电压。

③ 点击“Group”，选择 CSC 编号显示该 CSC 或采样芯片采集的单体电压。

识别。

① 1 个柱子代表 1 个电芯电压。

② 1 组柱子代表 1 个采样芯片采集的电芯电压，从左至右依次为芯片 1 →芯片 *n*。

③ 根据电气原理图的映射表，才能定位电芯所在的模组位置及 CSC 采样位置。

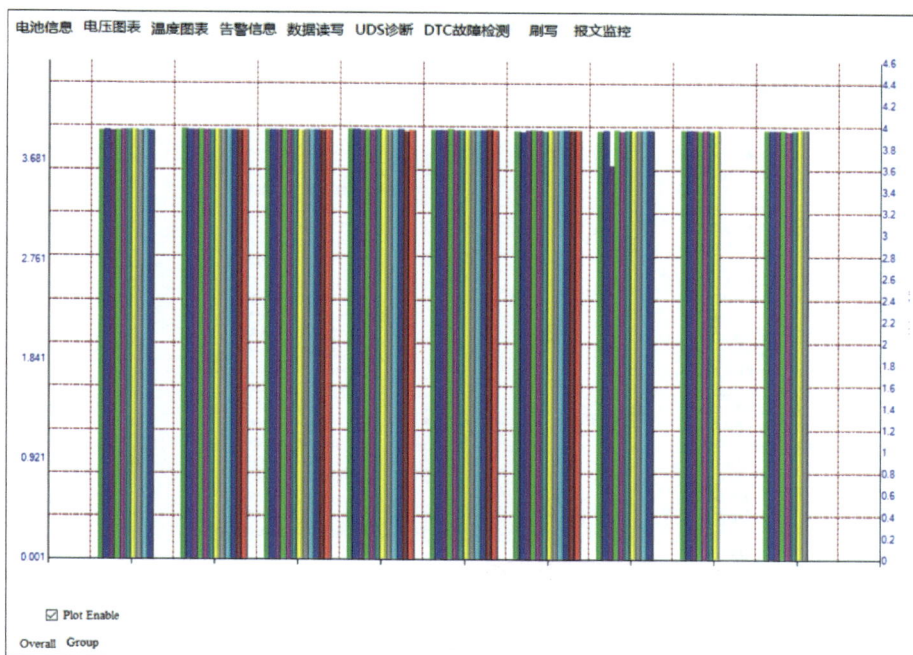

图 3-10　电压图表

3）温度图表如图 3-11 所示。

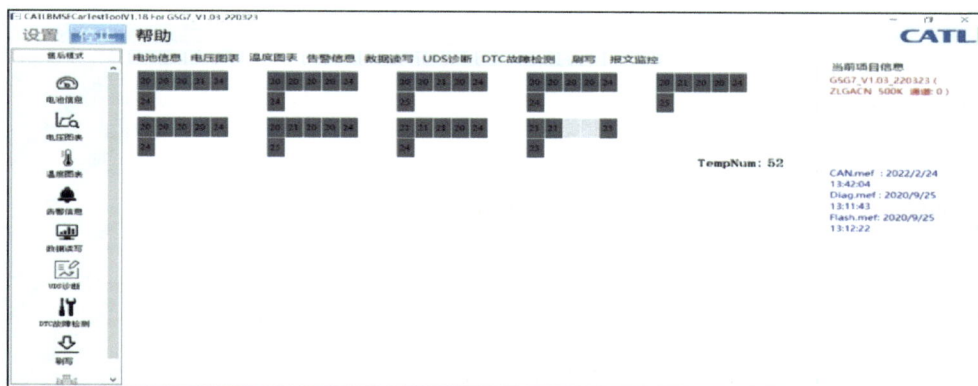

图 3-11　温度图表

识别。

① 1 组方框代表 1 个采样芯片采集的温度，从左至右依次为芯片 1 →芯片 n。

② 根据电气原理图的映射表，才能定位该温度是哪个热敏电阻（NTC）温度或 CSC 温度。

③ 1 个方框代表 1 个温度采样点，数值是温度，不同颜色表征不同的温度。

4）告警信息如图 3-12 所示。

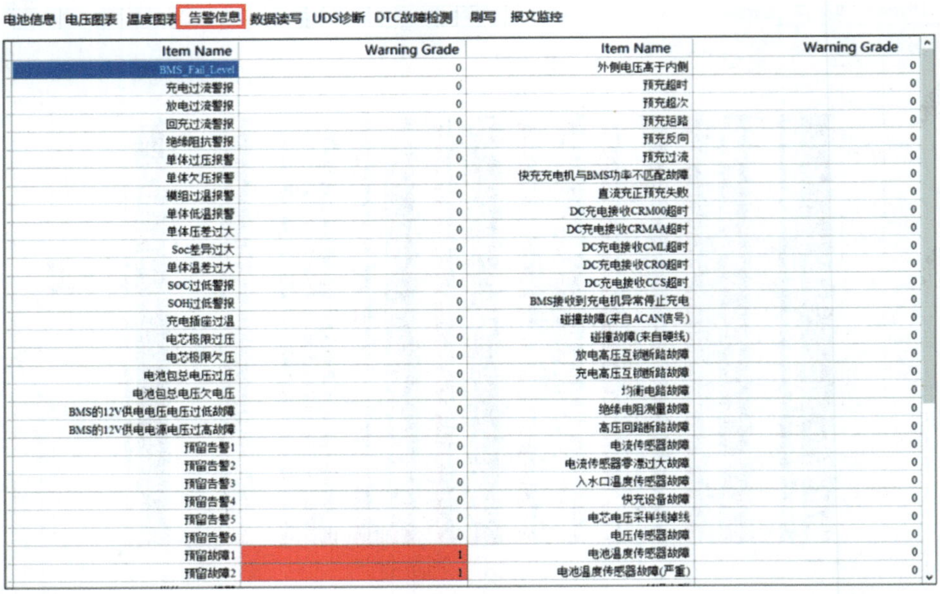

Item Name	Warning Grade	Item Name	Warning Grade
BMS_Fail_Level	0	外侧电压高于内侧	0
充电过流警报	0	预充超时	0
放电过流警报	0	预充超次	0
回充过流警报	0	预充短路	0
绝缘阻抗警报	0	预充反向	0
单体过压报警	0	预充过流	0
单体欠压报警	0	快充充电机与BMS功率不匹配故障	0
模组过温报警	0	直流充正预充失败	0
单体低温报警	0	DC充电接收CRM00超时	0
单体压差过大	0	DC充电接收CRMAA超时	0
Soc差异过大	0	DC充电接收CML超时	0
单体温差过大	0	DC充电接收CRO超时	0
SOC过低警报	0	DC充电接收CCS超时	0
SOH过低警报	0	BMS接收到充电机异常停止充电	0
充电插座过温	0	碰撞故障(来自ACAN信号)	0
电芯极限过压	0	碰撞故障(来自硬线)	0
电芯极限欠压	0	放电高压互锁断路故障	0
电池包总电压过压	0	充电高压互锁断路故障	0
电池包总电压欠电压	0	均衡电路故障	0
BMS的12V供电电压电压过低故障	0	绝缘电阻测量故障	0
BMS的12V供电电源电压过高故障	0	高压回路断路故障	0
预留告警1	0	电流传感器故障	0
预留告警2	0	电流传感器零漂过大故障	0
预留告警3	0	入水口温度传感器故障	0
预留告警4	0	快充设备故障	0
预留告警5	0	电芯电压采样线掉线	0
预留告警6	0	电压传感器故障	0
预留故障1	1	电池温度传感器故障	0
预留故障2	1	电池温度传感器故障(严重)	0

图 3-12　告警信息

注：过压也称为过电压；欠压也称为欠电压。

定义。

① 0：正常。

② 1：一级故障。

③ 2：二级故障。

④ 3：三级故障。

有故障时，单元格会填充为红色，数字越高，故障等级越高。

5）DTC 故障检测如图 3-13 所示。

功能。

① 01：第一次发生，但当前不存在该故障。

② 08：不止一次发生，但当前不存在该故障。

③ 09：不止一次发生，但当前仍存在该故障。

④ 可一键读取 Snap Shot 信息。

注意事项。

① 清除故障前，先截图保存。

② 清除故障前，先保存 Snap Shot 信息。

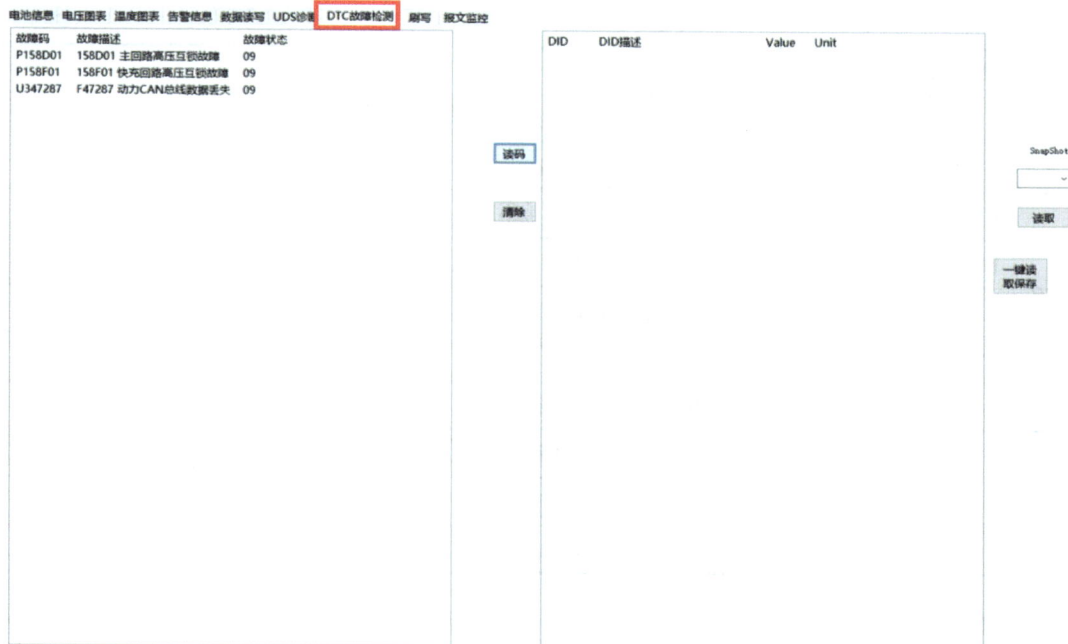

图 3-13　DTC 故障检测

二、检修电芯单体欠电压或过电压的故障

1. 动力电池的基本数据及故障码含义

首先要知道动力电池的工作电压范围，见表 3-3。

表 3-3　动力电池的工作电压范围

动力电池	工作电压范围 /V
磷酸铁锂电池（LFP）	$2.5 \sim 3.22 \sim 3.65$
三元锂电池（NCM）	$2.8 \sim 3.7 \sim 4.2$

某项目车型因电池电压异常可能会产生的故障码，见表 3-4。

表 3-4　某项目车型因电池电压异常可能会产生的故障码

故障码	含义
P16E016	单体电池欠电压 1 级
P16E116	单体电池欠电压 2 级
P16E216	单体电池欠电压 3 级
P16E017	单体电池过电压 1 级

（续）

故障码	含义
P16E117	单体电池过电压 2 级
P16E217	单体电池过电压 3 级
P16E417	电池箱总电压过高 1 级
P16E517	电池箱总电压过高 2 级
P16E416	电池箱总电压过低 1 级
P16E516	电池箱总电压过低 2 级
P164001	电芯电压采样线掉线
P16101C	电芯电压传感器故障
P164302	电芯电压和芯片（Chip）电压偏差故障
P168500	内部菊花链不更新故障

2. 故障排查

（1）检查分析电芯电压采样电路

电芯电压采样可简单理解为给电芯和模组做例行"体检"；在充放电过程中，实时采集电池箱中每块电池的端电压，防止电池发生过充电或过放电现象。

电芯电压采样：帮助 BMU 对动力电池进行电压监控及其均衡控制。

这种"体检"是在线、持续、不间断的。过程中一旦发现数据异常，可及时查询对应电池状况，并挑选出有问题的电池，从而保持整箱电池运行的可靠性和高效性。

（2）采样的基本流程

采样分为分布式 BMS 和集成式 BMS，电芯电压采样的基本流程，见表 3-5。

表 3-5　电芯电压采样的基本流程

功能	路径	车型
电芯电压采样	分布式 BMS：电芯正负极柱巴片→FPC、线束→采样芯片（CSC/CMC 上）→主控芯片（BMU 上）	某商用车
	集成式 BMS：电芯正负极柱巴片→FPC、线束→采样芯片（BMU 上）→主控芯片（BMU 上）	某乘用车

（3）电气原理图（某商用车）

某商用车电芯电压采样电气原理图，如图 3-14 所示。

图 3-14　某商用车电芯电压采样电气原理图

（4）电气原理图（某乘用车）

1）分布式 BMS 电芯电压采样电气原理图，如图 3-15 所示。

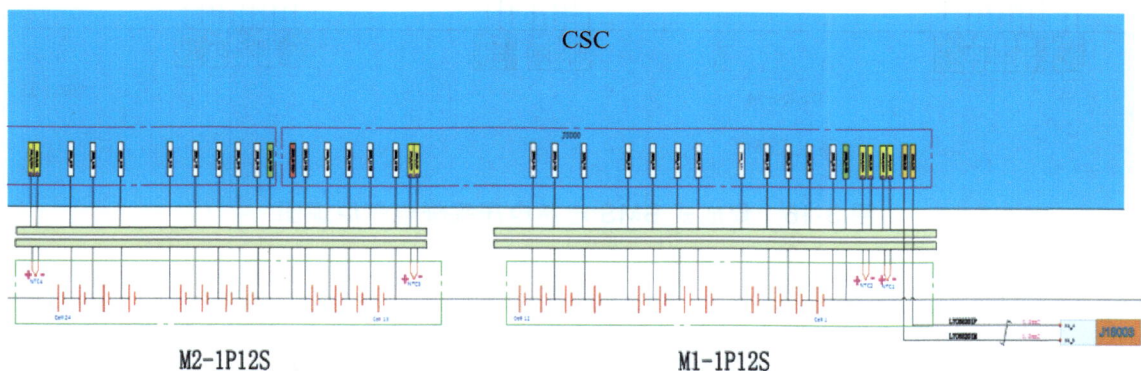

图 3-15　分布式 BMS 电芯电压采样电气原理图

2）集成式 BMS 电芯电压采样电气原理图，如图 3-16 所示。

（5）电芯电压采样形式

电芯电压采样包括线束采样和 FPC 采样两种形式。线束采样如图 3-17 所示，FPC 采样如图 3-18 所示。

电芯电压采样的连接形式分别是线束转接式（图 3-19）、直插式（图 3-20）。

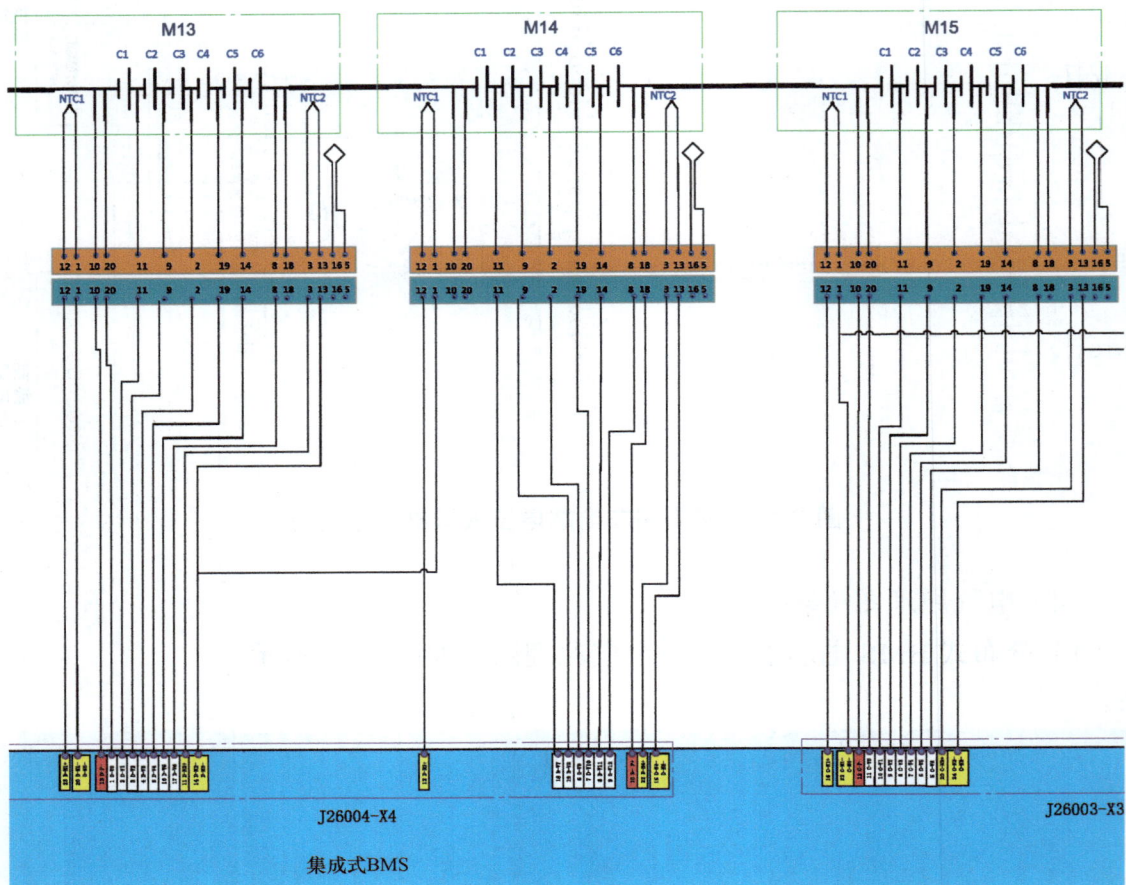

图 3-16　集成式 BMS 电芯电压采样电气原理图

图 3-17　线束采样

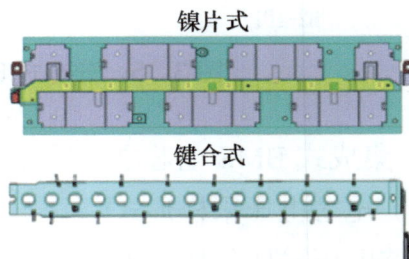

图 3-18　FPC 采样

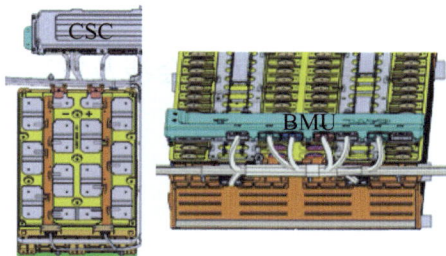

图 3-19　线束转接式

图 3-20　直插式

通过对电芯电压采样电气原理图的分析，总结出的故障排查方法见表 3-6。

表 3-6　故障排查方法

故障位置	故障原因	故障排查
电芯	欠电压、过电压、一致性差、容量衰减、不均衡、环境不佳…… 内短路、过电流、过温……	万用表测电压
母线（Busbar）	阻抗大、断裂或虚接	—
键合/镍片	断裂或虚接、阻抗大	外观检查
FPC	破损、插接件虚接或退针	外观检查、万用表测通断和电压
采样线束	破损（绝缘破损微短路或串电）、虚焊、被钳压	外观检查、万用表测通断和电压
采样芯片	供电问题、硬件损坏	万用表测通断和电压、ABA验证
CSC	供电问题、编码问题、硬件损坏、通信问题（菊花链/CAN）	万用表测通断和电压、上位机编码、ABA验证、排查通信问题
BMU	供电问题、编码问题、硬件损坏、通信问题（菊花链/CAN）	万用表测通断和电压、上位机编码、ABA验证、排查通信问题
软件	软件漏洞（bug）、软件加载错误	软件升级、重刷软件
……	……	……

1）根据实际故障情况评估维修方案，包括但不限于：充放电、均衡、更换有模组（MTP）、更换无模组（CTP）、更换采样线束、更换主控模块或从控模块等。

2）如果按照以上维修方案故障仍未排除，需由维修人员按要求用上位机采集容量数据，进行电池容量衰减分析，从而评定最终的维修方案。

3）注意更换电池箱、更换主从控模块后的特殊维修项可能会涉及重新编码、刷程序、标定等。

三、检修单体电池电压采样失效故障

动力电池由很多节单体电池串并联而成。在动力电池使用过程中，BMS 需要实时监控每一节单体电池的电压信息，用于 SOC 计算、安全监控、故障诊断等。当单体电池电压采样功能丧失时，如采集电压为 0V、采集电压比实际电压偏高或偏低等与实际单压不符的情况，通常把这种丧失规定功能的状态叫作"失效"或者"故障"。

单体电池电压采样故障分析离不开电气原理图，某车型部分电芯电压采样电气原理图，如图 3-21 所示。

（1）采集芯片损坏

采集芯片损坏主要是因为过芯片电流超过芯片的最大耐受电流，引发芯片出现不可逆的损伤，进而导致采样功能失效，此时只能更换采样单元（如 CSC 或 BMU）来解决问题。

（2）通信故障

单体电池采样芯片信号传递大多支持 CAN 总线和菊花链两种通信方式，可能导致通信异常的原因主要有线路断路、短路、信号干扰、终端电阻失效等。以上通信异常故障，可以通过线路电压通断测量或者终端电阻测量，锁定故障点，更换或维修故障部位的元器件。

（3）线束失效

线束及插头是单体电池电压采样模块的重要组成部分，且也是较易失效的部分。线束一般由导线、端子、卡扣、插接件等组成，线束失效导致单体电池电压采样异常，一般有以下几种模式。

1）BMS FPC 端线束插头未接，导致该线束对应的单体电压均为 0V。

2）BMS FPC 端线束插头未插紧，车辆运行中振动颠簸及固定线束卡箍应力作用造成偶发性的阻抗偏大，导致电压采集异常。

3）线束端子有胶尘，导致接触阻抗变大，电压采样丢失。

4）线束锁定端子弹片变形，电压采样丢失，可通过晃动插接件复现故障。

5）线束插接件退针导致电压采样异常，可通过晃动插接件复现故障。

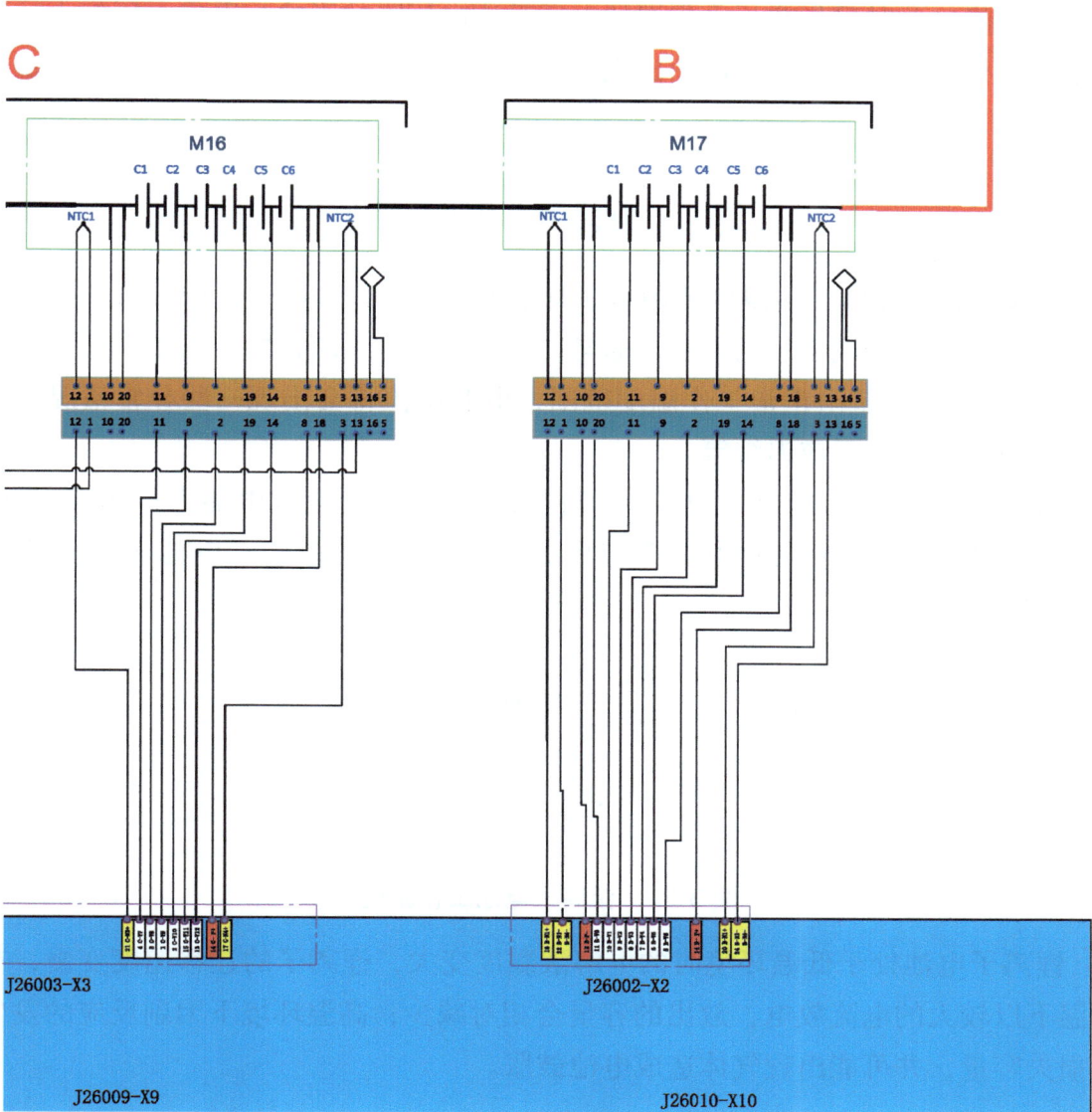

图 3-21 某车型部分电芯电压采样电气原理图

6）柔性印制电路板（FPC）断裂，导致电压采集在正常采集和虚连接之间来回跳动。

7）电池模组上的 FPC 镍片焊接失效或漏焊，导致电压采样异常。

8）电压采集线束焊接失效／破损，导致电压采样跳动。

（4）电池箱铝排连接松动

当串联连接电池箱的铝排或铜排不牢固、松动时，两个接触端点之间会有一个接触电阻，产生一个电压降。当电池箱放电时，电流经过该接触电阻便会产生一个电压降，此时采集芯片采集端的电压受该电压降的影响，采集电压偏小，引发电压采样失效。例如，电池箱出现铝排连接松动，可以通过焊接方式将固定点进行修复。

任务二　检修电芯温度类故障

确保电芯单体的工作温度范围是非常重要的，工作温度过高或过低都会对电芯的性能和寿命造成不利的影响。通常，动力电池电芯单体的正常工作温度范围为 −20 ～ 55℃。超出正常工作温度范围，电芯单体将会出现一些异常情况，如过热或过冷、充电反应迟缓等。

当工作温度低于 0℃时，电芯单体的性能会下降，充放电能力也相应降低，因此电芯单体的理想充放电温度范围是 20 ～ 45℃。锂离子电池工作温度如图 3-22 所示。

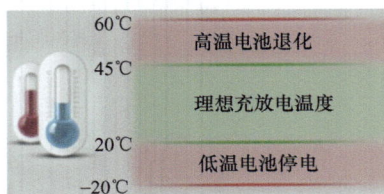

图 3-22　锂离子电池工作温度

锂离子电池处于低温环境时的电解液黏度变大，锂离子的迁移速度变慢，在低温下以较大的电流放电，放出的容量会相对减少；高温环境下因副反应的发生会损失容量，并可能出现气体造成电池鼓胀。

一、电芯单体的工作温度

锂离子电池的放电效率在低温时会有显著的降低（如温度低于 −15℃），电池的充电速度也将大大降低；为了有效充电，环境温度范围应在 20 ～ 45℃，一般充电效率会随温度的升高而升高，但当温度升到 45℃以上时，高温下充电电池材料的性能会发生退化，电池的循环寿命也将大大缩短。

二、BMS 温度采样原理

1.电池箱

电池箱一般由电池模组、热管理系统、BMS、电气系统及结构件组成，其中电池模组由多个电芯组成，电池箱内部结构如图 3-23 所示，电池箱内温度传感器如图 3-24 所示。

图 3-23 电池箱内部结构

图 3-24 电池箱内温度传感器

2.温度传感器

温度传感器采用的是负温度系数的热敏电阻（NTC）。温度越高，NTC 的电阻越小。通常，BMS 通过采用分压电路采集 NTC 的分压确定热敏电阻的阻值，从而得到电芯单体的温度，温度采样原理如图 3-25 所示。

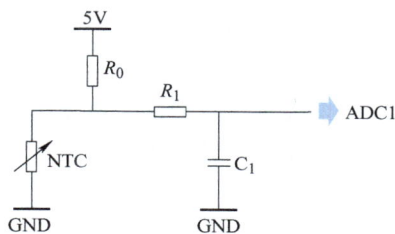

图 3-25 温度采样原理

温度传感器安装在电池模组上，根据其测量值可确定各电池的温度。借助电池温度可以识别 BMS 是否过载或有电气故障。出现以上任一种情况时，必须立即降低电流强度或完全关闭高电压系统，以免进一步损坏电池。此外，测量温度还用于监控冷却系统是否正常运行，从而确保电池始终在最有利于自身功率和使用寿命的温度范围内运行。

图 3-26 所示为电池单元的内部电气结构。

电池的工作温度不仅影响电池的性能，而且直接关系到新能源汽车使用安全的问题，因此准确采集温度参数尤为重要。目前市场使用的电池温度传感器主要为热敏电阻。

热敏电阻采集法的原理是利用热敏电阻的阻值随温度变化而变化的特性，用一个定值电阻和一个热敏电阻串联起来构成一个分压器，从而把温度的高低转化为电压信号，再通过 A/D 转换器得到温度的数字信息。常用的是负温度系数的热敏电阻（NTC），因为热敏电阻成本低，所以广泛应用于新能源汽车电池温度采集，但 NTC 的缺点是线性度不好，制造误差一般比较大，如图 3-27 所示为电池温度传感器（NTC）。

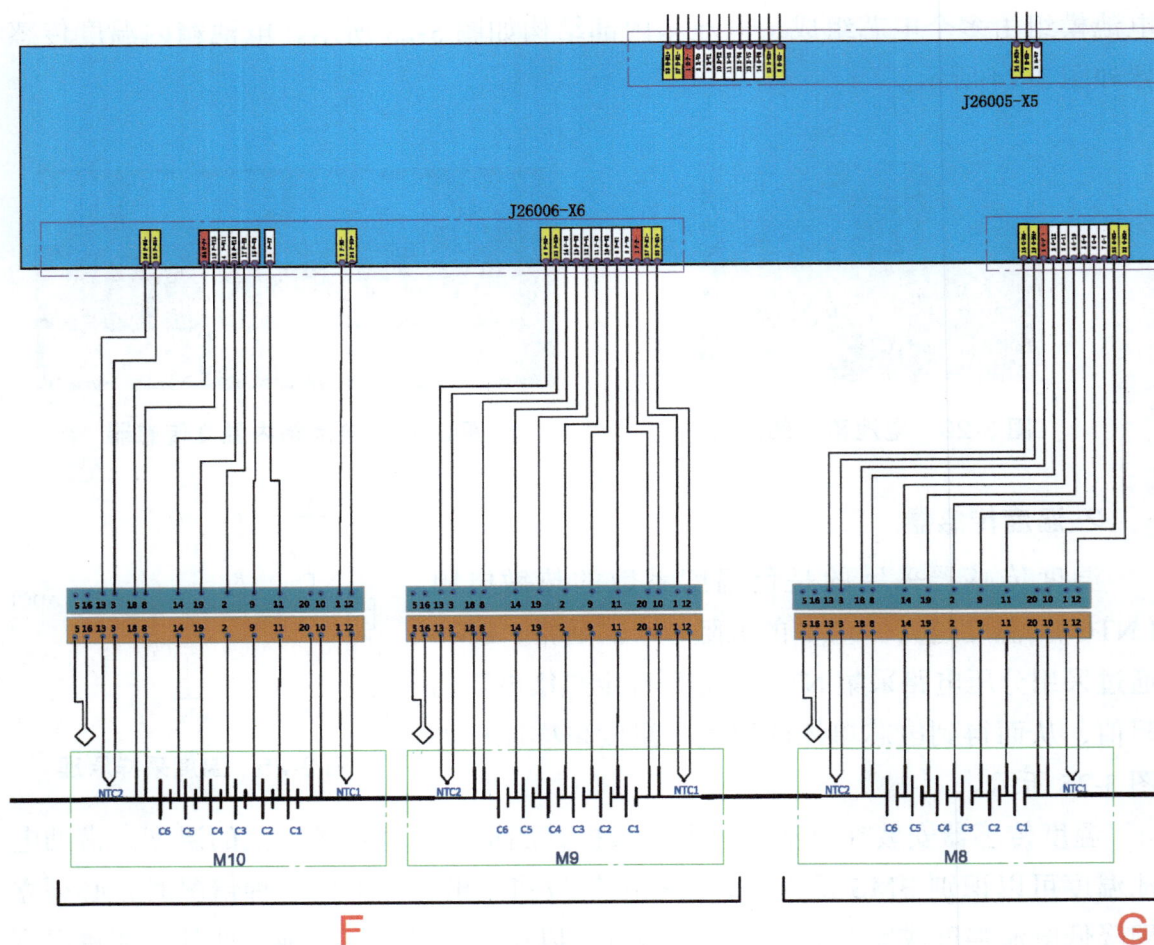

图 3-26　电池单元的内部电气结构

注：M10、M9、M8 为电池模组，C1 ～ C6 为电芯单体，NTC1 ～ NTC2 为温度传感器

a)

b)

图 3-27　电池温度传感器（NTC）

　　温度采集异常采取的措施：BMS 通过 CSC 采集动力电池温度，动力电池模组温度过高会导致 BMS 无法充电、限定电流、限定功率等，温度过低会导致限

流、限定功率充电等，见表 3-7。

表 3-7　电池温度过高或过低的警告及措施

序号	名称	电池工作状态	警告	措施
1	动力电池温度	充放电状态下	电池箱过热，严重警告 >55℃	1）充电设备关断充电，直到清除警告 2）大功率设备（驱动电机、空调压缩机和 PTC 加热器）停止用电 3）延迟一定时间切断主接触器、负极接触器 4）仪表灯亮 5）仪表显示警告信息
2			电池箱过热，一般警告 45～55℃	1）充电设备降低当前充电电流 2）大功率设备（驱动电机、空调压缩机和 PTC 加热器）降低当前电流 3）仪表显示警告信息
3			电池箱低温，一般警告 –5～0℃	1）限功率充电 2）仪表显示警告信息
4			电池箱严重低温，警告 –10～–5℃	1）限功率充电 2）仪表显示警告信息

动力电池温度采集异常的主要原因如下：

1）温度传感器故障。

2）温度传感器线路故障。

3）CSC 从控模块或 BMS 控制器自身故障。

对于动力电池采集温度异常，首先通过诊断仪读取故障码，检查 BMS 是否记录了相关电池温度的故障码；其次可通过诊断仪读取动力电池温度数据，若动力电池温度异常，则需拆解动力电池模组，确认测量异常的温度传感器电阻是否与标准值一致。如果不一致，判断温度传感器故障，更换温度传感器；若一致，检查温度传感器线路，若线路正常，可判断温度采集 CSC 故障或 BMS 控制器自身存在故障。

三、BMS 温度采样组件及温度信号通信

1. BMS 温度采样组件

BMS 温度采样组件采用的分别是水滴头式 NTC、镍片式 NTC、键合贴片式 NTC、贴片式 NTC，如图 3-28 所示。

| a) 水滴头式NTC | b) 镍片式NTC | c) 键合贴片式NTC | d) 贴片式NTC |

图 3-28　BMS 温度采样组件

BMS 温度采样连接形式分别是线束转接式和直插式两种组件，如图 3-29、图 3-30 和图 3-31 所示。

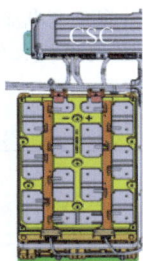

图 3-29　线束转接式组件 CSC

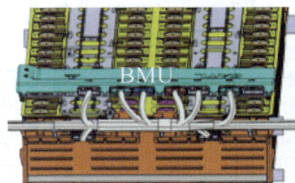

图 3-30　线束转接式组件 BMU

图 3-31　直插式组件

2. 温度信号通信

1）BMS 模组温度采样通信的基本流程见表 3-8。

表 3-8　BMS 模组温度采样通信的基本流程

功能	路径	车型
模组温度采样	分布式 BMS：模组 NTC → FPC、线束→采样芯片（CSC/CMC 上）→主控芯片（BMU 上）	某商用车
	集成式 BMS：模组 NTC → FPC、线束→采样芯片（BMU 上）→主控芯片（BMU 上）	某乘用车

2）温度信号数据通信形式见表 3-9。

表 3-9　温度信号数据通信形式

车型	BMS 结构	采样方式	类别
某商用车	分布式	线束	CSC
	分布式	FPC	CSC
某乘用车	集成式	FPC	BMU
	分布式	FPC	CMC
	半集成半分布式	FPC	BMU+CMC

四、检修电芯温度类故障

BMS 通过 CSC 采集动力电池电芯温度，动力电池模组温度过高会导致 BMS 无法充电、限定电流、限定功率等，温度过低会导致 BMS 限定电流、限定功率充电等。

1. 故障原因分析

动力电池电芯温度采集异常的主要原因如下。

1）温度传感器故障。

2）温度传感器线路故障。

3）CSC 或 BMS 控制器故障。

对于动力电池采集温度异常，首先通过诊断仪读取故障码，检查 BMS 是否记录了相关电池温度的故障码；其次可通过诊断仪读取动力电池温度数据，若动力电池温度异常，则需拆解动力电池模组，确认测量异常的温度传感器电阻是否与标准值一致。如果不一致，判断温度传感器故障，更换温度传感器，动力电池温度正常工作范围见表 3-10。若一致，检查温度传感器线路，若线路正常，可判断温度采集 CSC 故障或 BMS 控制器自身存在故障。

电芯温度类故障有以下 3 种。

① 温度高：BMS 中某个或者某几个电芯温度点偏高，运行或充电中达到报警阈值。

② 温度低：BMS 中某个或者某几个电芯温度点偏低，运行或充电中达到报警阈值。

③ 温差：参照高低温排查方法。

4）电芯发热差异。

表 3-10　动力电池温度正常工作范围　　　　　　　　　　　　　（单位：℃）

类别	电池温度特性（乘用车）	电池温度特性（商用车）
电池工作温度	−30～55	−35～55
存储环境温度	−40～60	−40～55

2. 故障码清单

某项目车型因电池温度异常可能会产生的故障码见表 3-11。

表 3-11　某项目车型因电池温度异常可能会产生的故障码

故障码	含义
P16E098	电池温度过高 1 级警告
P16E198	电池温度过高 2 级警告
P16E298	电池温度过高 3 级警告
P16E099	电池温度过低故障
P16E006	电池温差过大
P16114C	电池温度传感器故障
P16104C	电池温度传感器故障（严重）
P164802	电池温度测量故障
P16484B	热失控故障

3. 故障排查

故障排查方法见表 3-12。

表 3-12　故障排查方法

故障位置	故障原因	故障排查
电芯	温度低、温差大、容量衰减…… 内短路、过电流、过温……	万用表测电压
母线（Busbar）	阻抗大、断裂或虚接	—
键合/镍片	断裂或虚接、阻抗大	外观检查
FPC	破损、插接件虚接或退针	外观检查、万用表检测通断、电压

（续）

故障位置	故障原因	故障排查
采样线束	破损（绝缘破损微短路或串电）、虚焊、被钳压	外观检查、万用表检测通断、电压
采样 NTC	损坏	万用表检测通断、ABA 验证
CSC	供电问题、编码问题、硬件损坏、通信问题（菊花链 /CAN）	万用表检测导线通断、检查供电电压、使用上位机编码、ABA 验证、排查通信问题
BMU	供电问题、编码问题、硬件损坏、通信问题（菊花链 /CAN）	万用表检测导线通断供电电压、使用上位机编码、ABA 验证、排查通信问题
软件	软件漏洞（bug）、软件加载错误	软件升级、重刷软件
……	……	……

故障排查方法可参考上位机检测电芯单体温度。

4. 故障处理

根据实际故障情况评估维修方案，可能的维修方案有：更换模组温度采样组件，更换线束转接线，更换直插式插头等组件。

任务三 检修 DC/DC 故障

DC/DC 变换器的电能来自动力电池，作用是给车载低压用电设备供电。

DC/DC 变换器相当于燃油汽车的发电机，其作用是将动力电池的高压直流电变换成低压直流电，对用电设备供电和为低压蓄电池充电，如图 3-32 所示。

图 3-32 DC/DC 变换器

一、DC/DC 功能及工作原理

1. DC/DC 功能

（1）整车端

DC/DC 变换器负责将动力电池 200V 或 800V 的高压电转换成 12V 电源输出供给整车用电器工作，以保证行车时低压用电设备正常工作，如向车身电气设备供电，在蓄电池亏电时补充电等。

（2）动力电池端

1）电压转换与功率输出。电压转换与功率输出主要功能是充电时将电池高压电转换为低压电，供给 BMS 正常工作。

2）24h 监控。24h 监控的 BMS–DC/DC 具备定时唤醒与 CAN 通信功能，支持在休眠状态下定时唤醒并输出供电与唤醒信号给 BMS，与 BMS 配合实现 24h 监控功能。

3）故障诊断与保护。DC/DC 具备故障诊断与保护功能，包括过温保护、输入过电压保护、输入欠电压保护、输出过电压保护、输出欠电压保护、输出过电流保护、输出短路保护、通信丢失等。某商用车 DC/DC 变换器如图 3-33 所示。

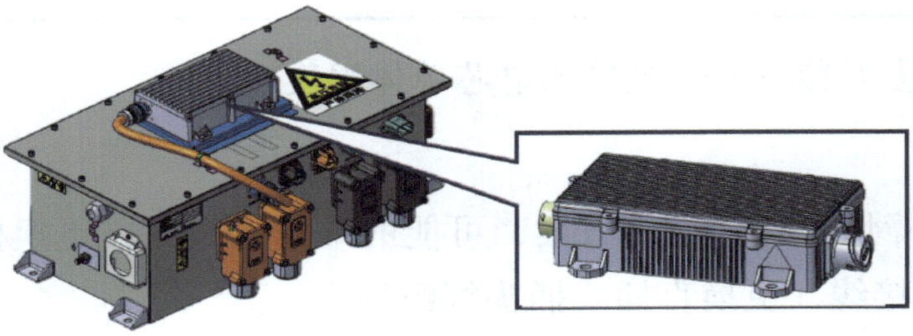

图 3-33　某商用车 DC/DC 变换器

2. DC/DC 变换器工作原理

DC/DC 变换器是一种将直流（DC）变换为直流（DC）的元件，具体是指利用直流（DC）变换电压的元件。集成电路（IC）等电子元件各自的工作电压范围不同，因此需要利用 DC 变换为相应的电压。生成电压低于初始电压的变换器被称为"降压变换器"；生成电压高于初始电压的变换器被称为"升压变换器"。

DC/DC 变换器的功能是将新能源汽车动力电池的高压直流电转换为低压直流电，既能给整车低压电气设备供电，又能给辅助电池充电的变换装置供电，如图 3-34 所示。

3. DC/DC 变换器类型

（1）高压转高压 DC/DC 变换器

高压转高压 DC/DC 变换器在新能源汽车上主要用于高压系统升压，将动力电池管理系统的电压等级进行再升高，以匹配更高等级的电机驱动系统。例如，混合动力汽车使用 144V 的动力电池，为了匹配 400V 的电机驱动系统，在动力连接上使用此类 DC/DC 变换器，将动力电池管理系统的电压等级升高，以匹配对应的电机驱动系统。

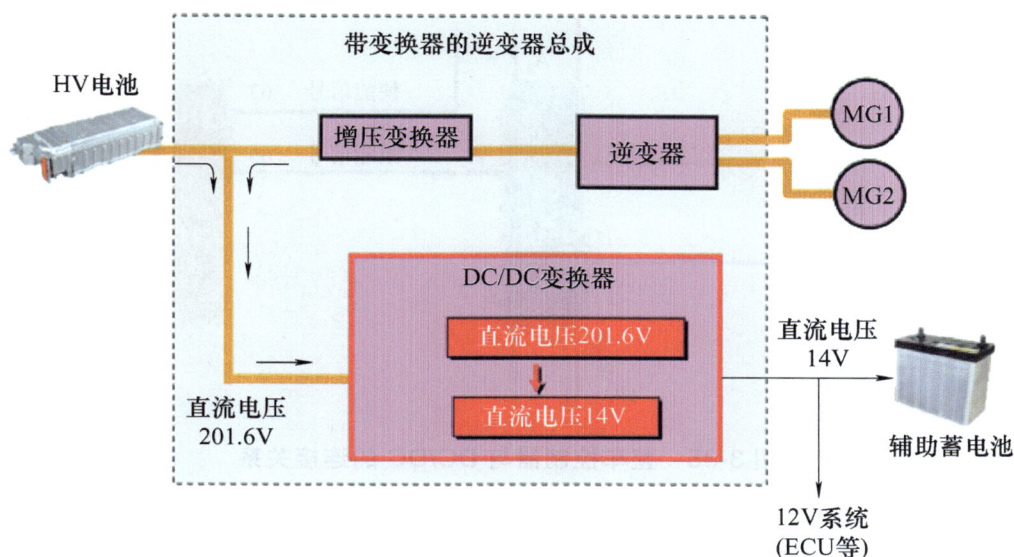

图 3-34　DC/DC 变换器的功能

（2）高压转低压 DC/DC 变换器

高压转低压 DC/DC 变换器一般用于代替传统汽车的发电机，为新能源汽车低压 12V 及低压电气设备提供电源。这类 DC/DC 变换器在新能源汽车领域的应用十分普遍，已经成为新能源汽车设计领域内必要的关键电气部件之一。

（3）低压稳压 DC/DC 变换器

无论是传统汽车还是新能源汽车，由于车内低压电气设备较多，在不同工况下的低压功率需求差异很大，即使有 12V 电池稳压，仍不能保证 12V 低压电源是稳定可靠的。例如，在起动发动机的时候，电池电压瞬间可以跌落到 6V，此时使用低压稳压 DC/DC 变换器来进行有效的稳压是有必要的。又如一些高级配置常规车，配备低压稳压 DC/DC 变换器，为车载计算机稳压。

4. 整车控制器与 DC/DC

DC/DC 接收整车控制器发出的使能信号，在充电或起动车辆时将高压直流电变压后给低压电池充电，同时整车控制器对 DC/DC 进行监控，当 DC/DC 有故障时及时通过仪表进行报警，其连接关系如图 3-35 所示。

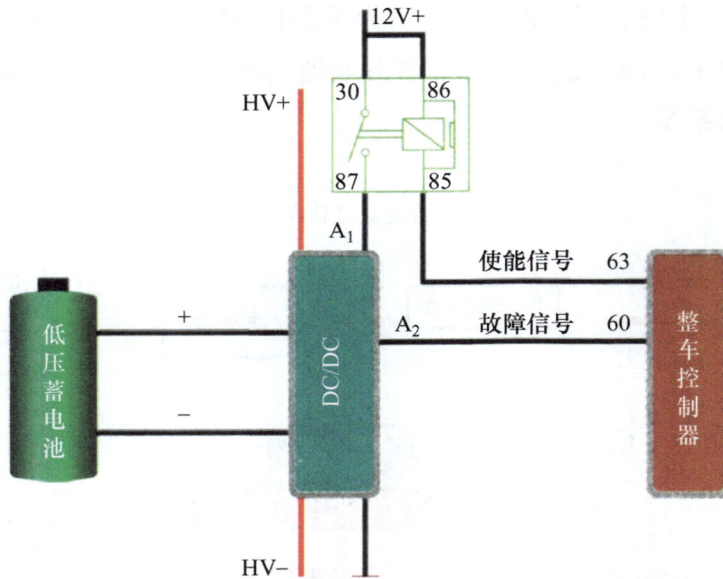

图 3-35　整车控制器与 DC/DC 的连接关系

二、DC/DC 故障的诊断流程

1. 车钥匙解读

1）车钥匙档位含义见表 3-13。

表 3-13　车钥匙档位含义

车钥匙档位	对应模式	含义描述
POWER	OFF 模式	车钥匙插入时的初始位置，车辆电源未接通，整车 CAN 总线休眠
	ACC 模式	车辆大部分电气电源接通，如空调（有风，但不制热 / 制冷），发动机未起动，整车 CAN 总线被唤醒并传输数据
	RUN 模式	车辆所有电气电源接通，如空调（制热 / 制冷），驱动电机遥控运行

2）车钥匙档位如图 3-36 所示。

图 3-36　车钥匙档位

2. 故障分析方法

以动力电池端 DC/DC 为例，故障排查分析方法见表 3-14。

表 3-14 故障排查分析方法

故障类型	故障可排查点	排查方法	备注原因
DC/DC 熔丝故障	电源输入熔丝	外观观察 万用表测电压和通断	如加热回路故障，DC/DC 过电流增加
输入电源故障	总压范围、输入线束、输入阻抗、绝缘	上位机查看总压和绝缘 万用表测总压和通断 绝缘表测绝缘	须查电池端欠电压/断路等故障
控制信号故障	检查 AUX1、AUX2、Disable	万用表测电压和通断	须查信号来源：BMU、整车、充电桩
通信故障	终端电阻、电压、压差、报文	万用表测终端电阻和电压和通断 报文解析	—
输出电源故障	电压范围、输出线束	万用表测量电压和通断	—
BMU 故障	AUX2 输出、24V 和 Alarm 输入、通信等	ABA 验证	—
DC/DC 故障	检查 DC/DC 内部硬件	ABA 验证	如阻抗测试、绝缘测试
报警信号故障	未正常报警	万用表测量电压和通断	—
软件故障	安装新软件	上位机检查软硬件版本号	—

以动力电池端 DC/DC 内部硬件故障排查为例，内部硬件故障检测方法见表 3-15。

表 3-15 内部硬件故障检测方法

测试方法	使用万用表二极管档，测试旧件 DC/DC 的输入阻抗，正反方向均测试
正常	红表笔接输入正极，黑表笔接输入负极，万用表正常显示为 OL

（续）

正常		黑表笔接输入正极，红表笔接输入负极，万用表正常显示为 OL
异常		红表笔接输入正极，黑表笔接输入负极，万用表异常显示为 1713

3. 测量数据分析参考范围

测量数据的参考范围见表 3-16。

表 3-16　测量数据的参考范围

测试项目		参考范围
电阻测试（万用表电阻档）	高压输入正→高压输入负	>17MΩ
	低压输出负→低压输出正	450～490Ω
	AUX1→GND	8.15～8.19kΩ
	AUX2→GND	8.15～8.19kΩ
	Alarm→GND	9.8～10kΩ
	Disable→GND	8.15～8.19kΩ
	CANH→CANL	3.2～3.4kΩ
	CANH→GND	OL
	CANL→GND	OL
绝缘测试（绝缘测试仪 1kV 绝缘档）	高压输入正→机壳	≥100MΩ
	高压输入负→机壳	≥100MΩ

任务四 检修电流采样故障

动力电池的电压和电流会随着车辆的运行状态、运行环境及驾驶人操控状态等不同而发生变化，当电流超过预先设定的允许范围、动力电池电压低于设定值仍在大电流放电时，会导致过温问题，轻则影响电池使用寿命、损坏功率部件，重则影响高压系统的安全。

为了保障动力电池在电流不正常时整车高压系统的电气安全、动力电池安全、驾乘人员安全，需要设计电压检测和电流检测回路对高压电路系统的工作电压和电流进行实时准确的检测。当检测到异常时，动力电池高压管理系统需要及时限制电池放电功率或切断高压回路，并向驾驶人发出声光警报，报警灯如图 3-37 所示。

图 3-37 报警灯

一、电流采样的作用

1. 动力电池的电流检测

动力电池中的每个单体电池都有可能产生电流过大的现象，这会影响动力电池的安全性。因此，通过电流检测可以及时发现过电流问题并采取措施予以解决，确保驾乘人员和车辆的安全。

2. 电流采样的目的

通过电流传感器对母线电流进行采样，帮助 BMU 实时监控动力电池管理系统的电流输入和输出。图 3-38 所示为霍尔式传感器采样。

图 3-39 所示为分流器电流采样电路。分流器检测到被测电流与主回路的电压信息，并将检测内容转化为电信号发送给 BMU 的检测通信装置。

新能源汽车通常会采用电流传感器进行电流检测。电流传感器一般采用霍尔元件或磁电阻元件等技术，并通过信号处理电路将电流模拟信号转换为数字信号，最终输送至动力电池管理系统进行处理。

电流采样通常采用非接触式电流传感器或接触式电流传感器，电流传感器通常串联在整车动力电池的总正、总负极，如图 3-40 所示。

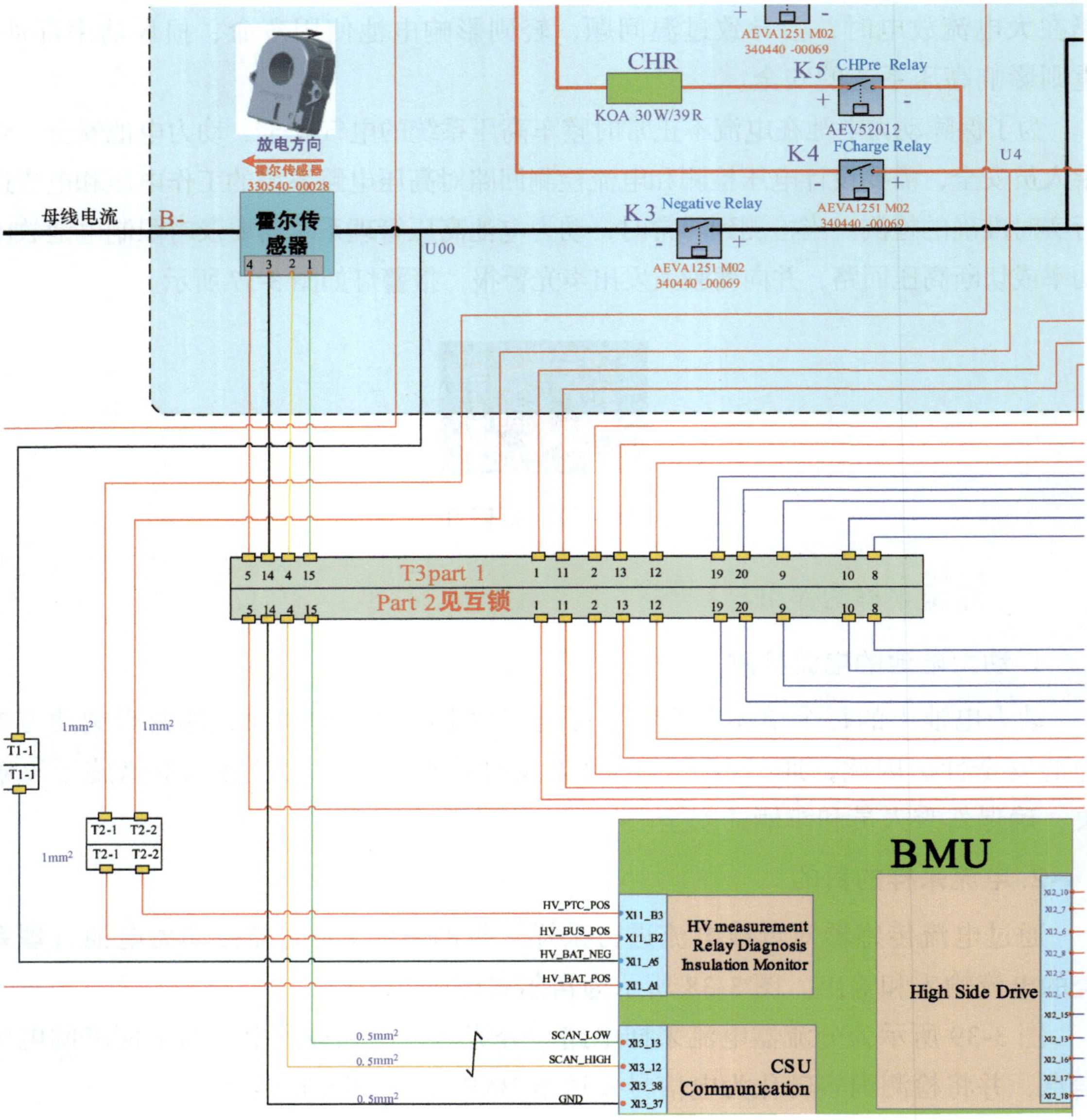

图 3-38　霍尔式传感器采样

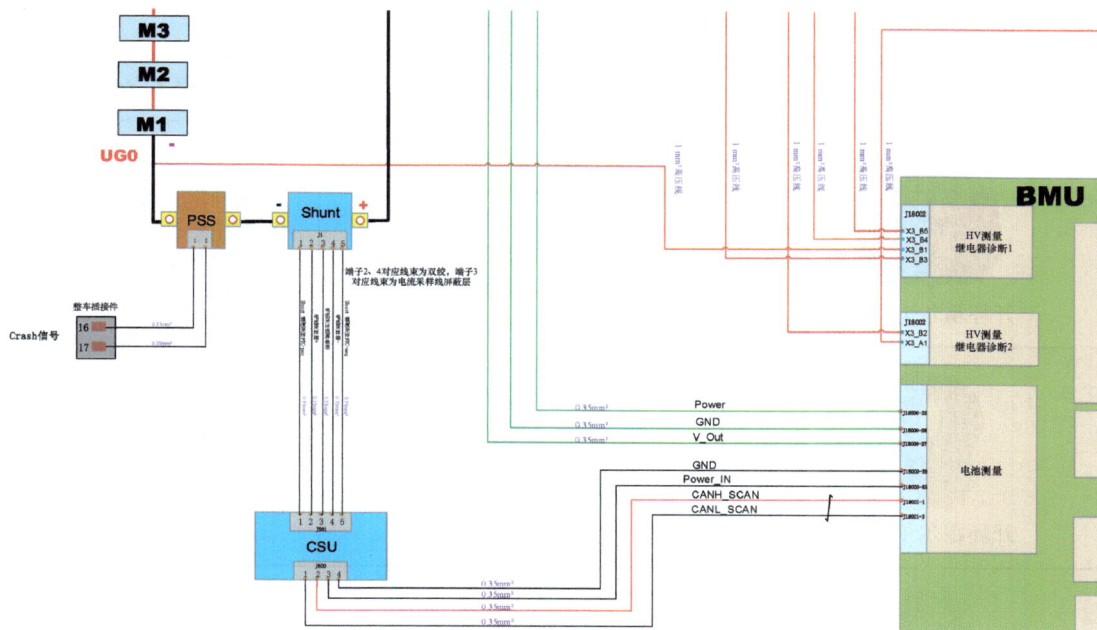

图 3-39 分流器电流采样电路

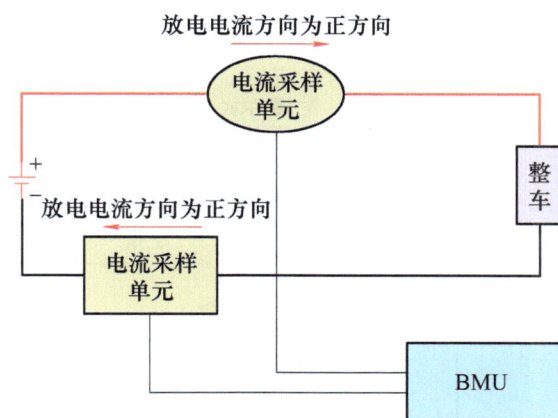

图 3-40 电流传感器

二、电流采样的结构及工作原理

动力电池管理系统充放电总电流是重要的控制参数，动力电池电流的检测需将电流转换成电压信号进行测量。

1. 电流采样传感器的结构

常见的电流采样传感器结构有非接触式电流传感器（表 3-17）和接触式电流传感器（表 3-18）两大类。

表 3-17　非接触式电流传感器

类型	电路图	端子定义
开环霍尔（Hall）	DRW1500 A B C D	A. 采样电压输出 B. 低压搭铁 C. 低压供电
开环霍尔（Hall）	LEM DHAB S/133 双通道 A B C D	A. 低压供电 B. 采样电压输出 C. 低压搭铁 D. 采样电压输出
开环霍尔（Hall）	Hall 1 2 3 4	1. 低压供电 2. 低压搭铁 3. CANH 4. CANL
闭环霍尔（Hall）	霍尔式传感器 4 3 2 1	1. CANL 2. CANH 3. 低压搭铁 4. 低压供电
磁通门（Fluxgate）	LEM_CAB500 D C B A +	A. CANL B. CANH C. 低压搭铁 D. 低压供电

表 3-18　接触式电流传感器

类型	端子定义
BCD-CSU	1. CANH 2. CANL 3. 低压搭铁 4. 低压供电

（续）

类型	端子定义	
 HV-CSU	J1： 1. CANH 2. CANL 3. 低压搭铁 4. 低压供电	J2： 8. U1_G0 5. U2_G0 3. U3_G0 1. U4_G0
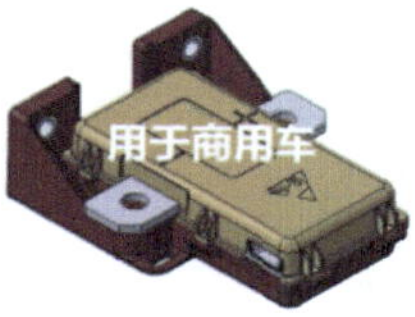 BUS-CSU 用于商用车	A.CANL B.CANH C. 低压搭铁 D. 采样电压输出 E. 低压供电	
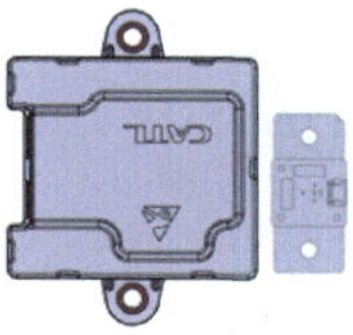 CSU-PLUS	J600： 1. 500K CANL 2. 500K CANH 3. 5V/12V 供电 4. 低压接地	J601： 1. 温度采样 NTC+ 2. 电流采样端 + 3. G0 4. 电流采样端 – 5. 温度采样 NTC-
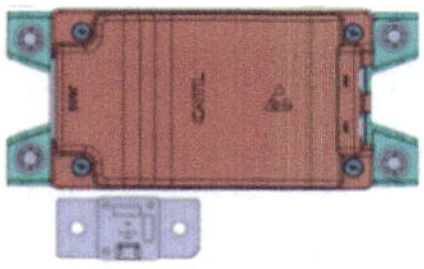 HV-CSU-PLUS	J600： 1. CANL 2. CANH 3. 低压供电 4. 低压接地	J602： A1.G1 A3.G0 A5.U3_G0 B1.U6_G1 B2.U4_G0 B4.U1_G0 B6.U2_G0 J601： 1. 温度采样 NTC+ 2. 电流采样端 + 3. G0 4. 电流采样端 – 5. 温度采样 NTC-

　　非接触式电流传感器：母线铜巴过电流，从电流传感器中心穿过，电生磁，该磁场在电流传感器中感应出电压。该感应电压经过补偿等处理后：直接输出给 BMU，BMU 再计算电流，或者将电压先转化为报文，再通过 CAN 输出给 BMU。在安装时要注意避免装反。

　　接触式电流传感器：宁德时代研发的接触式电流传感器，其连接器（Shunt）像铜巴一样，与母线串联。当电流流过 Shunt 时，将在 Shunt 两端产生电压降，CSU 采样该电压降，再根据欧姆定律计算出母线电流初值。Shunt 上有一个 NTC，CSU 采样 NTC 反馈的温度，用来补偿电流初值，以减小误差，如图 3-41 所示。

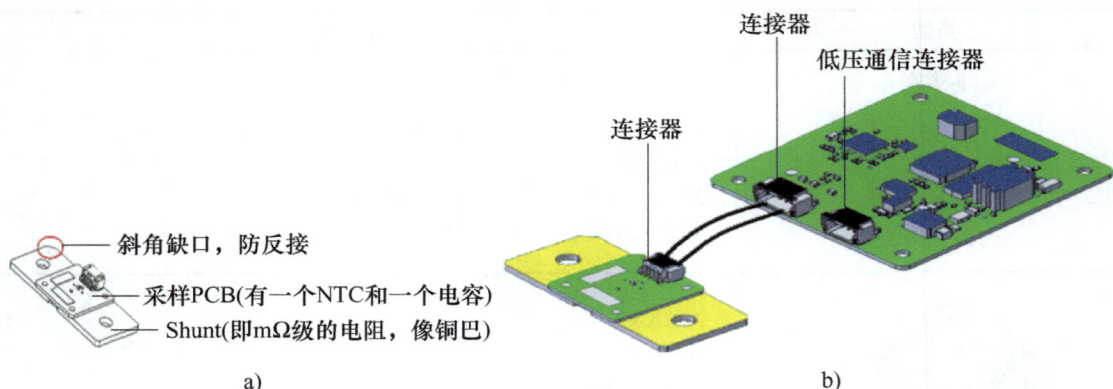

连接器
低压通信连接器
连接器

斜角缺口，防反接
采样PCB(有一个NTC和一个电容)
Shunt(即mΩ级的电阻，像铜巴)

a)   b)

图 3-41　Shunt

2.电流采样传感器工作原理

下面详细介绍分流器和霍尔电流传感器两种传感器工作原理。

（1）分流器工作原理

分流器实际上是一个阻值非常小的电阻。该电阻要求精度高，且具有低温度系数特性，精度不易受温度影响。分流器电流检测方法如图 3-42 所示，在动力电池工作回路中串联一个分流器，当电流流过分流器时，会在分流器两端形成电压差 U_R，电流越大电压差越大，通过采集分流器两端电压差即可计算出电流大小。分流器的主要指标是它的额定电流和标准化电压。额定电流是分流器允许通过的最大电流，标准化电压是分流器在通过额定电流时，在其内部产生的电压降。制造分流器是根据额定电流和标准化电压调整分流器的电阻，使它在流过额定电流时产生相应的标准化电压。例如，标准化电压75mV，额定电流100A的分流器，制造时将它的电阻精确调整到75mA/100A=0.75mΩ，50A 分流器，制造时将它的电阻精确调整 75mV/50A=1.5mΩ。显然 75mV 的电压较小，采集电压时通常先通过放大电路放大，再输入 A/D转换器。

随着电驱动系统的功率提升，还有大功率充电的需求增加，新能源汽车的系统设计中对电流的测量越来越多的使用电流 Shunt 模块，特别是在母线的电流测量方面。电流和电压的采集器是整合到一起，电流电压传感器如图 3-43 所示，其框架图如图 3-44 所示。

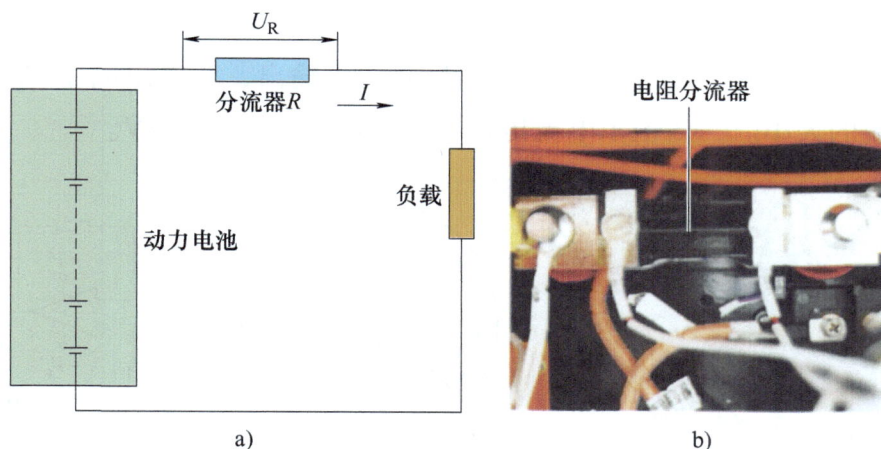

图 3-42　分流器电流检测方法

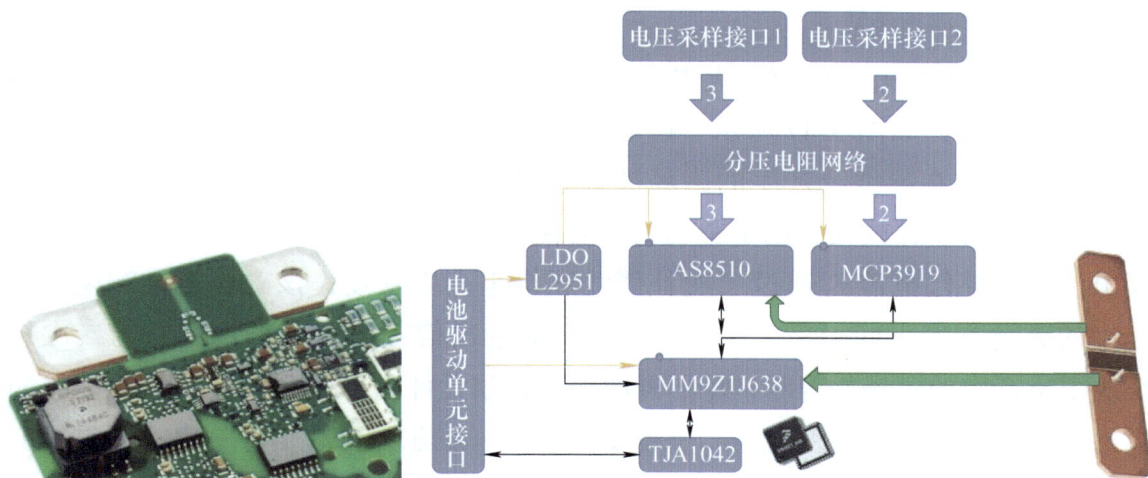

图 3-43　电流电压传感器

图 3-44　电流电压传感器框架图

（2）霍尔电流传感器工作原理

霍尔电流传感器是利用霍尔效应来检测电流的一种电子元件，可以测试各种类型的电流，从直流电流到几十 kHz 的交流电流。图 3-45 所示为某新能源汽车电流检测的霍尔电流传感器。霍尔电流传感器通过电磁场感应得到的电压信号通常较小，只有几 mV，因此在输入 A/D 转换器之前，同样需要放大电路来对信号电压进行放大，目前大部分霍尔电流传感器已将放大电路集成到传感器内部，传感器输出电压信号可直接被利用。

霍尔电流传感器包括开环和闭环两种，图 3-46 为开环霍尔电流传感器，包括磁心、霍尔元件和放大电路。当一次电流 I_p 流过一根长导线时，在导线周围将产生一磁场，该磁场的大小与流过导线的电流成正比，产生的磁场聚集在磁环内，通过磁环气隙中的霍尔元件进行测量并放大输出，其输出电压 V_S 可精确反映一次电流的大小。一般霍尔电流传感器的额定输出电压为4V。

图 3-45　某新能源汽车电流检测的霍尔电流传感器

图 3-46　开环霍尔电流传感器

高精度的霍尔电流传感器大多是闭环，闭环霍尔电流传感器基于磁平衡式霍尔原理而设计，如图 3-47 所示。磁心上绕有一、二次补偿线圈，当主回路有电流 I_P 通过时，在导线上产生的磁场被磁心聚集并感应到霍尔元件上，所产生的霍尔信号输出经过放大，用于驱动功率管使二次补偿线圈导通，从而获得一个补偿电流 I_S。补偿电流 I_S 通过二次补偿线圈绕组产生磁场，该磁场与被测电流 I_P 产生的磁场方向正好相反，因此霍尔元件的输出信号逐渐减小。当 I_P 与二次补偿线圈所产生的磁场相等时，I_S 不再增加，霍尔元件磁平衡。通过检测 I_S 即可测量出一次电流 I_P。当 I_P 变化时，平衡受到破坏，霍尔元件有信号输出，即重复上述过程重新达到平衡，从磁场失衡到再次平衡，所需的时间理论上不超过 1μs。

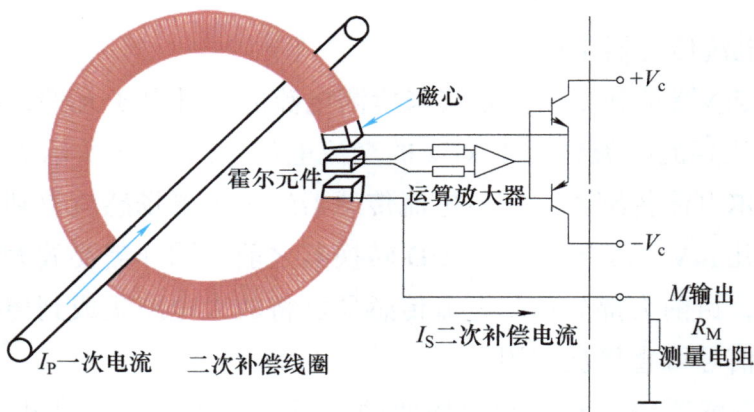

图 3-47　闭环霍尔电流传感器

三、电流采样故障的诊断流程

1.诊断仪检测

使用诊断仪对电池箱进行检测，对检测出的某项目车型因电流采样异常可能会产生的故障码进行分析，见表 3-19。

表 3-19　某项目车型因电流采样异常可能会产生的故障码

故障码	含义
P16E019	放电过电流 1 级
P16E119	放电过电流 2 级
P16E018	充电过电流 1 级
P16E118	充电过电流 2 级
P16E318	回充过电流 1 级
P16E418	回充过电流 2 级
P161228	电流传感器零漂过大故障
P164419	极限过电流故障
P164502	CSU KB 值异常
P164602	CSU 错误纠正码（ECC）双位错误故障
P164702	CSU 复位故障
P16934B	CSU 温度过高一级故障
P16954B	CSU 温度过高二级故障
P161028	电流传感器故障
P161487	电流采样报文丢失
P167188	SCAN 模块 BUS OFF
P167388	SCAN 总线故障
P167487	MOS 状态报文丢失
P167587	CSU 故障状态报文丢失
P167683	电流采样报文循环冗余检验（CRC）
P164020	预充电流反向
P161529	上高压电过程中传感器失效

2.故障分析方法

根据检测出的故障码进行故障分析，见表 3-20。

表 3-20　根据检测出的故障码进行故障分析

故障位置		故障原因	故障排查
非接触式电流传感器	传感器分身	装反、硬件故障	外观检查、ABA 验证
	供电线束	电压范围异常、损坏、断路、插接件退针	外观检查、万用表检测电压和通断
	采样输出电压线束	电压范围异常、损坏、断路、插接件退针	外观检查、万用表检测电压和通断
	通信线束	电压范围异常、损坏、断路、插接件退针、终端电阻断路、通信丢失	外观检查、万用表检测电压和通断、终端电阻、报文解析
	软件	软件漏洞（bug）、软件加载错误	重刷软件、售后标定
接触式电流传感器	Shunt	装反、硬件故障	外观检查、ABA 验证
	Shunt 5 根线束	电压范围异常、损坏、断路、插接件退针	外观检查、万用表检测电压和通断
	CSU	硬件故障	外观检查、ABA 验证
	CSU 供电线束	电压范围异常、损坏、断路、插接件退针	外观检查、万用表检测电压和通断
	CSU 通信线束	电压范围异常、损坏、断路、插接件退针、终端电阻断路、通信丢失	外观检查、万用表检测电压和通断、终端电阻、报文解析
	软件	软件漏洞（bug）、软件加载错误	重刷软件、售后标定

任务五　检修均衡功能故障

新能源汽车动力电池管理系统由多个电芯单体串联或并联组成，以满足所需电压和功率要求。在实际使用中，由于电芯单体之间的差异，电芯的放电深度也会不同，容量大的总会欠充、欠放，容量小的总会过充、过放，电池模组的容量只能达到最弱的电池容量，如图 3-48 所示。

动力电池均衡是指在使用和充电过程中，保持电池箱内各个单体电池的 SOC 相对一致，以延长电池使用寿命，提高充电效率和安全性。动力电池均衡维护的基本目的是"削峰填谷"，使各个电池电芯的电压达到较好的一致性，提高车辆的续驶里程和电池模组的使用寿命。

一、动力电池均衡

动力电池箱由大量的电芯单体通过串联形成，由于单体电

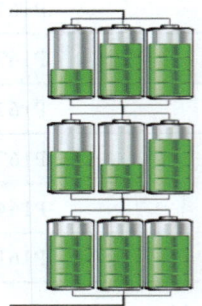

图 3-48　电芯单体之间的差异

池生产工艺、自放电、环境温度、放电倍率不同，造成各个电芯单体容量不一致，进而影响电池箱整体性能，导致电池充不进电、续驶里程变短、电池寿命缩短、安全性降低等，所以需要对电池箱进行均衡。

动力电池均衡是通过软硬件手段补偿电芯自放电的差异性（图3-49），使得在动力电池内各个电芯的SOC差异控制在一定的范围内，从而提升动力电池最大可用容量的过程，实现延长动力电池使用寿命、增加动力电池续驶里程的目的，动力电池均衡形式可分为被动均衡和主动均衡两种。

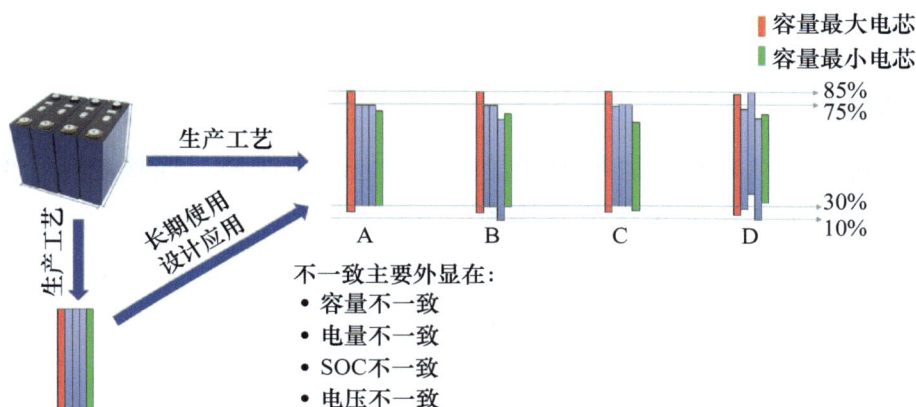

图 3-49　不一致主要外在表现

例如，电池箱里会有成百上千节电池，这些电池会采用"串并"的方式进行组合，在使用过程中各节电池不可避免地会出现电压、容量、温度的差异，这会造成单体电池不均衡的现象。

假设某几个电芯或模组出现容量严重下降，电压随之也会降低。充电的时候这些电芯就会先被充满电，而电池控制单元在检测到这些电池充满电之后就会停止充电，此时其他电芯还没有充满电，但也不得不停止充电，如图3-50所示。这就导致电池箱总也充不满电，续驶里程当然也会受到影响。在用车过程中可能会出现"跳电"情况，如以40%SOC行驶时，SOC瞬间从40%降至20%。

二、均衡方式

主动均衡是通过能量转移的方式，将电芯单体能量高的一部分能量转移到能量低的电芯单体上，从而实现各电芯单体能量均衡的方法。转移过程能量损耗小，且发热量少。

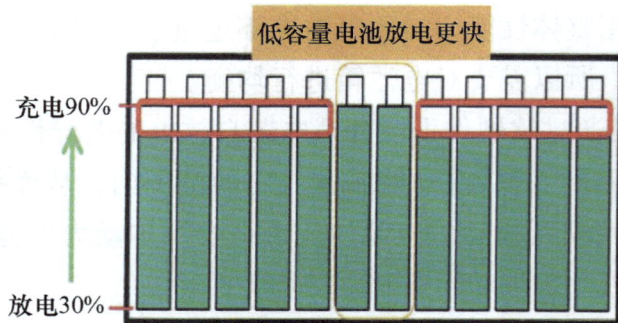

图 3-50　电芯不均衡现象

1. 被动均衡

被动均衡是指将串联电池箱中能量较高的电芯单体通过连接电阻负载消耗部分能量，从而达到各电芯单体能量均衡的方法。该方法通过损失电池能量实现均衡，损失的电池能量转变为热量，直到各单体电池电压接近一致，如图 3-51 所示。被动均衡的方式，目前已较少使用。

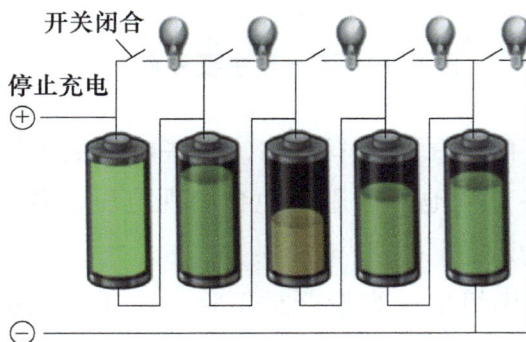

图 3-51　被动均衡

2. 主动均衡

主动均衡是通过能量转移的方式"削峰填谷"，运用储能器件等将荷载较多能量电芯的部分能量转移到能量较少的电芯单体上去，是能量的转移。均衡充电时，电容通过其控制开关与相邻两个电池交替连接，接收电压高的电池充电，并向电压低的电池放电，直到两个电池的电压趋于一致，如图 3-52 所示。

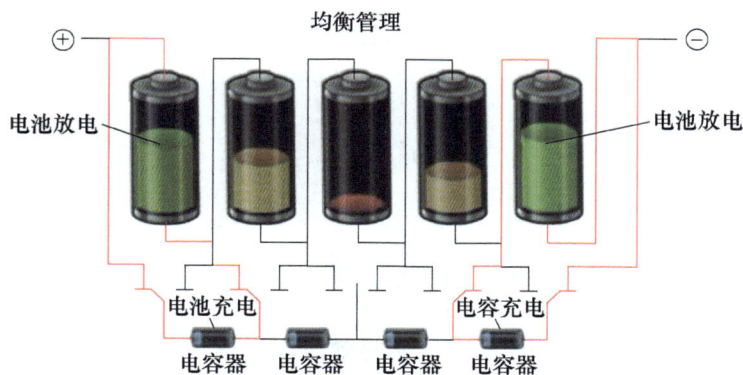

图 3-52　主动均衡

3. 被动均衡与主动均衡对比

被动均衡与主动均衡对比见表 3-21。

表 3-21　被动均衡与主动均衡对比

对比项目	主动均衡	被动均衡
电流大小	均衡电流较大	均衡电流较小
回路特点	一个主动均衡芯片同时只能对一个电芯单体进行均衡	每个电芯单体都配置单独的被动均衡回路
均衡电芯数量	多个电芯单体共用一个主动均衡芯片（一般 12～16 颗电芯单体共用一个主动均衡芯片）	可同时对所有电芯单体开启被动均衡
能量转移方式	可以对电芯单体进行充电均衡或者放电均衡	只能对电芯单体进行放电均衡

从木桶效应示意图中（图 3-53）可以看出，如果把电池箱比作木桶，串接的电池就是组成木桶的板，电量低的电池是短板，电量高的是长板，被动均衡要做的工作是"截长不补短"。电量高电池中的能量变成热量耗散掉，电能使用效率低。不仅如此，将电能转变成热量耗散掉，带来的两难问题是如果均衡电流越大，产生的热量就越多，最后如何散热成为问题；如果均衡电流越小，那么在大容量电池箱电量差别大的情况下所起到的电量平衡作用效率就越低，要达到平衡则需要很长的时间。权衡利弊，现在被动均衡的电流一般都控制在百毫安（100mA）级别。

因为被动均衡的局限性，所以主动均衡的技术得以提出并发展。主动均衡是把高能量电池中的能量转移到低能量电池中，相当于对木板"截长补短"。不像被动均衡只有"截"，在如何"补"的问题上，行业内充分发挥了各自的优势和想象力。

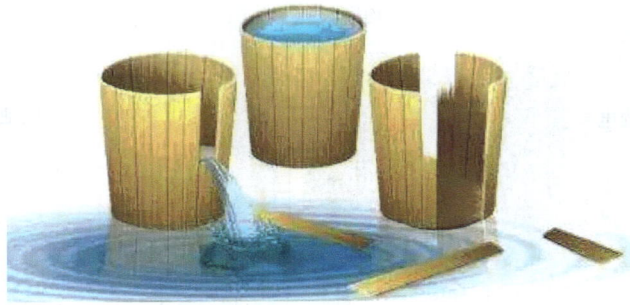

图 3-53　木桶效应示意图

三、均衡故障的诊断流程

1. 诊断仪检测

使用诊断仪对电池箱进行检测，以某项目为例，对检测出的均衡故障码进行分析，见表 3-22。

表 3-22　某项目均衡故障码

故障码	含义
P16E028	电芯不均衡
P16944B	均衡回路温度过高
P169412	均衡回路短路故障
P169413	均衡回路开路故障
P164A86	均衡回路温度无效故障

2. 故障分析

根据检测出的故障码进行故障分析，见表 3-23。

表 3-23　根据检测出的故障码进行故障分析

故障位置	故障原因	故障排查
电芯	欠电压、过电压、一致性差、容量衰减、不均衡、环境不佳……	万用表测电压
母线（Busbar）	阻抗大	—
键合或镍片	断裂或虚接、阻抗大	外观检查
FPC	破损、插接件虚接或退针	外观检查、万用表检测通断和电压

（续）

故障位置	故障原因	故障排查
采样线束	破损（绝缘破损微短路或串电）、虚焊、被钳压	外观检查、万用表检测通断和电压
采样芯片	供电问题、硬件损坏	万用表检测通断和电压、ABA 验证
CSC	供电问题、编码问题、硬件损坏、通信问题（菊花链或 CAN）	万用表检测通断和电压、上位机编码、ABA 验证、排查通信问题
BMU	供电问题、编码问题、硬件损坏、通信问题（菊花链或 CAN）	万用表检测通断和电压、上位机编码、ABA 验证、排查通信问题
软件	软件漏洞（bug）、软件加载错误	软件升级、重刷软件
……	……	……

数据导出如图 3-54 所示。

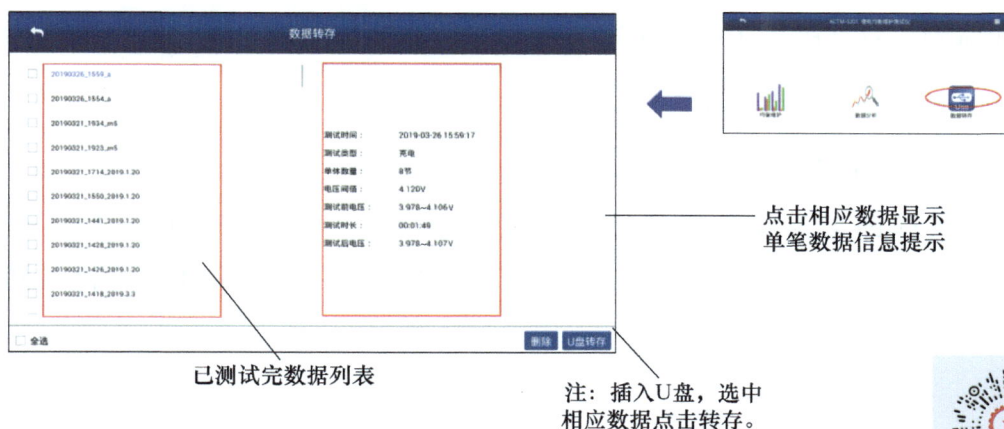

图 3-54　数据导出

任务六　检修高压采样故障

新能源汽车工作电压平台一般在 200 ~ 800V 之间，与动力电池相关的电气总成包括动力电池管理系统（BMS）、车载充电机（OBC）、整车控制器（VCU）、直流变换器（DC/DC）、电机控制器（MCU）、绝缘监测仪（IMD）等。这些车载电气总成的直流部分共同构成新能源汽车的高压直流母线，而在新能源汽车运行过程中，高压直流母线的电压需要进行实时监测，车上的多种控制器会根据检测到的电压进行运算处理和逻辑保护判断。动力电池管理系统中，会根据高压直流母线电压进行预充电动作及总压过电压保护判断，根据高压直流母线电压进行正、负直流母线绝缘电阻计算，根据高压直流母线电压调整充电电流输出，VCU、DC/DC 及 MCU 会根据高压直流母线电压进行输入电压越限告警判断等，如图 3-55 所示。

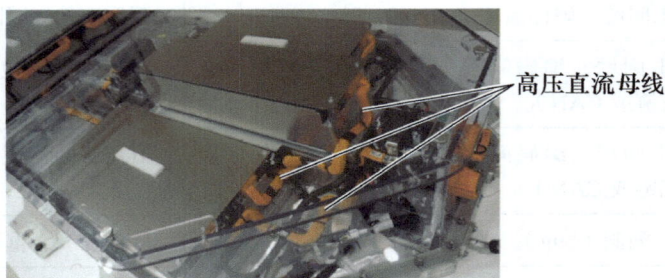

图 3-55　高压直流母线

动力电池高压采样电路主要用于对动力电池管理系统中的电压进行高精度的采集和监测，以保障整个动力电池管理系统的正常运行。

一、高压采样的作用及工作原理

1. 高压采样的作用

高压采样即采集高压直流母线上继电器高压连接端子处的电压，即采样继电器内侧电压、外侧电压，对继电器当前状态（闭合 / 断开）进行检测，如图 3-56 所示。

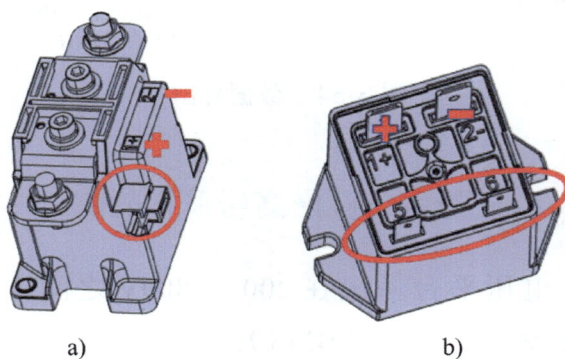

a)　　　　　　　　　　　　　　　b)

图 3-56　高压直流母线继电器高压端子

某乘用车高压采样线束一端通过螺栓固定在高压盒内继电器的母线连接端子上，另一端连到 BMU 上，如图 3-57 所示。此外，HV-CSU 或 HV-CSU-PLUS 也可以实现高压采样的功能，见表 3-24。

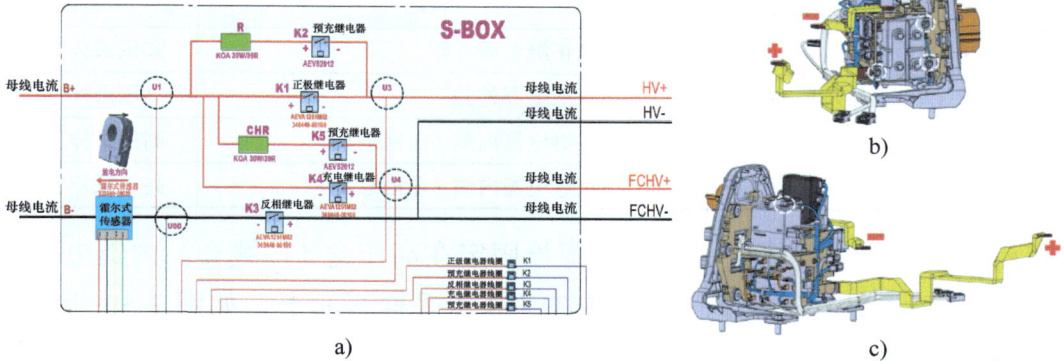

图 3-57　高压采样线束

表 3-24　某乘用车由 BMU/HV 实现高压采样的方式

高压采样位置	通信方式	继电器诊断
BMU	—	
HV–CSU / HV–CSU–PLUS	SCAN	
BMU	—	
BMU	—	BMU
HV–CSU / HV–CSU–PLUS	SCAN	
BMU	—	
HV–CSU / HV–CSU–PLUS	SCAN	

　　端子定义可查电气原理图，下面以某乘用车为例，端子电路如图 3-58 所示，端子含义见表 3-25。

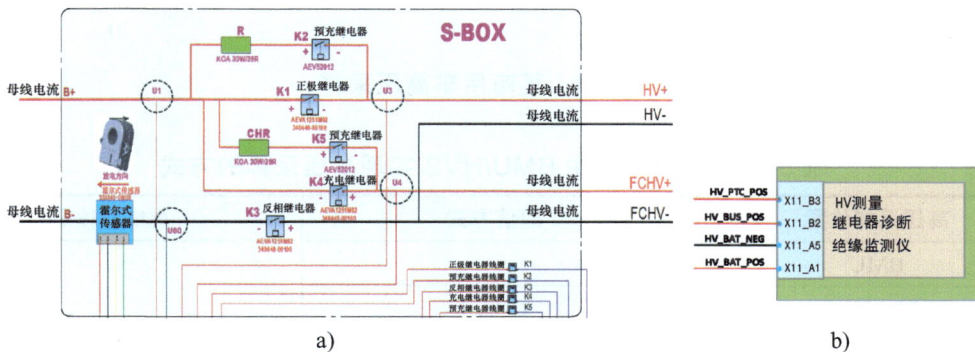

图 3-58　端子电路

表 3-25 端子含义

端子		信号	说明	备注
X11	B3	HV_PTC_POS	充电正继电器外侧	高压采样
	B2	HV_BUS_POS	主正继电器外侧	高压采样
	A5	HV_BAT_NEG	主负继电器内侧（电池总正）	高压采样 + 参考
	A1	HV_BAT_POS	主正继电器内侧（电池总负）	高压采样

　　某商用车高压采样线束一端通过螺栓固定在高压盒（接线盒）内继电器的母线连接端子上，另一端连到 BMU/HVB（高压采样板）上，如图 3-59 所示。某商用车由 BMU/HVB 实现高压采样的方式见表 3-26。

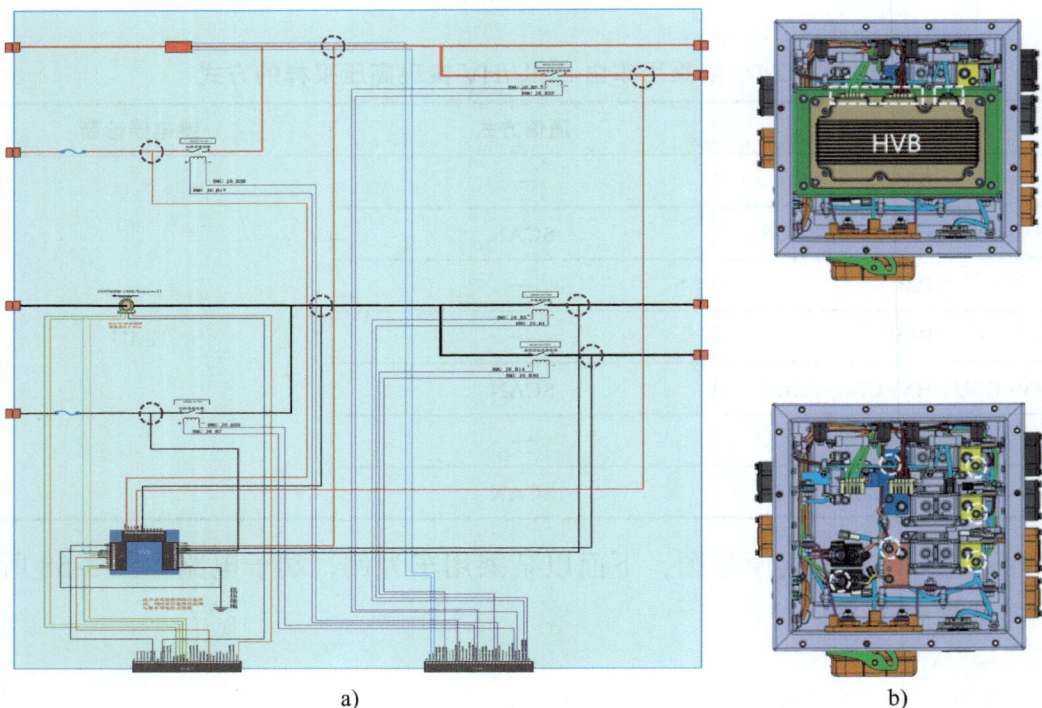

a)　　　　　　　　　　　　b)

图 3-59　某商用车高压采样

表 3-26　某商用车由 BMU/HVB 实现高压采样的方式

高压采样位置	通信方式	继电器诊断
BMU	—	BMU
BMU/HVB	CCAN	
HVB	CCAN	
HVB	SCAN	

高压采样端子含义可查电气原理图，见表 3-27。

表 3-27　高压采样端子含义

端子		信号	说明	备注
J4	B6	AI_Thermal+	加热正继电器外侧	高压采样
	B5	AI_CH2+	—	高压采样
	B4	AI_HV+	—	高压采样
	B3	AI_CH1+	充电正继电器外侧	高压采样
	B2	AI_TMS+	—	高压采样
	B1	AI_Battery–	主负继电器内侧（电池总负）	高压采样＋参考
J2	B6	AI_CH2–	—	高压采样
	B5	AI_Battery+	主正继电器内侧（电池总正）	高压采样
	B4	AI_CH1–	充电负继电器外侧	高压采样＋参考
	B3	AI_Thermal–	加热负继电器外侧	高压采样＋参考
	B2	AI_HV–	主负继电器外侧	高压采样＋参考

2. 高压采样的工作原理

高压采样判断继电器状态的工作原理是如果继电器内外侧电压差约为 0V，一定程度上说明继电器是闭合的。如果继电器内外侧电压差非常大，一定程度上说明继电器是断开的。继电器内外侧电压差 ＝（$U1-U00$）－（$U01-U00$）＝$U1-U01$。

高压采样的工作原理常用采集总电压的方法主要分为以下 4 种。

（1）分压法

分压法对总电压进行电阻分压，降低电压后利用 A/D 采集电路直接采集，由于电阻直接连入电池箱的正负极，需要考虑电气隔离，也由于电阻发热产生精度以及漂移问题，所以这种方法的采样精度较低，并且为保证安全必须实现隔离。采用高压分压原理，通过串联电阻将高压电路分压到合适的范围，再通过运算放大电路将分压后的电压信号进行放大，输出到 A/D 转换器进行数字信号转换，最终得到高精度的电压采样结果。

（2）差分比例电路法

差分比例电路法通过差分比例电路对总电压进行线性缩小并采样，采样信号会由于电路元件的对称性问题引发共模干扰，影响高压采样测量精度。

（3）电压传感器法

高压采样电路需要与电池系统相连，在工作过程中极易发生隔离故障。因此，采用电压传感器法在设计时使用隔离电路，通过隔离放大器使得采样电路与动力电池管理系统完全隔离，确保电路的稳定性和安全性。

该方法采用霍尔式电压传感器对总电压进行隔离采集，使用时霍尔式电压传感器通过采样电阻将电压信号转换为电流信号，由于采样回路中漏电流的存在对采样结果有影响，同时信号转换的精度也对采样结果有影响。

（4）单体电芯电压累加法

BMS 中必须采集每节单体电池的电压，利用单体累加方法简单易行，但是由于每节单体电压采集都存在误差，在电池电压累加后，难免会累计更大的误差。电芯单体电压数据的干扰可以通过选择更优的采集电路实现降低，但累加误差仍然是一个不能忽视的问题，并且由于电池电芯采样时间的问题，获得总电压的实时性较差。

二、高压采样故障的诊断流程

1. 诊断仪检测

使用诊断仪对电池箱进行故障检测，提取故障码，故障码含义见表 3-28。

表 3-28　故障码含义

故障码	含义
P16E417	电池箱总电压过高 1 级
P16E517	电池箱总电压过高 2 级
P16E416	电池箱总电压过低 1 级
P16E516	电池箱总电压过低 2 级
P164062	主继电器外侧高压大于内侧高压
P167013	高压回路断路
P167188	SCAN 模块 BUS OFF
P167388	SCAN 总线故障
P167783	高压 #1 采样报文循环冗余校验（CRC）
P167883	高压 #2 采样报文 CRC

2. 故障分析

根据故障码的提示，对高压采样进行故障分析，见表 3-29。

表 3-29　对高压采样进行故障分析

高压采样位置	故障排查点	故障原因	故障排查
BMU	高压采样线	安装不到位、高压采样输出不正常	检查螺栓是否松动等，万用表测线束通断和高压采样输出
	BMU	软硬件故障、高压采样输入不正常	万用表检测 BMU 供电和高压采样输入，ABA 验证
HV–CSU HV–CSU–PLUS HVB	高压采样线	安装不到位、高压采样输出不正常	检查螺栓是否松动等，万用表测线束通断和高压采样输出
	HV–CSU	软硬件故障、高压采样输入不正常	万用表检测 CSU/HVB 供电和高压采样输入，ABA 验证
	HV–CSU–PLUS	安装不到位、电压不正常	检查插接件是否松动等，万用表检测线束通断和电压

根据故障码的提示，对低压驱动 + 继电器进行故障分析。

⚙ **拓展学习**

长续航 &
快充

CTP3.0
轻量化

2023 年 4 月 19 日，宁德时代在上海车展现场正式发布了凝聚态电池，宁德时代首席科学家吴凯透露，宁德时代凝聚态电池正在进行民用电动载人飞机项目的合作开发。

行业普遍认为，宁德时代发力民用电动载人飞机赛道的新动力来自其新研发的凝聚态电池。

关于凝聚态电池，宁德时代董事长曾毓群在 2022 年 6 月的重庆车展上就曾透露正在研发，今年 3 月也曾在公司 2022 年业绩会上提及。对比全固态电池，凝聚态电池可更快实现量产，且实现高比能与高安全兼得。

根据吴凯介绍，凝聚态电池单体能量密度最高可达 500W·h/kg，兼具高比能和高安全的特性。凝聚态电池是宁德时代在材料和材料体系创新的最新成果，该产品针对超高比能化学材料的电化学反应变化，采用了高动力仿生凝聚态电解质，构建微米级别自适应网状结构，调节链间相互作用力，在增强微观结构稳定性的同时，提高电池动力学性能，提升锂离子运输效率。吴凯还表示，凝聚态电池还聚合了包括超高比能正极、新型负极、隔离膜以及新工艺等一系列创新技术。

任务七　检修继电器类故障

一、高压继电器的作用及工作原理

新能源汽车一般采用高压电池箱作为动力驱动，为保证电气系统正常通断，在新能源汽车的动力电池管理系统和电机控制器之间需配置高压直流继电器。当系统停止运行后起隔离作用，当系统运行时起连接作用，当车辆关闭或发生故障时，能安全地将储能系统从车辆电气系统中分离，起到分断电路的作用。因此，高压直流继电器是新能源汽车关键安全器件，如果没有它，车辆将不能启动、行驶及停车，如图 3-60 所示。

图 3-60　高压直流继电器

高压继电器简单理解是用较小的电流去控制较大电流的一种自动开关。在电路中起自动调节、安全保护、转换电路等作用，如图 3-61 所示。高压继电器控制的主要目的是保证动力电池管理系统上下电的正常进行，在汽车启动时闭合高压继电器上电，在汽车停车时断开高压继电器下电。

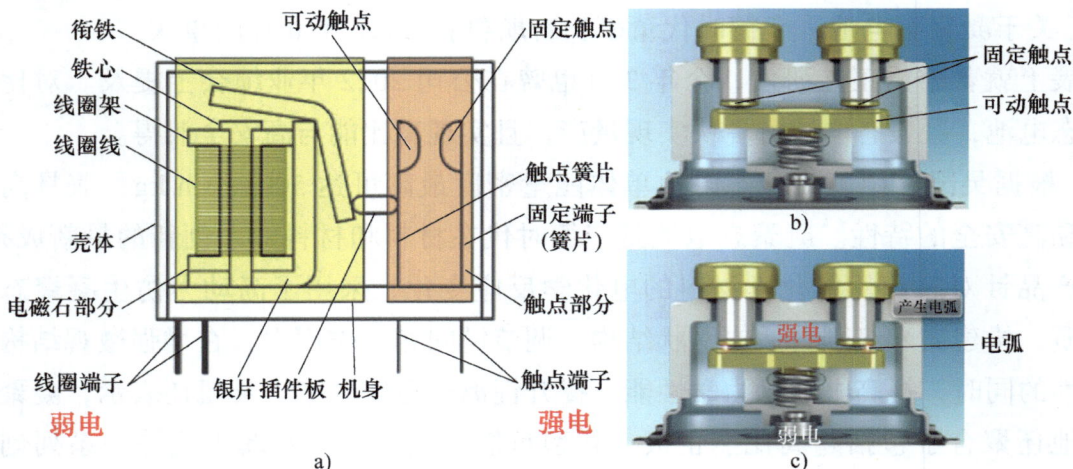

图 3-61　用较小的电流去控制较大电流的一种自动开关

1. 继电器的工作原理

继电器一般由铁心、衔铁、线圈、触点簧片等组成。只要在线圈两端施加一定电压，线圈中就会流过一定的电流，从而产生电磁效用，衔铁会在电磁力吸引的作用下克服回位弹簧的拉力吸向铁心，从而带动衔铁的动触点和静触点（常开触点）吸合。当线圈断电后，电磁吸力随之消失，衔铁会在回位弹簧的反作用力作用下返回原来的位置，使动触点与原来的静触点（常闭触点）吸合。即当继电器低压线圈上电，继电器吸合；当继电器低压线圈下电，继电器断开。通过继电器的吸合、断开达到导通、切断电路的目的，继电器的工作原理如图 3-62 所示。

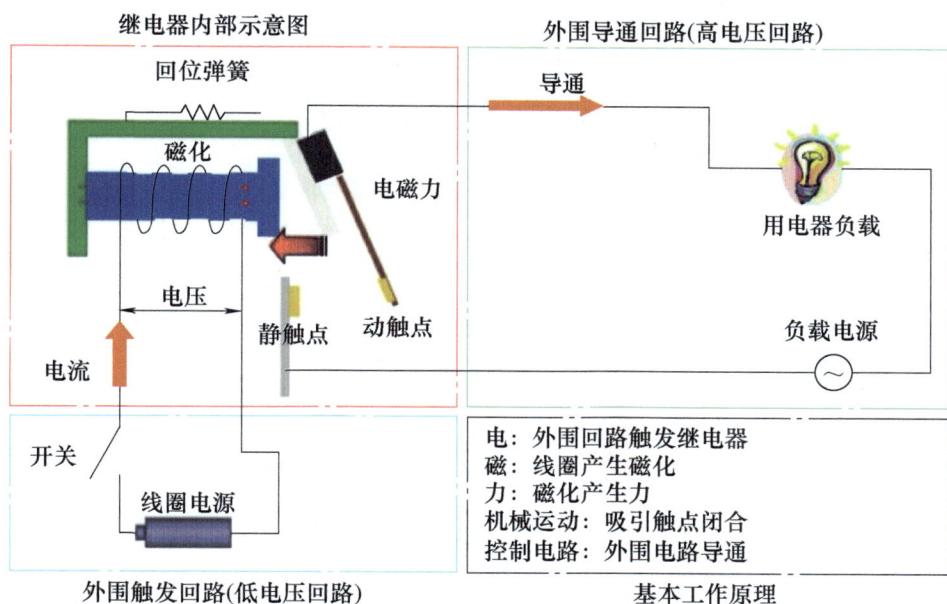

图 3-62　继电器的工作原理

对于继电器的常开、常闭触点，可以这样区分：继电器线圈未通电时处于断开状态的静触点，称为常开触点；继电器线圈未通电时处于接通状态的静触点，称为常闭触点。

2. 动力电池高压继电器的组成与工作原理

新能源汽车在工作时，需要将动力电池与高压电气设备进行可靠地连接与断开，高压回路存在高电压、大电流等情况，因此高压回路的通断需要由高压继电器完成，如图 3-63 所示。

图 3-63　高压继电器

　　高压继电器主要由低压线圈、活动铁心、绝缘壳体、回位弹簧、高压触点、高压接线柱、密封气室等组成，其结构如图 3-64 所示。当需要接通高压回路时，控制器给低压线圈供电时，活动铁心带动高压触点向上运动，高压继电器闭合，接通高压回路；当需要断开高压回路时，控制器给低压线圈断电，活动铁心在回位弹簧的作用下复位，高压触点分离，断开高压回路。

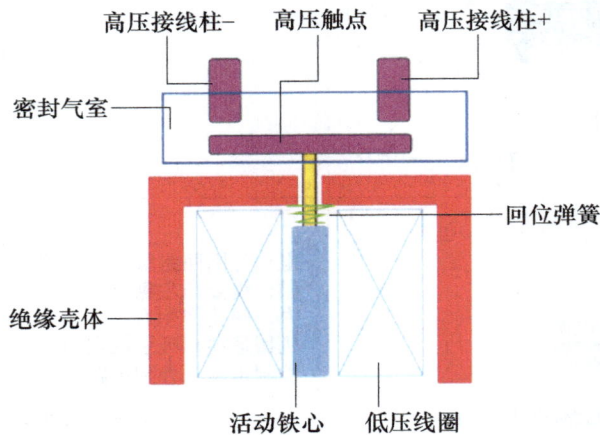

图 3-64　高压继电器的结构

　　继电器连接端子分为两个高压连接端子（内侧 + 外侧）、两根低压供电（HSD+LSD），如图 3-65 所示。

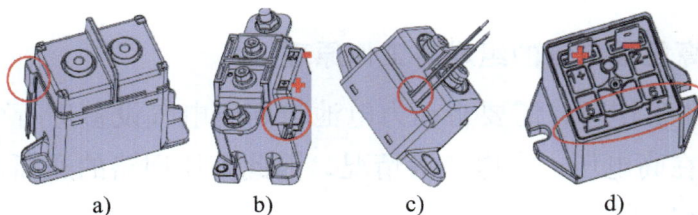

a)　　　　　b)　　　　　c)　　　　　d)

图 3-65　继电器连接端子

继电器分布在电池系统高压盒里，有主正继电器、主负继电器、预充继电器、充电正继电器、充电负继电器、加热正继电器、加热负继电器等。

新能源汽车工况多变，高压上电或充电时会产生冲击电流，加速行驶时会产生过载电流，短路时会产生短路电流，为了保证高压继电器能够可靠接通、快速分离，要求高压继电器要具备耐高压、耐负载、抗冲击、分断能力强和灭弧能力强等性能。

充气型高压继电器是目前应用的主要形式，常用的充注气体为氢气、氮气和氟化硫。充气除了对电弧有收缩作用，还可以起到冷却和有效防止开关材料腐蚀的作用，如图 3-66 所示。

还有一种灭弧措施是利用磁吹灭弧原理给开关触点设置灭弧磁铁。磁吹灭弧原理是利用电弧在洛伦兹力的作用下向两边的灭弧区移动，从而达到灭弧的效果，如图 3-67 所示。

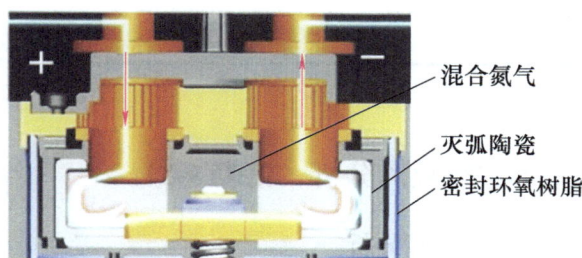

图 3-66　充注气体为氮气

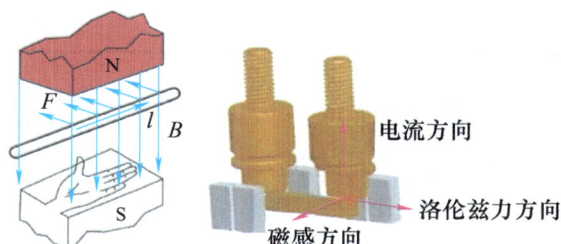

图 3-67　磁吹灭弧原理

当灭弧磁场垂直于负载电流方向时，正向电流使得电弧向外偏离，起到灭弧作用，但反向电流会使电弧向中心聚集，电弧加强，触点被烧蚀。因此高压继电器在使用、更换时，正、负接线柱不得接反，反向电流对磁吹灭弧的影响如图 3-68 所示。在有些高压继电器中通过调整灭弧磁场的方向，将电弧尽量向接线柱两侧引，防止反向电流烧毁触点。

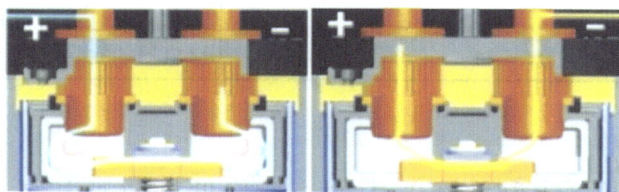

图 3-68　反向电流对磁吹灭弧的影响

二、高压采样和继电器类故障的诊断流程

1. 诊断仪检测

使用诊断仪对电池箱进行故障检测，提取故障码，故障码含义见表 3-30。

表 3-30　故障码含义

故障码	含义
P16A173	主正或预充继电器触点粘连故障
P16A373	主负继电器触点粘连故障
P16A473	直流充电继电器触点粘连故障
P16A573	主正或主负继电器触点粘连故障
P16A072	主正继电器无法闭合故障
P16A372	直流充电继电器无法闭合故障（充电回路断路）
P16A472	预充继电器无法闭合故障
P164010	预充短路

2. 故障分析

根据故障码的提示，对低压驱动＋继电器进行故障分析，见表 3-31。

表 3-31　低压驱动＋继电器故障分析

故障排查点	故障原因	故障排查
BMU	软硬件故障、不正常输出驱动	ABA 验证，万用表测驱动输出
驱动线束	安装不到位、驱动电压不稳	检查插接件是否松动等，万用表检测线束通断和驱动输出
继电器	继电器硬件故障、继电器绝缘故障	反复上下低压电听声音，万用表检测高压端子通断和电阻，绝缘测试仪检测绝缘，ABA 验证 上下高压电后，用万用表检测量内外侧电压，判断继电器上下高压电后的实际状态 用上位机查看高压采样值和电流，判断继电器的实际状态

3. 故障排查

以乘用车上位机（吉利汽车）为例，检修低压驱动和高压继电器故障，如图 3-69 所示。

a) 电池信息

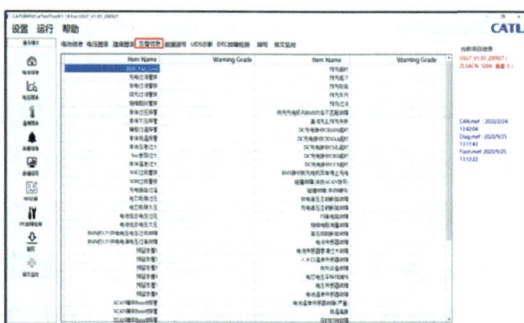
b) 告警信息

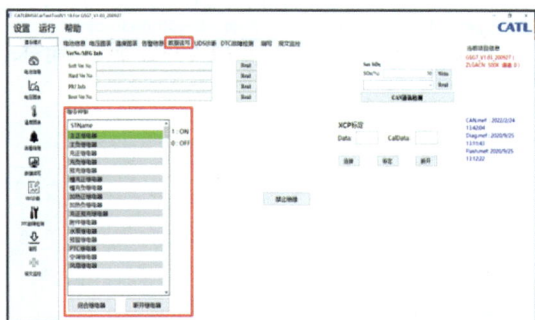
c) 数据读写

d) UDS诊断

e) DTC故障诊断

图 3-69　检修低压驱动和高压继电器故障

4. 故障处理

1）若上报主继电器粘连，需要确认是否为预充继电器粘连。如果是，需要先确认整车负载是否短路／整车继电器是否粘连，处理完整车故障后再更换新件。

2）若上报加热继电器粘连，需要检查加热回路的绝缘电阻是否正常。如果异常，在确保加热回路正常后再更换新件。

3）若上报充电继电器粘连，需要确认充电桩负载是否短路／充电机继电器是否粘连。如果是，处理完充电桩故障后再更换新件。

111

⚙ 拓展学习

2024 年 6 月 18 日，由宁德时代控股的北京时代电池基地项目在北京经济技术开发区正式开工。作为宁德时代在华北地区的首座电池工厂，该项目分两期建设，计划 2026 年投产，为北汽、小米汽车、理想汽车等新能源整车企业配套，进一步完善北京新能源智能汽车产业链。

北京时代电池基地项目是北京市 2024 年"3 个 100"重点工程中 30 个先进制造业项目之一，位置紧邻小米汽车亦庄工厂。项目占地面积 26 万平方米，按照"灯塔＋零碳工厂"高标准设计，采用了先进的高节拍、高自动化率、高柔性化产线，生产新能源动力电池。

CTP 进化　　　净版涂布

项目四　检修整车关联动力电池系统故障

项目描述

电动汽车电气系统主要包括高压配电系统、低压电气系统和 CAN 总线通信系统等。低压电气系统与传统汽车类似，为 12V 或 24V 的低压电气系统，传统汽车通常是 12V 低压电气系统。高压配电系统负责将动力电池与驱动电机、PTC 加热器、电动空调压缩机、车载充电机（也称车载充电器）、充电接口等各高压电气部件连接，完成高压电的输入输出。高压配电系统主要包括高压继电器、预充电阻、电流 / 电压传感器、高压线缆、熔断器、手动维修开关（MSD）、高压插接件等。一种典型的电动汽车高压电气系统架构，如图 4-1 所示。

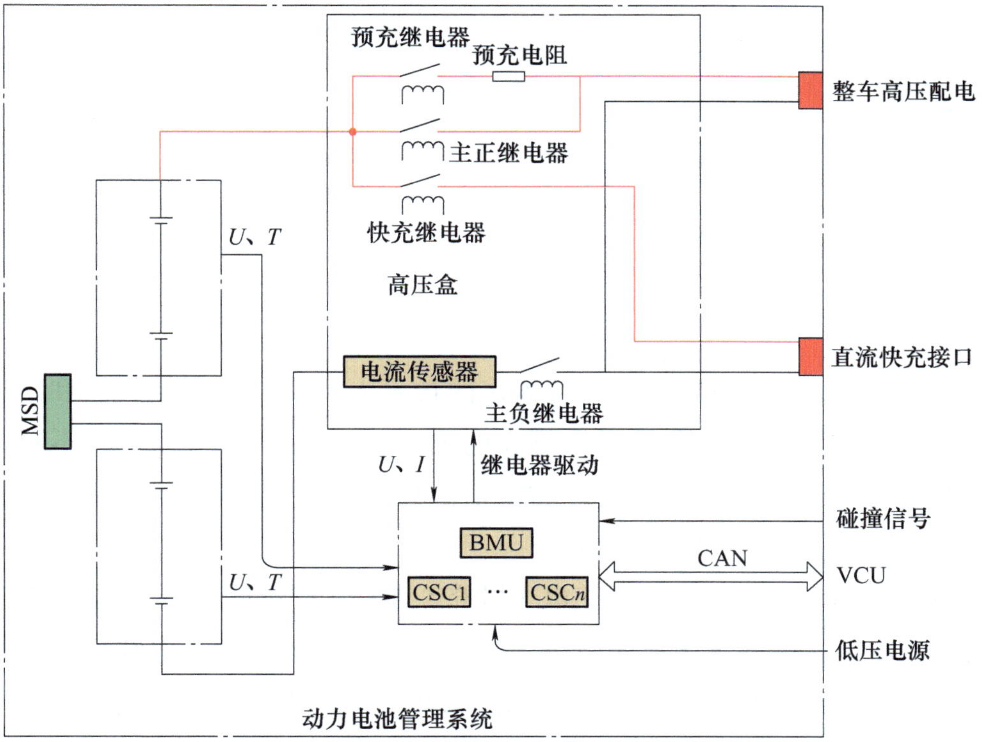

图 4-1　电动汽车高压电气系统架构

电动汽车动力电池额定电压通常较高，按 GB/T 31466—2015《电动汽车高压系统电压等级》的规定，可选择 144V、288V、317V、346V、400V、576V 等，因此要求高压配电系统除了满足电动汽车动力系统电能分配需求，还需确保高压系统能够安全、可靠、稳定的运行。电动汽车高压配电系统必须符合相关的技术标准要求，这些技术要求主要包括高压电气部件标识、高压电气绝缘与防护要求、高压电气耐压要求、接触防护要求、预充保护、安全泄压保护、过载与短路保护、高压电磁保护等。

高压互锁（HVIL）是利用低压信号管理高压回路的一种安全设计方法。在高压系统设计中，为避免由于高压连接器在实际操作过程中带电断开、闭合所造成的拉弧，高压连接器一般都应具备高压互锁功能，如图 4-2 所示。

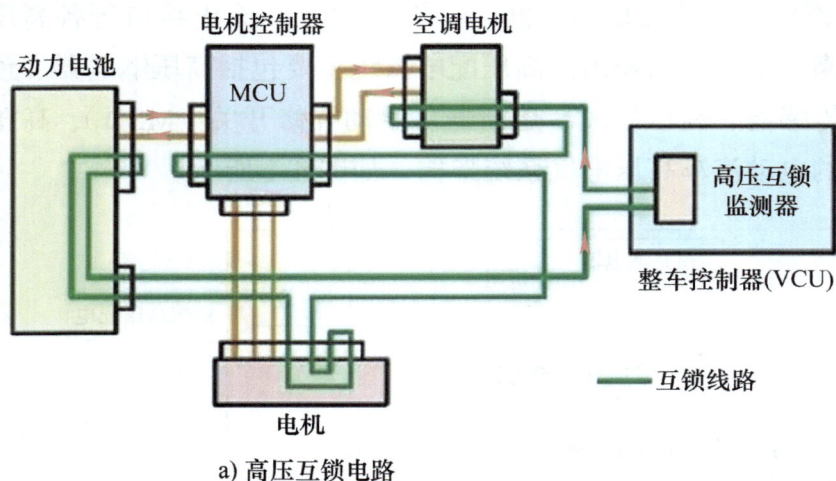

a) 高压互锁电路

b) 高压连接器

图 4-2　高压互锁

随着电动汽车的不断发展，越来越多的技术人员和用户开始关注和重视电动汽车的高压安全问题，尤其是现在更高的平台电压（800V 及以上）不断地被应用。作为电动汽车高压安全措施之一的高压互锁功能也越来越被重视，并且在不断提高其功能的稳定性和响应速度。

动力电池充电系统包括交流充电（慢充）系统和直流充电（快充）系统，慢充系统通过慢速充电线束（家用慢速充电线束、充电桩慢速充电线束）分别与家用排插或交流充电桩相连为动力电池进行 220V 交流（慢速）充电；快充系统通过直流充电桩（快速）为动力电池进行快速充电。

（1）慢充系统

在慢充系统中，慢充桩通过慢充枪与车辆的慢充口连接，慢充桩的交流电通过慢充线束及车载充电机，将交流电转变为高压直流电，经过高压盒、直流母线为动力电池充电。同时，高压直流电还通过 DC/DC 变换器给低压电池充电。

整车进行慢充时，由慢充桩提供交流电，经过车载充电机转换为直流电，为动力电池充电，如图 4-3 所示。

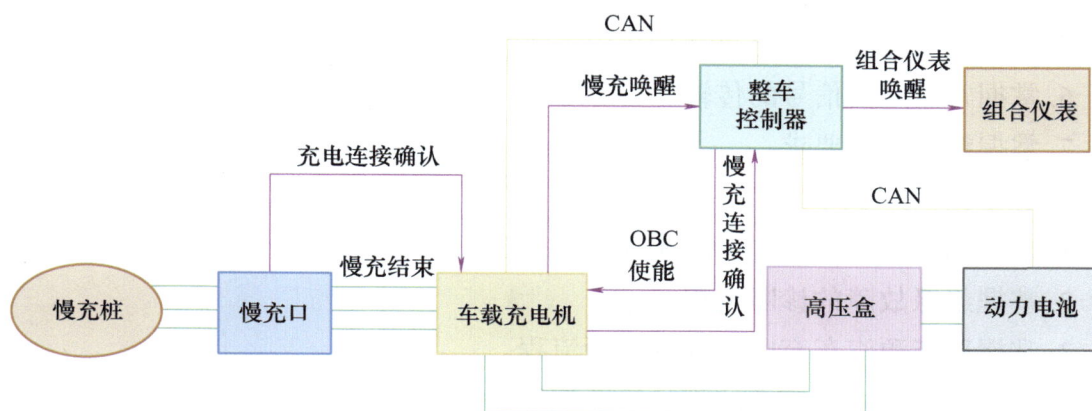

图 4-3　慢充系统

（2）快充系统

在快充系统中，快充桩通过快充枪与车辆的快充口连接，快充桩的高压直流电通过快充线束，经过高压盒中的快充正、负极继电器，最后通过直流母线为动力电池充电。同时，高压直流电还通过 DC/DC 变换器给低压电池充电，如图 4-4 所示。

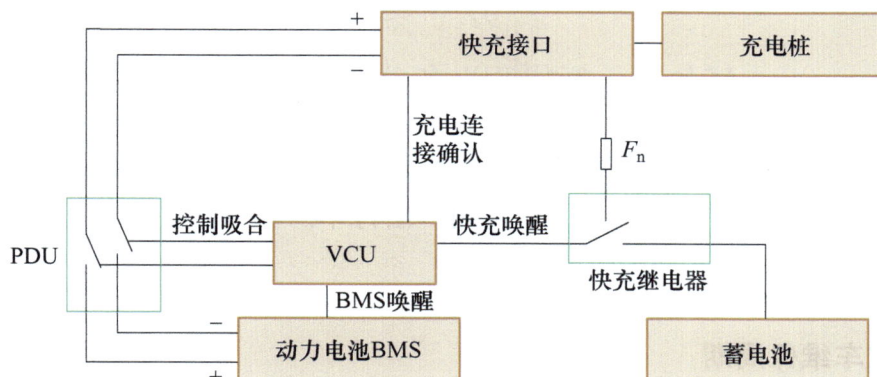

图 4-4　快充系统

学习目标

知识目标

1. 掌握高压互锁的定义。

2. 能够掌握高压互锁的结构及工作原理。

3. 掌握绝缘检测的工作原理。

4. 认知新能源汽车交直流充电系统。

5. 认识新能源汽车充电故障灯。

6. 掌握常见通信信号的传输。

7. 掌握维保技术要求。

技能目标

1. 掌握高压互锁故障的诊断流程。

2. 掌握绝缘故障的诊断流程。

3. 掌握新能源汽车充电故障的诊断流程。

4. 掌握动力电池通信类故障的诊断流程。

5. 能独立完成保养项目。

素养目标

1. 能够"最大化"地利用时间。

2. 阅读资料划出关键技术点、归纳总结故障诊断方法。

3. 养成主动思考、自主学习的良好习惯。

4. 提升发现问题、分析问题、解决问题的能力。

5. 设立目标，并能够制定实现目标的计划。

任务一　新能源汽车动力电池的维护

能量密度

　　通过定期维护检测，可确保动力电池管理系统安全可靠，降低新能源汽车故障率，提高用户出行率。

一、维保周期

1. 出租车维保周期

出租车应按照如下周期进行维保。

1）首次维保周期为 5000km 或 6 个月，进行一次一级维保。

2）每隔 10000km 或 1 个月，进行一次一级维保。

3）里程每达 100000km 或 1 年，进行一、二级维保中的电池外观检测和气密性检测。

4）里程从 200000km 开始，每 200000km 应进行一、二级维保中的全部项目检测，直至达到产品的设计寿命。

注意：以上条件中的里程与年限以先到达为准。

2. 私家车维保周期

私家车应按照如下周期进行维保。

1）首次维保周期为 5000km 或 6 个月，进行一次一级维保。

2）每隔 10000km 或 1 年，进行一次一级维保。

3）里程每达 80000km 或 5 年，进行一、二级维保中的外观检测和气密性检测，直至达到产品的设计寿命。

注意：以上条件中的里程与年限以先到达为准。

3. 商用车维保周期

商用车维保周期见表 4-1。

表 4-1　商用车维保周期

序号	项目	服务内容	频次
1	结构件检查	物理操作 + 设备检测	1 次 / 季度
2	BMS 检测	系统检测	
3	单体不平衡度检测	系统检测 + 数据采集 + 人工分析	
4	加热系统检测	系统检测 + 数据采集 + 人工分析	
5	水冷系统检测	物理操作 + 系统检测	
6	SOC 检测	系统检测 + 数据采集 + 人工分析	
7	气密性检测	物理操作 + 设备检测	1 次 / 年
8	漏液检查	物理操作 + 设备检测	
9	电池容量检测	物理操作 + 数据采集分析	
10	开箱检查	物理操作 + 系统检测	1 次 /5 年或 30 万 km

二、作业项目和要求

1. 作业项目

作业安全防护

维保作业项目主要包括：清洁及外观检查、软件诊断、后台监控数据诊断分析、箱体气密性检测、无损检测（漏液检查）、开箱检测、容量测试。

注意：若一级维保电池箱体气密性检测不满足制造商要求时，应按照表 4-3 所列进行二级维保开箱检测。

2. 作业要求

维保作业时应参照点检表进行维保项目点检，点检要求如下。

1）点检表应如实填写，作业完毕后应用户签字确认，否则视为未实施。

2）点检表应按时间进行存档，存档时间应不少于 3 年，确保 3 年内的维保记录可追溯。

乘用车动力电池一级维保项目作业点检表见表 4-2。

乘用车动力电池二级维保项目作业点检表见表 4-3。

商用车动力电池一级维保项目作业点检表见表 4-4。

商用车动力电池二级维保项目作业点检表见表 4-5。

商用车动力电池三级维保项目作业点检表见表 4-6。

电动乘用车动力电池一级维保项目作业点检表见表 4-7。

电动乘用车动力电池二级维保项目作业点检表见表 4-8。

表 4-2　乘用车动力电池一级维保项目作业点检表

序号	类别	作业项目	作业内容	技术要求
1	清洁及外观检查（动力电池不从整车上拆卸）	异味检查	靠近电池箱鼻嗅是否有刺激性异味	无刺激和烧焦等异味
2		电池箱局部清洁	使用吸尘器、柔软毛刷、干布清理电池箱外部（含连接器）灰尘或异物	外观无灰尘，泥土堆积，清洁度良好
3		铭牌、标签	检查是否完好、规范、清晰，粘贴是否牢固	铭牌、标签完好、规范、清晰、无脱落
4		电池箱外部线束/连接器	检查电池箱与整车所有高低压线束及连接情况，视情况更换	电池箱外高低压线束无磨损，插座、插头无破损，连接无松脱

（续）

序号	类别	作业项目	作业内容	技术要求
5	清洁及外观检查（动力电池不从整车上拆卸）	电池箱与整车挂载螺栓力矩	校紧电池箱与整车挂载螺栓	力矩满足质量要求标准
6		电池箱与整车等电位线	检查线束外观并校紧等电位线束连接螺栓	a）线束无破损 b）力矩满足质量要求标准
7		电池箱下箱体	检查下箱体外观，视情更换底护板或下箱体	变形量小于制造商的允许限度、无裂纹、无红锈
8		手动维修开关（MSD）	检查 MSD 外观，干式清洁外部灰尘、异物 注：无 MSD 设计可忽略此项	MSD 无划痕、破损，开关内部洁净，无污物
9		水冷管进/出水口	检查电池箱进/出水口连接，视情况处理	水冷管软管与硬管连接可靠，无液体泄漏痕迹，变形量小于制造商的允许限度
10	软件诊断	最高单体温度	a）统一诊断服务（UDS）诊断电池详细数据 b）静态压差对应 ΔSOC>15%SOC，视情况进行均衡或更换	a）最高温度≤55℃ b）单体电压在工作电压范围内（因不同产品电芯工作电压范围存在差异，具体以电芯设计规格参数为依据） c）静态单体 ΔSOC≤15%SOC d）系统实测绝缘 >500Ω/V e）无当前或历史故障码记录
11		单体电芯过电压		
12		单体电芯欠电压		
13		静态电压差		
14		系统绝缘阻抗		
15		除以上的其他报警信息		
16		软件版本	读取当前软件版本，将其刷写为最新软件版本	最新软件版本
17	后台监控诊断	数据分析	a）动力电池系统后台监控数据诊断 b）续驶里程及工况循序 c）SOC 分布	无安全和性能类预警和报警

表 4-3　乘用车动力电池二级维保项目作业点检表

序号	类别	作业项目	作业内容	技术要求
1	外观检查（动力电池从整车上拆卸）	箱体	上、下箱体外部清洁，检查外观并视情况更换	a）箱体外部清洁度良好，无泥土灰尘堆积 b）箱体变形小于制造商的允许范围，无腐蚀、无裂纹、无鼓包
2		平衡阀（防爆阀）	检测平衡阀（防爆阀）外观，清洁度，视情况处理或更换	平衡阀（防爆阀）无破损，无异物堵塞
3	箱体气密性检测	气密性测试	检测箱体气密性，若气密性检测不满足制造商要求，则开箱检测	电池箱气密性符合质量要求，详细标准参考维修手册
4	开箱检测	内部清洁度	检查电池箱内部金属杂质情况并清理	内部清洁度良好、无残余杂质
5		密封圈	检查密封圈外观，视情况更换	无破损、褶皱
6		上盖内侧	清理上盖内侧冷凝水，检查外观	外观无裂，表面无冷凝水
7		箱体内部	检查是否有冷凝水并清理	电池箱四周，模组上层和侧板，BMS 硬件均无冷凝水
8		箱内低压线束外观及插接件连接情况	检查连接线束扎带固定牢靠情况，以及插接件和线束外观，视情况更换	平衡阀无破损，无异物堵塞
9		箱内高压线束（含铜巴）	检查高压线束绝缘皮外观并视情况更换	线束绝缘皮无磨损，铜巴无烧蚀发黑现象
10		模组	检查模组端板/侧板焊缝，清理异物，校紧模组固定螺栓及高压连接螺栓力矩	a）焊缝无裂纹 b）无异物 c）螺栓划线标记无位移
11		热管理组件	检查热管理外观及连接情况，视情况更换	a）水冷管软/硬管连接无松动 b）水冷板变形量小于制造商的允许限度 c）加热膜无烧蚀，连接无松动
12		高压盒	抽测高压盒连接螺栓力矩和清洁度状况	a）力矩满足制造商质量要求 b）无冷凝水和其他杂质
13		容量测试	工具检测	通过充放电实测电池实际剩余容量

表 4-4　商用车动力电池一级维保项目作业点检表

序号	点检级别	项目	一级部件	二级部件	点检内容	点检工具
1	一级	性能检测	电池箱状态	主控制板	电池荷电（SOC）状态	BMS诊断仪
2					静态电流	
3					绝缘电阻（正/负极）	
4					累加总电压	
5				电芯	最大单体电压	
6					最小单体电压	
7					最高单体温度	
8					最低单体温度	
9					单体电压差	
10			零部功能及软件版本	继电器	预充继电器故障状态	
11					主继电器故障状态	
12					充电继电器故障状态	
13					加热继电器故障状态	
14				CAN总线通信	内部通信	
15				从控制板	均衡功能	
16				关系数据库（RDB）	RDB故障检测	
17				BMS软件	最新软件状态	
18		结构件检查	电池箱总成	箱体	箱体外壳无腐蚀	校验工具
19					箱体外壳无变形	
20					箱体外壳无破损	
21					箱体外壳无漏液	
22				防爆阀	防爆阀紧固	力矩扳手、校验工具
23					防爆阀无破损	
24				高压端子	正极高压端子外盖螺栓紧固	
25					负极高压端子外盖螺栓紧固	
26				格兰头	正极格兰头紧固	
27					正极格兰头无磨损	
28					负极格兰头紧固	
29					负极格兰头无磨损	

（续）

序号	点检级别	项目	一级部件	二级部件	点检内容	点检工具
30				快断器	快断器紧固	
31					快断器无磨损	
32			电池箱总成	插接件	低压输入插接件紧固	力矩扳手、校验工具
33					低压输入插接件无磨损	
34					低压输入插接件无腐蚀	
35					低压输出插接件紧固	
36					低压输出插接件无磨损	
37					低压输出插接件无腐蚀	
38			线束总成	高压线束	高压线束无破损	校验工具
39					高压线束无磨损	
40				低压线束	低压线束无破损	
41					低压线束无磨损	
42				加热线束	加热线束无破损	
43	一级	结构件检查			加热线束无磨损	
44			高压盒总成	高压端子	正极高压端子外盖螺栓紧固	力矩扳手、校验工具
45					负极高压端子外盖螺栓紧固	
46				插接件	低压输入插接件紧固	
47					低压输入插接件无磨损	
48					低压输入插接件无腐蚀	
49					低压输出插接件紧固	
50					低压输出插接件无磨损	
51					低压输出插接件无腐蚀	
52				快断器	快断器紧固	
53					快断器无磨损	
54			箱体固定部位	固定支架	电池箱与车辆支架连接紧固	力矩扳手
55					高压盒与车辆支架连接紧固	
56			水冷机组	防冻液	膨胀水箱液位正常并视情况添加	校验工具、清洁工具
57				风道/过滤网	风道/过滤网无堵塞并视情况清洁	

表 4-5 商用车动力电池二级维保项目作业点检表

序号	点检级别	项目	一级部件	二级部件	点检内容	点检工具
1	二级	无损检测	密封性		电池箱气密性符合质量要求	便携气密测试仪
2			容量检测		采集充电数据（实车检测或后台数据）	充放电设备
3			均衡维护（初级）		通过后台监控数据或上门检查，适时对在用车辆的单体 ΔSOC≥10%SOC 且 <15% 的客户提醒做如下维护： a）低端均衡–点火开关（KEY ON）静置 b）高端均衡–充电枪满充	—
4			无损检测		无电解液泄漏	漏液检测仪

表 4-6 商用车动力电池三级维保项目作业点检表

序号	点检级别	项目	一级部件	二级部件	点检内容	点检工具
1	三级	开箱检测	箱体内部		内部清洁度良好、无残余杂质	力矩扳手、校验工具
2			密封组件		无破损、褶皱	
3			上盖内侧		检查是否有冷凝水并清理	
4			箱内低压线束外观及插接件连接		线束外观良好，无磨损和老化，插接件无松脱	
5			箱内高压线束（含铜巴）		线束绝缘皮无磨损，铜巴无烧蚀发黑现象，螺栓力矩划线标记无位移	
6			模组		检查模组端板 / 侧板焊缝，清理异物，校紧模组固定螺栓及高压连接螺栓标记 a）接螺栓力矩 b）焊缝无裂纹 c）无异物 d）螺栓划线标记无位移	
7			高压盒		检查高压连接螺栓划线，无位移 无冷凝水和其他杂质	
8			均衡维护（深度）		在电池箱容量自放电正常情况下，单体 ΔSOC>15% 时，开箱进行均衡，确保单体 SOC 水平保持一致	专业均衡设备
9			高压盒内部元器件		MSD 总成	校验工具
10					继电器	
11			箱体内部		熔丝	

表 4-7 电动乘用车动力电池一级维保项目作业点检表

| 作业日期： | | 车架号（VIN）： | | 电池编号（Barcode）： | | |
| 续驶里程： | | 服务中心（4S 店）名称： | | 作业人员： | | |

序号	类别	作业项目	作业内容	技术要求	是否正常（正常画√，异常画×）	异常问题记录
1	清洁及外观检查（动力电池不从整车拆卸）	异味检查	靠近电池箱鼻嗅是否有刺激性异味	无刺激和烧焦等异味		
2		电池箱局部清洁	使用吸尘器、柔软毛刷、干布清理电池箱外部（含插接件）灰尘或异物	外观无灰尘，泥土堆积，清洁度良好		
3		铭牌、标签	检查是否完好、规范、清晰，粘贴是否牢固	铭牌、标签完好、规范、清晰、无脱落		
4		电池箱外部线束/插接件	检查电池箱与整车所有高低压线束及连接情况，视情况更换	电池箱外高低压线束无磨损，插座、插头无破损，连接无松脱		
5		电池箱与整车挂载螺栓力矩	校紧电池箱与整车挂载螺栓	力矩满足质量要求标准		
6		电池箱与整车等电位线	检查线束外观并校紧等电位线束连接螺栓	a）线束无破损 b）力矩满足质量要求标准		
7		电池箱下箱体	检查下箱体外观，视情更换底护板或下箱体	变形量小于制造商的允许限度、无裂纹、无红锈		
8		手动维修开关（MSD）	检查 MSD 外观，干式清洁外部灰尘、异物 注：无 MSD 设计可忽略此项	MSD 无划痕、破损，开关内部洁净，无污物		
9		水冷管进/出水口	检查电池箱进/出水口连接，视情况处理	水冷管软管与硬管连接可靠，无液体泄漏痕迹，变形量小于制造商的允许限度		

（续）

序号	类别	作业项目	作业内容	技术要求	是否正常（正常画√，异常画×）	异常问题记录
10	软件诊断	最高单体温度	a）UDS诊断电池详细数据　b）静态压差对应ΔSOC>15%SOC，视情况进行均衡或更换	a）最高温度≤55℃　b）单体电压在工作电压范围内（因不同产品电芯工作电压范围存在差异，具体以电芯设计规格参数为依据）　c）静态单体ΔSOC≤15%SOC　d）系统实测绝缘电阻>500Ω/V　e）无当前或历史故障码记录		
11		电芯单体过电压				
12		电芯单体欠电压				
13		静态电压差				
14		系统绝缘阻抗				
15		除以上的其他报警信息				
16		软件版本	读取当前软件版本，将其刷写为最新软件版本	最新软件版本		
17	后台监控诊断	数据分析	a）电池系统后台监控数据诊断　b）续驶里程及工况循序　c）SOC分布	无安全和性能类预警和报警		

作业日期：　　　　车架号（VIN）：　　　　电池编号（Barcode）：
续驶里程：　　　　服务中心（4S店）名称：　　　　作业人员：

意见或建议：
用户签字：

表4-8　电动乘用车动力电池二级维保项目作业点检表

序号	类别	作业项目	作业内容	技术要求	是否正常（正常画√，异常画×）	异常问题记录
1	外观检查（动力电池已从整车拆卸）	箱体	上、下箱体外部清洁，并检查外观并视情况更换	a）箱体外部清洁度良好，无泥土灰尘堆积　b）箱体变形小于制造商的允许范围，无腐蚀，无裂纹，无鼓包		

作业日期：　　　　车架号（VIN）：　　　　电池编号（Barcode）：
续驶里程：　　　　服务中心（4S店）名称：　　　　作业人员：

（续）

作业日期：			车架号（VIN）：		电池编号（Barcode）：	
续驶里程：			服务中心（4S店）名称：		作业人员：	

序号	类别	作业项目	作业内容	技术要求	是否正常（正常画√，异常画×）	异常问题记录
2	外观检查（动力电池已从整车拆卸）	平衡阀（防爆阀）	检测平衡阀（防爆阀）外观，清洁度，视情况处理或更换	平衡阀（防爆阀）无破损，无异物堵塞		
3	箱体气密性检测	气密性测试	检测箱体气密性，若气密性检测不满足制造商要求，则进行开箱检测	电池箱气密性符合质量要求，详细标准参考维修手册		
4	开箱检测	内部清洁度	检查电池箱内部金属杂质情况并清理	内部清洁度良好、无残余杂质		
5		密封圈	检查密封圈外观，视情况更换	无破损、褶皱		
6		上盖内侧	清理上盖内侧冷凝水，检查外观	外观无裂，表面无冷凝水		
7		箱体内部	检查是否有冷凝水并清理	电池箱四周，模组上层和侧板，BMS硬件均无冷凝水		
8		箱内低压线束外观及插接件连接情况	检查连接线束扎带固定牢靠情况，以及插接件和线束外观，视情况更换	线束外观良好，无磨损和老化，插接件无松脱		
9		箱内高压线束（含铜巴）	检查高压线束绝缘皮外观并视情况更换	线束绝缘皮无磨损，铜巴无烧蚀发黑现象		
10		模组	检查模组端板/侧板焊缝，清理异物，校紧模组固定螺栓及高压连接螺栓力矩	a）焊缝无裂纹 b）无异物 c）螺栓划线标记无位移		
11		热管理组件	检查热管理外观及连接情况，视情况更换	a）水冷管软/硬管连接无松动 b）水冷板变形量小于制造商的允许限度 c）加热膜无烧蚀，连接无松动		

（续）

序号	类别	作业项目	作业内容	技术要求	是否正常（正常画 √，异常画 ×）	异常问题记录
12	开箱检测	高压盒	抽测高压盒连接螺栓力矩和清洁度状况	a）力矩满足制造商的质量要求 b）无冷凝水和其他杂质		
13		容量测试	工具检测	通过充放电实测电池的实际剩余容量		

作业日期：　　　　车架号（VIN）：　　　　电池编号（Barcode）：
续驶里程：　　　　服务中心（4S店）名称：　　　　作业人员：

意见或建议：
用户签字：

任务二　检修高压互锁故障

高压互锁是新能源汽车广泛采用的一种高压系统安全保护方法，该方法通过使用低压电信号来检查整个高压系统部件、导线及插接件的电气完整性情况。当发生高压互锁故障后，必须保证整车高压系统立即下电且在故障排除前高压系统不能上电，如图4-5所示。

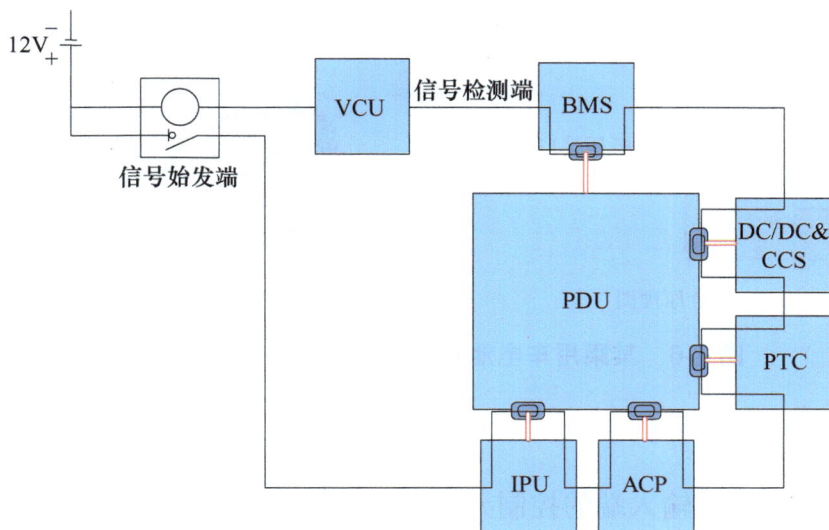

应用于全新
极氪001

图 4-5　高压互锁

高压互锁检测方式主要分为两种：一种是将各个检测单元串联，只要其中一个高压件互锁断开就上报互锁故障，但这种方式不能具体确认哪个高压件出现了互锁故障；另一种是基于每一个高压件单独进行互锁检测，从而能够具体确定故障位置，但是这种检测方式不容易布置，并且设计策略复杂，同时设计成本较高。

一、认识高压互锁

高压互锁是指危险电压互锁回路（High Voltage Interlock，HVIL），通过使用电气小信号，来检查整个高压产品、导线、插接件及护盖的电气完整性（连续性），识别当高压回路异常断开时，及时断开高压电。

在 ISO 6469-3：2001《电动汽车安全技术规范　第 3 部分：人员电气伤害防护》中，规定电动汽车高压部件应具有高压互锁装置。

高压互锁的目的是通过低压信号来检查整个高压系统回路的完整性及连续性，当识别到高压回路异常断开时，能够及时断开高压输入端的控制元器件。

1.高压互锁回路

高压互锁回路主要通过低压信号来检查整个高压系统回路的完整性及连续性。某乘用车电池系统的高压互锁原理图及实物如图 4-6 所示。

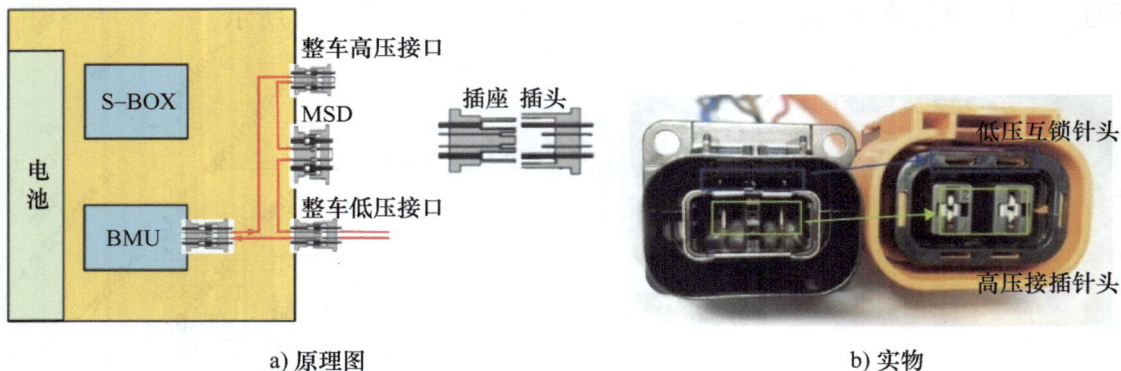

a) 原理图　　　　　　　　　　　b) 实物

图 4-6　某乘用车电池系统的高压互锁原理图及实物

2.安全措施

1）及时断开高压输入端的控制元器件。

2）BMS 检测到 HVIL 回路断开，当判断车辆系统存在风险时，会根据当时的车辆情况，采取不同的安全措施，安全措施描述见表 4-9。

表 4-9 安全措施描述

安全措施	描述
故障报警	常通过仪表警告灯亮起、发出警告鸣声等形式提醒驾驶人注意车辆情况，尽早将车辆送至专业维修点检测，避免发生安全事故
断高压电	当车辆处于停止状态，BMS 检测到 HVIL 断开，除了进行必要的警告，还会直接切断高压电输出，使车辆无法启动，最大限度地保障驾乘安全
限功率	当车辆处于行驶状态，BMS 检测到 HVIL 断开，直接切断高压电输出会产生严重、不可控的后果 此时，除了进行必要的警告，高压控制系统将强制降低电机的输出功率，强制降低车速，使车辆始终处于一个低速的运行状态，给驾驶人预留足够的时间去寻找合适的地点停车 如果驾驶员在停车后未能及时将车辆送检维修，那么在下次启动车辆时，BMS 将会直接切断高压电，保障用户及车辆安全

3. 手动维修开关（MSD）

手动维修开关（Manual Service Disconnect，MSD）是保证高压电气安全的关键部件之一，是实现高压系统电气隔离的执行部件，在关键时刻用于切断高压动力回路，以保障维修和驾乘人员的安全。通常会将主回路的高压熔丝内置于 MSD 中，如图 4-7 所示。

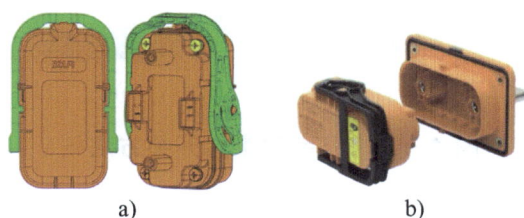

a)　　　　　　b)

图 4-7 手动维修开关（MSD）

当需要进行维修时，拔出 MSD 就可以有效地从物理层面切断动力电池管理系统的高压输出，从而保障维修人员的安全；在运行过程中，如果发生短路则可以起到熔断保护作用。MSD 在高压电气系统中的布置位置要兼顾整车的安装和插拔操作的便利性，主要有两种方式，如图 4-8 所示。一种是布置在高压电气回路的电池模组中心附近，在整车上通常布置在扶手箱下方，拆卸扶手箱后可将其拔出，也有部分车型布置在座椅下方的地板上；另一种是布置在高压电气回路的正极附近。

手动维修开关的开锁和上锁，有两类插头。

（1）打开手动维修开关方法一

1）按压卡槽"a"解锁，同时向方向"A"推动固定夹"b"至限位。

2）再次按压卡槽"a"解锁，向方向"A"推动固定夹"b"至顶点。

3）向方向"A"拔出手动维修开关（MSD），如图4-9所示。

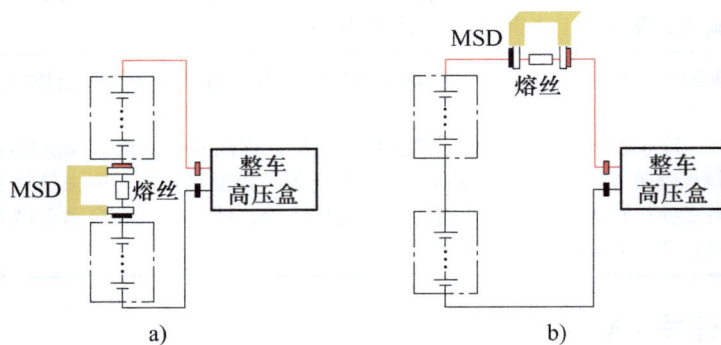

图4-8　MSD布置位置

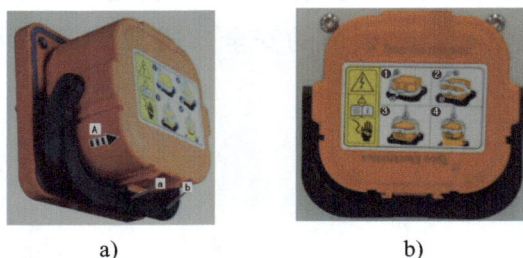

图4-9　打开手动维修开关方法一

（2）打开手动维修开关方法二

注意：请关闭点火开关。如果在行李舱内必须打开其高压系统保养盖板，手动维修开关根据车型的不同安装位置也是不一样的，如图4-10所示。

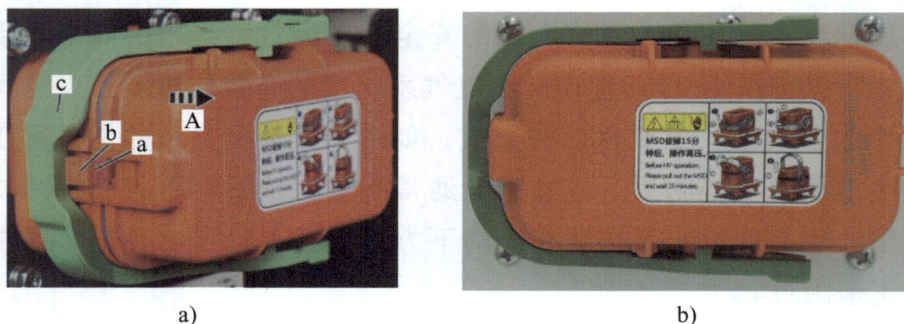

图4-10　打开手动维修开关方法二

1）向方向"A"推动卡扣"a"至顶点。

2）保持按压卡槽"b"同时向方向"A"推动固定夹"c"至解锁。

3）向方向"A"拔出手动维修开关（MSD）。

其中，锁环与高压接头接口如图4-11、图4-12所示。

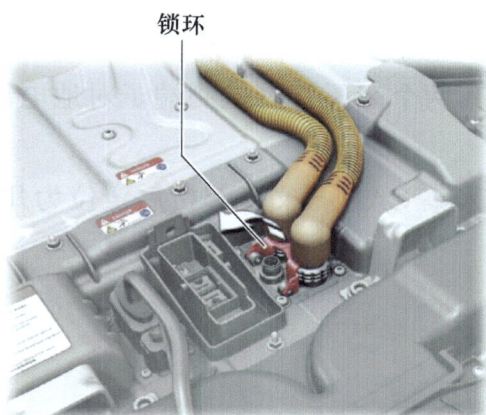

图4-11　锁环

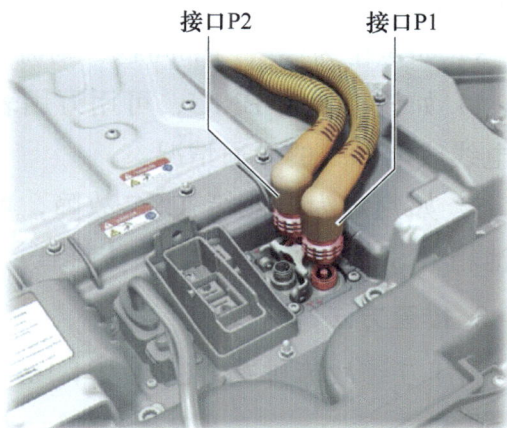

图4-12　高压接头接口

二、高压互锁故障的诊断流程

1.故障现象

（1）客户现象

1）仪表报警高压互锁故障。

2）行车时限功率，停车后可能无法上高压电。

3）车辆停止状态下无法上高压电。

4）高压互锁故障引发其他故障，导致仪表报其他故障类型。

（2）上位机检测

1）MSD高压互锁端电源/短地/开路故障（电动汽车产品大多没有MSD，但是高压互锁回路端子同样存在于高压插接件底座上）。

2）动力电池高压互锁端电源/短地/开路故障。

3）CSC高压互锁故障。

2.排查思路

1）车辆上低压电（钥匙到ON档），查看故障码（DTC），DTC报高压互锁相关故障。

2）上位机如果能报出故障位置，如 MSD、CSC、动力电池等，则直接排查该模块。如果不能报出故障位置，依据电气原理图，乘用车则对整个 BMS 带有高压互锁线的插接件和 MSD 逐一排查，商用车则分电池箱、接线盒、控制盒，先分别对其高压互锁线输入、输出进行排查，定位是 BMS 哪个模块产生的故障，进而对该模块所有带高压互锁线的 MSD 和插接件逐一排查。

3）如定位为模块内部问题，则需将该模块从车上拆下，拆开电池箱排查。

4）如该模块含 BMU，可用万用表测量其两个高压互锁检测端子对地电压、对电线或电源线的导通情况。

5）如判定为电池箱 /CSC 故障，可通过采集 CAN 报文，解析后定位为几号电池箱 /CSC 故障，进行进一步排查。

3. 排查方法

高压互锁故障排查方法见表 4-10。

表 4-10　高压互锁故障排查方法

排查内容	维修内容
外观是否完整、卡扣是否安装到位、拉手是否松动	如异常，重新安装或更换，处理后仍报故障则继续排查
万用表测量 MSD 拉手、插接件插头的高压互锁检测回路是否导通	如异常，更换，处理后仍报故障则继续排查
万用表测量 MSD、插接件底座的高压互锁检测回路是否导通	如异常，可判定模块内部线束插接件退针松动、线束开路等故障
万用表测量 BMU 的高压互锁检测回路（两个端子）对地电压	如异常，可能是 BMU 高压互锁硬件电路损坏，更换 BMU 验证
万用表测量 BMU 的高压互锁检测回路（两个端子）对地或对低压电源线是否导通	如异常，可判定为短地或短电源故障，更换 BMU 验证或其他

任务三　检修绝缘故障

随着高压 BMS 在汽车和高压储能系统中的广泛应用，一系列问题随之而来，尤其是 BMS 安全问题。在高压电池供电系统中，负载启动、运行及停止的过程中都有可能发生安全问题。当绝缘失效时会造成高压对人体的直接伤害，并关系到人员的生命安全，因此绝缘电阻的检测是至关重要的设计环节。为保证高压

BMS 安全运行，需要对 BMS 进行全面的安全管理。

一、认识绝缘检测

1.绝缘检测的作用

什么是绝缘？工程上的绝缘是指为了隔离人、其他带电或者不带电结构，在带电器件表面包裹一层不导电物质的做法。不导电的物质叫作绝缘材料。电动汽车绝缘性能的检测原理本质上是通过检测高压回路主正、主负直流母线对于底盘地的绝缘电阻来判断绝缘性能是否优良。但当整车自检时，其绝缘电阻无法直接利用相关检测工具来直接测量，可通过建立绝缘检测电路，间接检测出绝缘电阻，从而判断电动汽车的绝缘状况。高压系统与壳体绝缘，壳体与整车底盘公共接地点如图 4-13 所示。

绝缘检测的目的是检测电池箱的正极对壳体和负极对壳体的绝缘电阻，防止电池箱漏电导致安全事故发生。

电动汽车与传统汽车相比，大大增加了电子电气系统的比例。并且，电动汽车动力系统采用200～800V 的高压电，因此电气绝缘检测是电动汽车高压安全的重要项目。根据相关标准中对人体安全电流的要求（直流 10mA，交流 2mA），GB 18384—2020《电动汽车安全要求》中规定，绝缘电阻最低要求：直流 100Ω/V，交流 500Ω/V。

电气系统如果出现绝缘失效，因程度不同，会造成累加的后果。系统中只有一个点绝缘出现故障，暂时对系统不会产生明显影响；出现多点绝缘失效，则漏电流会在两点之间流转，在附近材料上积累热量，遇到极端情形可能会引发火灾，同时影响电气的正常工作。最严重的情形，可能发生人员触电。当然，汽车电气系统都在底盘等驾乘人员一般情况下难以触及的地方，最可能遇到触电危险的是车辆的生产和维修人员。

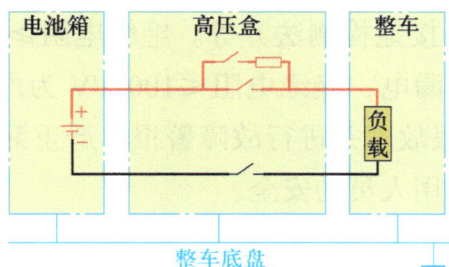

图 4-13　高压系统与壳体绝缘，壳体与整车底盘公共接地点

电气系统绝缘失效的常见原因，除了设计和制造问题，一般包括热老化、光老化、低温环境下的材料脆裂和固定不当引起的摩擦损伤等。

2. 高压绝缘监测工作原理

根据 GB 18384—2020《电动汽车安全要求》，动力电池管理系统（BMS）必须配备安全监测模块，对高压回路绝缘性进行在线监测。

一种高压绝缘监测系统电路如图 4-14 所示，包括绝缘电阻测量模块、电机控制器（MCU）、绝缘故障报警模块和 CAN 通信模块等。绝缘电阻测量模块测量高压母线绝缘性；电机控制器处理绝缘测量模块的信息，并根据测量结果发出相应的控制信息；绝缘故障报警模块在系统出现绝缘故障时通过显示与报警模块警告驾驶人系统检测出该电动汽车的存在绝缘故障，应采取相应的保护措施；CAN 通信模块向整车控制器输出系统监测出的绝缘故障信息，用以优化整车控制策略。也有一些动力电池管理系统（BMS）将电机控制器、绝缘电阻测量模块、CAN 通信模块集成于 BMS 主控模块中。

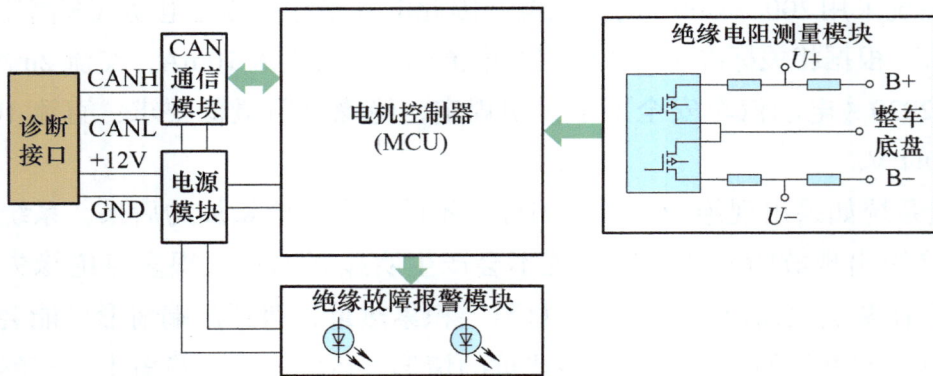

图 4-14　一种高压绝缘监测系统电路

绝缘电阻测量模块对高压母线绝缘性检测的方法有漏电电流检测法、低频信号注入法和桥式电阻法（接地检测法）等。绝缘电阻 $\geq 500\Omega/V$ 为正常，绝缘电阻 $100 \sim 500\Omega/V$ 为轻微漏电，绝缘电阻 $\leq 100\Omega/V$ 为严重漏电。高压回路存在绝缘故障时，BMS 会上报故障并进行故障警报，严重漏电时，BMS 还会切断高压回路，确保电动汽车使用人员的安全。

（1）漏电电流检测法

漏电电流检测法是通过检测直流母线对地漏电电流来检测绝缘性的方法，

通常将电流检测元件、控制单元、CAN 通信模块集成为直流漏电传感器总成。图 4-15 所示为电动汽车直流漏电传感器。直流漏电传感器检测动力电池直流母线负极对地的漏电电流，判断是否存在漏电故障，通过 CAN 总线与高压电控总成交互，并向动力电池管理系统控制器发送一般漏电、严重漏电控制信号。直流漏电传感器常用的电流检测元件为霍尔电流传感器。

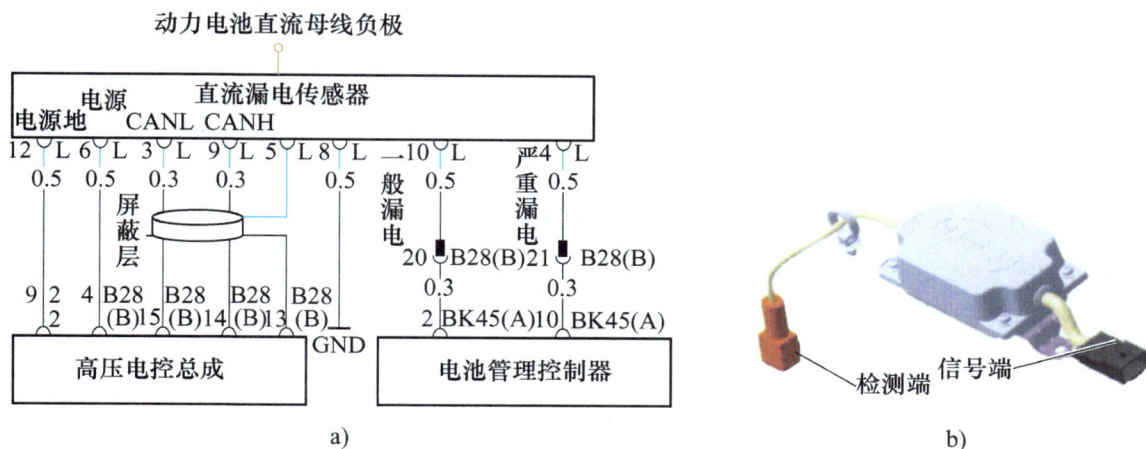

图 4-15　电动汽车直流漏电传感器

（2）脉冲信号注入法

采用脉冲信号注入法，可单独检测高压母线正极与接地或负极与接地的绝缘电阻。图 4-16 所示为采用脉冲信号注入法检测高压母线正极对地绝缘电阻，将绝缘电阻测量模块连接于高压母线正极与接地之间，绝缘电阻测量模块内部的分压电阻 R_1、R_2 与高压正极对地电阻 R_F 形成回路，绝缘电阻测量模块内部设有低频脉冲信号发生器，产生一个对称的方波信号，采样电路通过测量方波信号在分压电阻 R_1、R_2 上的电压，计算高压正极对地绝缘电阻 R_F。高压母线负极对地绝缘电阻检测与高压母线正极检测方法一致。

（3）桥式电阻法

桥式电阻法是直流母线无源接地检测法之一，可检测高压母线正、负极对地绝缘电阻，检测原理如图 4-17 所示。高压母线正、负极对车身绝缘电阻分别为 R_+ 和 R_-，R_1、R_2、R_3、R_4 为检测电路的已知电阻，其中 $R_1=R_2$、$R_3=R_4$，$R_1+R_3=R_2+R_4=R$。

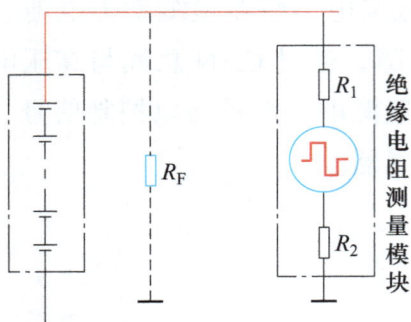

图 4-16　脉冲信号注入法检测

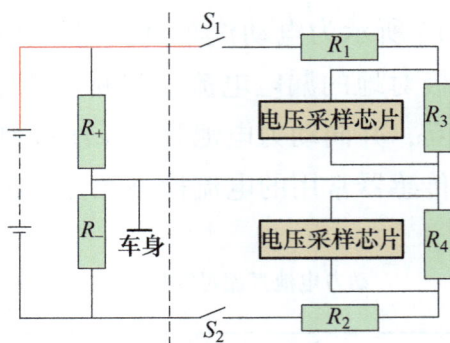

图 4-17　桥式电阻法检测

　　闭合开关 S_1 和 S_2，通过电压采样芯片检测出高压母线正、负极对地电压 U_+ 和 U_-，得

$$\frac{R_+}{R_-} = \frac{U_+}{U_-} = N_1$$

　　若 $N_1 > 1$，闭合开关 S_1，断开开关 S_2，通过电压采样芯片计算出高压母线正、负极对地电压 U'_+、U'_-，得

$$\frac{\dfrac{(R_+)R}{(R_+)+R}}{R_-} = \frac{U'_+}{U'_-} = N_2$$

　　则

$$R_+ = R\frac{N_1 - N_2}{N_2}, \quad R_- = R\frac{N_1 - N_2}{N_1 \times N_2}$$

　　若 $N_1 < 1$，断开开关 S_1，闭合开关 S_2，通过电压采样芯片计算出高压母线正、负极对地电压 U'_+、U'_-，得

$$\frac{R_-}{\dfrac{(R_-)R}{(R_-)+R}} = \frac{U'_+}{U'_-} = N_3$$

　　则

$$R_+ = R(N_3 - N_1), \quad R_- = R\frac{N_3 - N_1}{N_1}$$

二、绝缘故障的诊断流程

1.绝缘检测工具和检测安全注意事项

在电动汽车检测与维修中，对高压电气系统的绝缘性能检测时需要使用专用的绝缘测试仪器，测量高压电缆及高压部件对车身绝缘电阻是否位于规定值的范围内。常用的测试仪器有数字式万用表、绝缘电阻表、数字式绝缘测试仪等。其中，数字式万用表如图4-18所示。

图4-18　数字式万用表

数字式万用表，通过功能开关的转换，可以测量电压、电流、电阻、电容和温度等物理量。数字式绝缘测试仪只能在不通电的电路上进行测试。在测试之前，确保测试电路或者电气设备已处于断电状态。在进行电动汽车绝缘检测时，为确保检测人员的安全，必须做好以下安全防护工作。

1）在操作区域设置安全隔离装置，并放置操作警告牌，设立绝缘地垫以便增强操作安全性。

2）在检测现场和操作过程中，必须安排安全技术人员进行全程监督。

3）务必检查高压防护手套、护目镜以及其他仪器仪表是否符合相应的安全等级要求。

4）做好一切准备工作后，关闭车辆电源，同时拔下车钥匙，将钥匙交由操作人员单独保管，如图4-19所示。

后续断开低压电池负极以切断低压线路，涉及高压操作时需拔下手动维修开关并进行安全保管，无手动维修开关的车辆可断开高压线路连接点，如图4-20所示。

图4-19　关闭车辆电源，同时拔下车钥匙

图4-20　拔下手动维修开关

2. 绝缘检测位置

高压采样绝缘采样和计算位置（表 4-11）。高压采样绝缘检测位置如图 4-21 所示。

表 4-11　高压采样绝缘采样和计算位置

车型	高压采样位置	计算位置	备注
某商用车	BMU	BMU	整车、充电桩也有绝缘采样和计算设备
	HVB	HVB	
某乘用车	BMU	BMU	

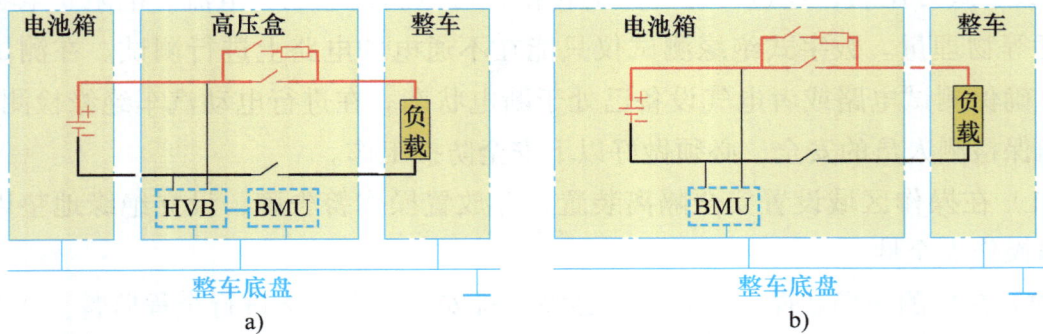

图 4-21　高压采样绝缘检测位置

3. 诊断仪检测

使用诊断仪提取故障码，故障码含义见表 4-12。

表 4-12　故障码含义

故障码	含义
P16E21A	高压继电器闭合，绝缘 2 级故障
P16E31A	高压继电器断开，绝缘 2 级故障
P164921	绝缘双边电阻过低故障
P164901	绝缘检测电路故障

4. 故障分析

对故障主要原因进行分析，见表 4-13。

表 4-13　故障分析

故障类型	检测模块	主要故障原因
真实的绝缘低故障	HVB/BMU/ 整车	动力电池系统 / 整车
绝缘采样检测故障	HVB/BMU/ 整车	高压采样 + 绝缘采样和计算模块
充电过程绝缘故障	充电桩	动力电池系统 / 整车 / 充电桩

5. 故障排查

故障原因和故障排查方法见表 4-14，应使用上位机进行检测。

表 4-14　故障原因和故障排查方法

故障位置	故障原因	故障排查
真实的绝缘故障	可能出现在任何位置	查看上位机、绝缘表测试
电池正负极高压采样线	电池箱、高压盒、高压电缆、MSD、电机、变频器、DC/DC 等	外观检查、万用表测通断、电压
绝缘地线（低压地）	螺栓松动、接触不良、断路、破损、插接件虚接 / 退针	外观检查、万用表测通断和电压
HVB	断路、破损、插接件虚接 / 退针	ABA 验证、万用表测通断和电压和终端电阻
BMU	硬件故障、供电问题、通信问题	ABA 验证
软件	硬件故障……	软件升级、重刷软件
……	软件漏洞（bug）、软件加载错误	……

注：1. 电池系统 HVB/BMU、整车、充电桩、绝缘表四方的绝缘检测不能同时开启。
　　2. 测试前，必须通过上位机"禁止绝缘"。
　　3. 测试结果需等待几秒，数据稳定之后再读取。

6. 排查思路

1）整车绝缘故障分析流程图如图 4-22 所示。

2）某商用车电池系统绝缘低故障排查思路示例。

① 连接上位机，确认上位机所报的绝缘故障。

② 整车上高压电，采集数据，观察上位机绝缘值的大小。

③ 根据原理图及资料确认，该车是否为整车采集绝缘，如果整车采集绝缘跳转至⑨，否则继续排查。

④ 断开高压盒与整车高压连接，闭合放电回路继电器，测量高压盒输出端正负极分别对地绝缘。

⑤ 如有异常，则判定为 BMS 故障，否则跳转至⑥。

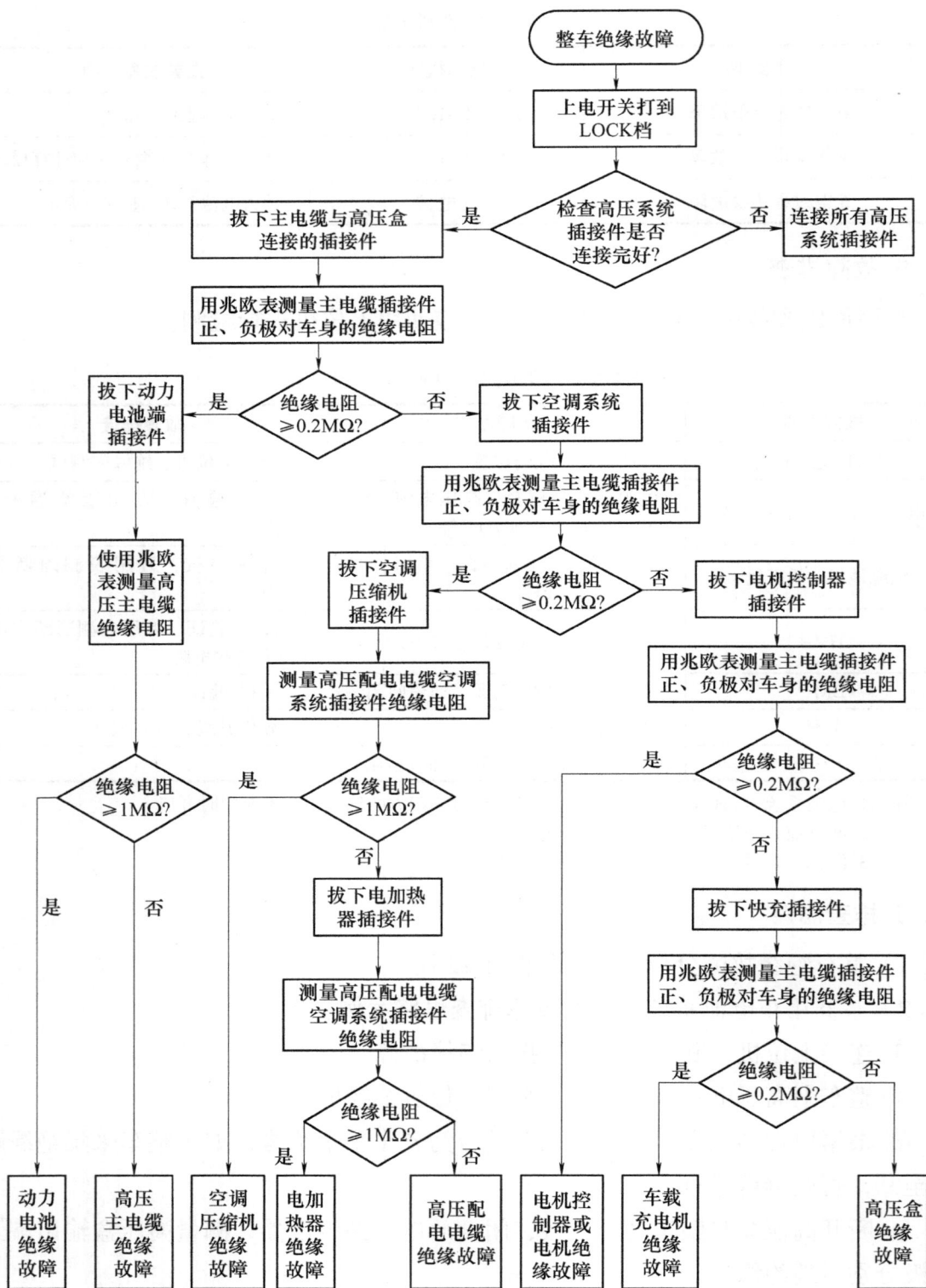

图 4-22　整车绝缘故障分析流程图

⑥ 断开高压盒与电池高压连接，测量电池总正总负、加热膜正负、DC/DC 正负分别对地绝缘，如⑦异常，则判定为电池 DC/DC 故障，否则继续排查。

⑦ 测量高压盒正负极分别对地绝缘（包括加热输入输出、热管理系统高压正负、高压输出正负），如异常，则判定为高压盒故障，否则跳转到⑧。

⑧ 排查整车部件，重点排查整车 DC/DC、多合一、整车电机及整车空调等；如异常，则判定为整车故障，否则继续排查。

⑨ 如整车和 BMS 均排查无问题，则可能为整车 Y 电容偏大导致绝缘偏低，需采集 SCAN 报文及上位机数据进行数据分析。

⑩ 采集 ACAN 报文，根据 ACAN 协议分析整车是否将绝缘值发出，如果是继续排查，否则请求整车排查。

3）充电过程绝缘检测。

① 确认更换其他（最好是不同制造商的）充电桩后是否继续报绝缘故障，如果是继续排查，否则跳转到⑦。

② 连接上位机，确认上位机所报的绝缘故障。

③ 插充电枪开始充电，观察绝缘故障报出时机，如绝缘故障出现在充电继电器闭合后 0 ~ 1min，则跳转到⑥，如发生在充电继电器闭合前则继续排查。

④ 停止充电，断开充电枪，整车正常上低压电，闭合主正 / 主负继电器，观察是否报绝缘故障，如果有则跳转到⑥，否则继续排查。

⑤ 高低压下电，用绝缘表测量充电口正负极对地的绝缘，如果有绝缘故障联系整车充电更换充电底座，否则继续排查。

⑥ 按照 "BMS 绝缘低故障" 排查绝缘故障。

⑦ 联系充电桩厂家排查充电桩，重点确认下是否有绝缘模块在工作，充电桩绝缘是否正常。

⑧ 采集数据，将数据及排查结果发回相应公司的技术人员请求支持。

⑨ 测量高压盒正负极分别的对地绝缘（包括加热输入输出、热管理系统高压正负、高压输出正负），如异常则判定为高压盒故障，否则跳转到⑧。

⑩ 排查整车部件，重点排查整车 DC/DC、多合一、整车电机及整车空调等；如异常，则判定为整车故障，否则继续排查。

⑪ 如整车和 BMS 均排查无问题，则可能为整车 Y 电容偏大导致绝缘偏低，需采集 SCAN 报文及上位机数据进行数据分析。

⑫ 采集 ACAN 报文，根据 ACAN 协议分析整车是否将绝缘值发出，如果是继续排查，否则请求整车排查。

任务四　检修新能源汽车充电系统故障

动力电池充电系统是新能源汽车的电能补给系统，主要分为常规充电（俗称慢充）和快速充电（俗称快充）两种方式。新能源汽车的充电系统包括慢充电插孔、快充电插孔、车载充电机、高压盒、充电连接线以及相关的控制单元等部件，如图 4-23 所示。

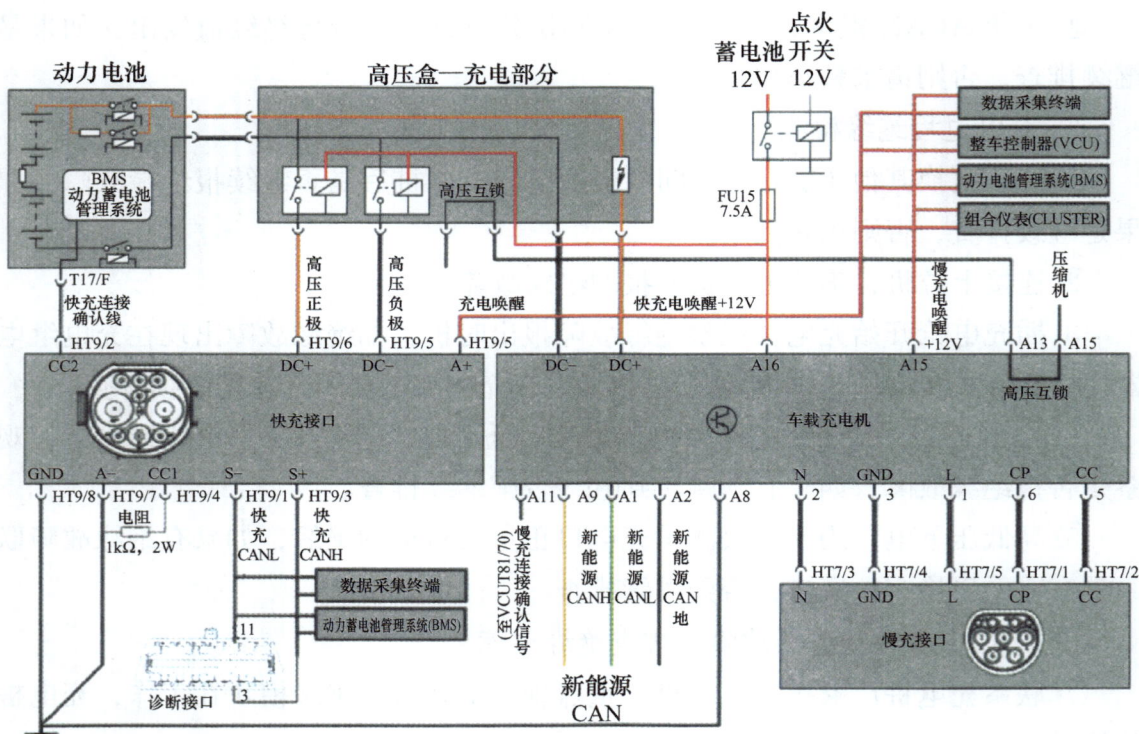

图 4-23　充电系统

一、认知新能源汽车交直流充电系统

当前新能源汽车主要以插电式混合动力汽车和电动汽车为主，这两种新能源汽车都需要进行充电。

1. 充电系统作用

对于电动汽车和插电式混合动力汽车，动力电池充电系统是不可缺少的子系统之一，其功能是将电网的电能转化为车载动力电池的电能，当动力电池充满后自动停止充电。动力电池充电系统主要由充电机、充电设备（如移动充电包、便携式电动汽车充电器或充电桩）和车载充电接口三部分组成。

（1）充电机

充电机是指将电网提供的交直流电能转化为车载动力电池所需的直流电能装置（即 AC/DC 转换器、DC/DC 变换器）。电动汽车和插电式混合动力汽车充电机分为车载充电机（安装在车内）和非车载充电机（安装在充电桩内）两种。

车载充电机是指将 AC/DC 转换器安装在插电式混合动力汽车或电动汽车上，采用地面交流电网或车载电源对动力电池进行充电的装置，如图 4-24 所示。车载充电机负责与交流电网建立连接并满足车辆充电的电气安全要求。此外还通过控制导线与车辆建立通信。这样可以安全启动充电过程并在车辆与车载充电机之间交换充电参数（例如最大电流强度）。

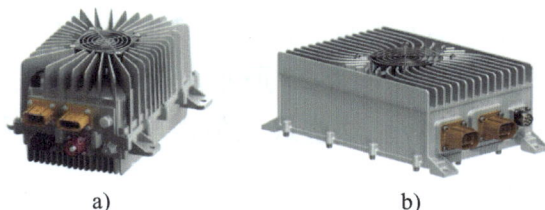

a)　　　　　　　　b)

图 4-24　车载充电机

（2）移动充电包

移动充电包是一条充电线，任何有普通电源接口的地方都可以充电，体积和重量均较小，所以使用非常方便，如图 4-25 所示，也可将移动充电包放在行李舱内。由于使用普通家用插座将移动充电包连接到交流电压网络上，限制了最大充电电流强度。我国针对该交流电压网络提供的相关产品型号可使用最大 16A 的电流强度或最大 3.7kW 的充电功率，属于车载慢充系统，理论上，使之前完全放电的插电式混合动力汽车与电动汽车动力电池重新充满电大约需要持续 7h。为减少最大充电功率使用时间，不允许以最大充电电流进行充电，因此实际充电的持续时间更长。

（3）便携式电动汽车充电器

便携式电动汽车充电器的外观像是我们平常用到的旅行箱，还带着小轮子，以便于拖动。这款移动电源的质量约为 23kg，内置一块容量为 4kW·h 的电池，充电 30min 可以为车辆增加 19 ～ 32km 的续驶里程，如图 4-26 所示。

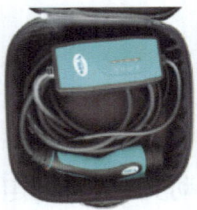 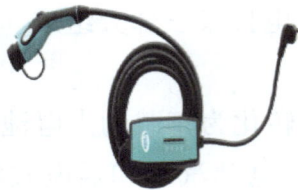 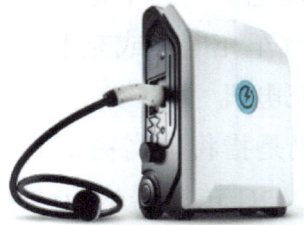

图 4-25　移动充电包　　　　　图 4-26　便携式电动汽车充电器

（4）充电桩

插电式混合动力汽车与电动汽车供电设备型号，根据其尺寸和电气要求必须以固定方式安装，如安装于客户屋内或车库内；在公共场所如停车场也可以设立充电桩。充电桩分为交流充电桩和直流充电桩。

交流充电桩可通过二相或三相方式将交流充电桩连接至交流电压网络，但始终通过单相方式与新能源汽车充电接口进行连接。在我国，固定安装式交流充电桩包括落地式和挂壁式两种，如图 4-27 所示。交流充电桩的最大电流强度可为 32A，最大充电功率可为 7.4kW。这些最大值由电气安装所用导线横截面的大小所决定。进行安装时，电气专业人员根据导线横截面配置充电桩，确保可通过控制信号将相应的最大电流强度传输至车辆。

原则上，可通过交流电（交流电充电）或直流电（直流电充电）进行动力电池充电。在新能源汽车上，动力电池的充电方式主要取决于车辆充电配置以及不同国家的充电基础设施，如图 4-28 所示。

充电桩是一种专为车载动力电池充电的设备，是具有特定功能的电力转换装置。常用的充电桩可分为直流充电桩、交流充电桩和交直流充电桩三种。

 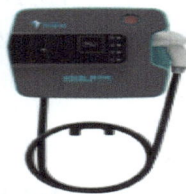

a) 落地式　　　　　　b) 挂壁式

图 4-27　固定安装式交流充电桩

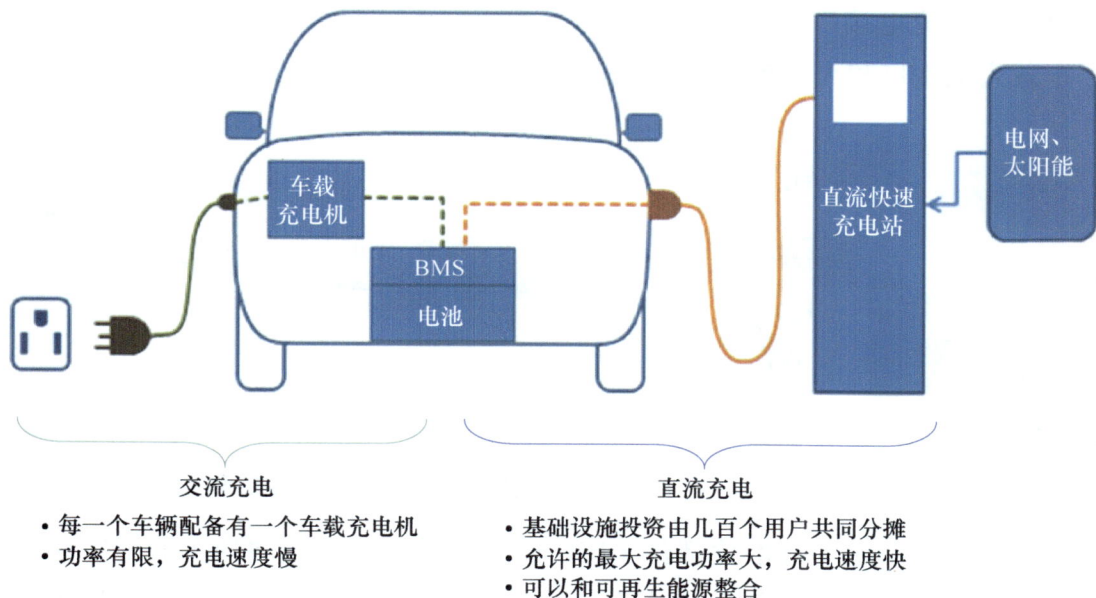

图 4-28　高压电池的充电方式

1）直流充电桩。直流充电桩指采用直流充电模式为电动汽车动力电池进行充电的装置，直流充电模式是以充电机输出的可控直流电源直接对动力电池进行充电，如图 4-29 所示。

2）交流充电桩。交流充电桩指采用交流充电模式为电动汽车动力电池进行充电的装置。交流充电模式是以三相或单相交流电源向电动汽车提供充电电源。交流充电模式的特征是充电机为车载系统，如图 4-30 所示。

图 4-29　直流充电桩

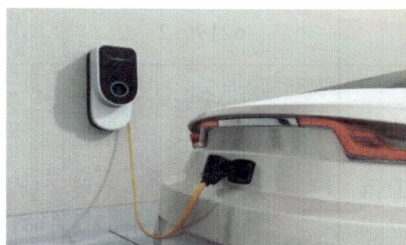

图 4-30　交流充电桩

3）交直流充电桩。交直流充电桩指将直流充电功能和交流充电功能集成在一体的，可移动、可固定、可挂壁的车用充电装置。交直流充电桩不仅具有为动力电池系统提供安全、自动充满电的能力，同时也具有为车载充电机提供交流电的能力，如图 4-31 所示。

（5）车载充电接口

车载充电接口和充电桩供电接口如图 4-32 所示。

图 4-31　交直流充电桩

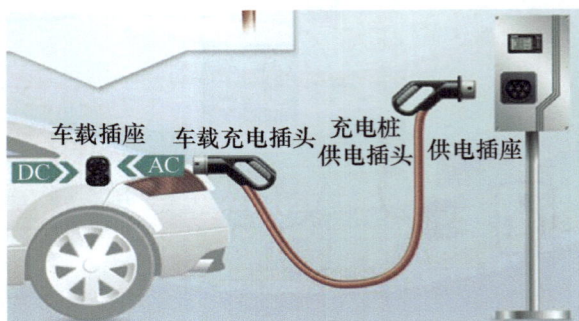

图 4-32　车载充电接口和充电桩供电接口

所用充电插头也为标准化部件（IEC 62193-2）。根据不同的车辆配置和对应的国家充电插头规格的不同，使用不同的充电接口，具体采用哪种充电插头取决于特定的国家 / 地区标准要求。表 4-15 所列概括了常见的充电插头形式。

表 4-15　常见的充电插头形式

类别	充电插头形式			
	美国（型号 1）	欧洲（型号 2）	日本	中国
交流充电	SAE J1772/IEC 62196-2	IEC 62196 2	IEC 62196- 2	GB/T 18487.2—2017
Combo 充电插头（直流充电）	SAE J1772/ IEC 62196-3Combo 1	IEC 62193-3Combo2	CHAdeMO/ IEC 62196-3	GB/T 18487.3—2001 IEC 62196-3

2. 充电系统充电模式

GB/T 18487.1—2023《电动汽车传导充电系统　第 1 部分：通用要求》规定了电动汽车传导充电系统在设计、制造和使用过程中需要遵循的基本要求，包括电气安全性、机械安全性、环境适应性等方面。例如，在电气安全性方面，该标准规定了电动汽车传导充电系统必须具备绝缘保护、漏电保护、接地保护等基本的电气安全功能；在机械安全性方面，该标准要求电动汽车传导充电系统应该具有防水、防尘、防撞击等基本的机械安全功能。

（1）充电模式

充电模式见表 4-16。

表 4-16　充电模式

充电模式	定义
模式 1	将电动汽车连接到交流电网（电源）时，在电源侧使用了符合 GB/T 2099.1—2021 和 GB/T 1002—2021 要求的插头插座，在电源侧使用了相线、中性线和接地保护的导体
模式 2	将电动汽车连接到交流电网（电源）时，在电源侧使用了符合 GB/T 2099.1—2021 和 GB/T 1002—2021 要求的插头插座。在电源侧使用了相线、中性线和接地保护的导体，并且在充电连接时使用了电缆控制与保护装置（IC–CPD）
模式 3	将电动汽车连接到交流电网（电源）时，使用了专用供电设备，将电动汽车与交流电网直接连接，并且在专用供电设备上安装了控制导引装置
模式 4	将电动汽车连接到交流电网或直流电网（电源）时，使用了专用供电设备，将电动汽车与交流电网直接连接，并且在专用供电设备上安装了控制导引装置（快充使用的唯一模式）

（2）慢充

在慢充系统中，慢充桩通过慢充枪与车辆的慢充口连接，慢充桩的交流电通过慢充线束及车载充电机，将交流电转变为高压直流电，经过高压盒、直流母线为动力电池充电。同时，高压直流电还通过 DC/DC 变换器给低压电池充电，如图 4-33 所示。

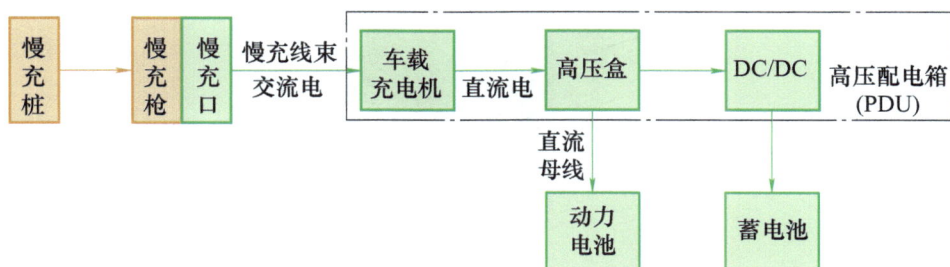

图 4-33　慢充

（3）快充

在快充系统中，快充桩通过快充枪与车辆的快充口连接，快充桩的高压直流电通过快充线束，经过高压盒中的快充正、负极继电器，最后通过直流母线为动力电池充电。同时，高压直流电还通过 DC/DC 变换器给低压电池充电，如图 4-34 所示。

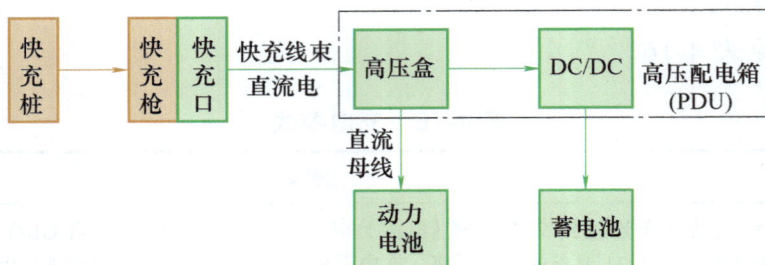

图 4-34　快充

二、车载充电系统工作原理

1. 慢充系统

慢充系统是使用普通的交流 220V 单相民用电，通过车载充电机将交流电变换为高压直流电，从而给动力电池充电。车载充电机采用高频开关电源技术，由 BMS 控制智能充电，无须人工看守，保护功能齐全，具有过电压、欠电压、过电流、过热、输出短路、反接等多种保护功能，当充电系统出现异常会及时切断供电。新能源汽车慢充电插孔端子如图 4-35 所示。充电功率取决于车载充电机功率，目前主流有 2kW、3.3kW、6.6kW。

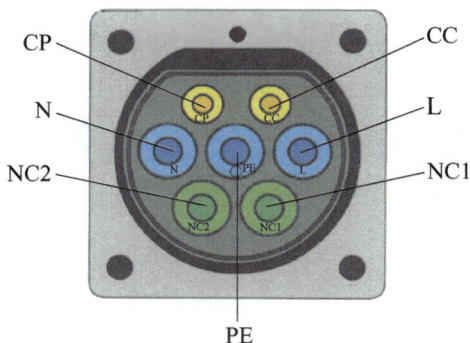

图 4-35　新能源汽车慢充电插孔端子

CP—充电控制　CC—充电连接确认　N—中性线　L—A 相
PE—地线（搭铁）　NC1—B 相　NC2—C 相

根据 GB/T 18487.1—2023《电动汽车传导充电系统　第 1 部分：通用要求》，

CC 信号是充电插头和充电插座是否连接的判断信号，同时车辆根据 CC 的信号值，判断 RC 电阻，确定线束的容量。CP 信号是判断供电设备的供电能力，通过脉冲宽度调制（PWM）值确定。电气原理图中的各电阻和 PWM 值都必须满足标准要求，且控制器必须按照标准进行判断，以满足车辆在市场上的充电需求。

（1）车载充电机构造

车载充电机内部可分为主电路、控制电路、线束及标准件三部分。主电路前端将交流电转换为恒定电压的直流电，主电路后端为 DC/DC 变换器，将前端转出的直流高压电变换为合适的电压及电流供给动力电池。

车载充电机安装在发动机舱内，高压电池的充电机具有以下接口，如图 4-36 所示。

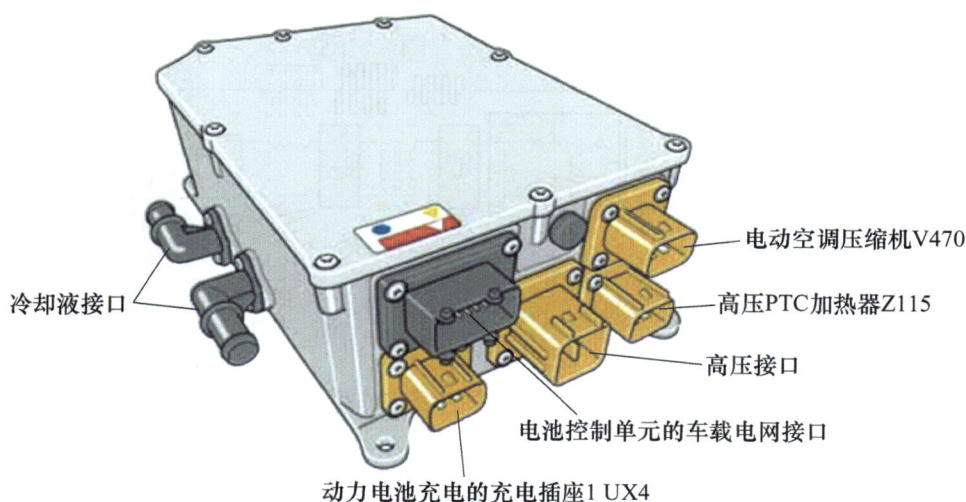

图 4-36　车载充电机

为了给动力电池充电，动力电池的充电机 1AX4 将交流电转换为直流电，并转换为约 400V 的充电电压，如图 4-37 所示。

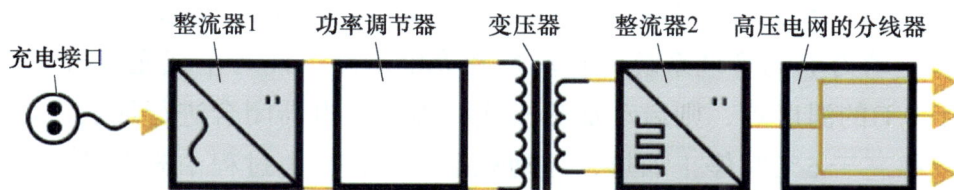

图 4-37　动力电池充电

整流器 1：输入的交流电在整流器中转换为直流电。

功率调节器：根据电池控制单元的规定，借助 100kHz 的脉冲频率将直流电调整为所需的电流强度。

变压器：根据电池控制单元规定的充电要求调整所需的电压。

整流器 2：现在将脉冲充电电流重新转换为直流电并提供给动力电池使用。

输出端：通往电机的电子功率和控制装置的输出端，通往高压 PTC 加热器的输出端，通往电动空调压缩机的输出端。

（2）车载充电机工作原理

车载充电机控制电路具有控制场效应管开关，它与 BMS 之间进行通信，监测车载充电机工作状态以及与充电桩握手等。线束及标准件用于主电路与控制电路的连接，固定元器件及 PCB。车载充电机工作原理如图 4-38 所示。

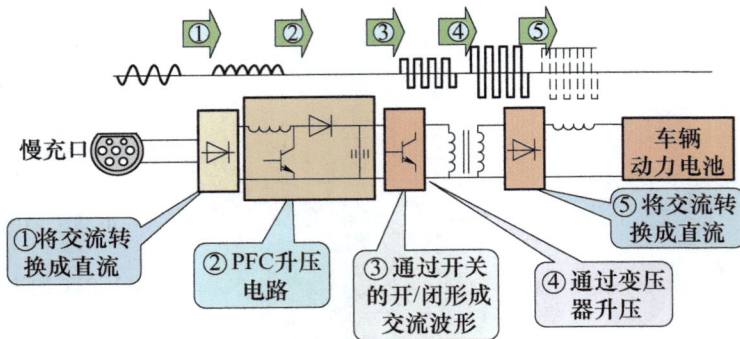

图 4-38　车载充电机工作原理

车载充电机的工作均由 BMS 发出指令进行控制，包括工作模式指令、动力电池允许最大电压、充电允许最大电流、加热状态电流等。车载充电机通过 CAN 总线与车辆进行通信，通信内容包括单体电池、模块和总成的相关技术参数，充电过程中动力电池的状态参数，车载充电机工作状态参数以及车辆基本信息等。

充电前，BMS 会自动监测动力电池箱内部的动力电池温度，若监测温度过高或过低，动力电池管理系统将自动切断充电回路，此时车载充电机无法充电。若有低于 0℃ 的温度点，则启动加热模式，加热继电器闭合进行加热，待所有电芯温度点都高于 5℃ 时停止加热，启动充电程序，充电过程中充电桩电流显示为 12 ～ 13A。

加热状态时，车载充电机停止充电，此时 BMS 闭合负极继电器和加热继电器，通过电热元件给动力电池内的电芯进行加热，加热电流由车载充电机向加热元件直接供电。

慢充状态时，动力电池高压正负继电器闭合，车载充电机首先判断其输出端的电压，当监测到电压满足充电要求后，车载充电机将闭合其输出端继电器并开始工作。慢充工作流程见表 4-17。

表 4-17 慢充工作流程

序号	车载充电机	动力电池、BMS	VCU、仪表、数据终端
1	220V 上电	待机	待机
2	12V 低压供电并等待指令	唤醒	
3	接收指令并执行加热流程	BMS 监测动力电池状态并发送加热指令	
4	接收指令并停止工作	BMS 监测动力电池温度并发送停止指令	唤醒
5	接收指令并执行充电流程	BMS 待充电机反馈后发送充电指令	
6	接收指令并停止工作	BMS 监测动力电池状态并发送完成指令	
7	完成充电后 1min 内控制充电桩结算	待机	待机

2. 快充系统

快充系统使用工业用 380V 三相交流电通过功率变换后，将直流高压大电流通过高压动力电缆直接向动力电池进行充电。快充系统主要部件包括快充桩、快充电插孔、车内高压线束、高压盒以及动力电池等。新能源汽车快充插孔端子如图 4-39 所示。

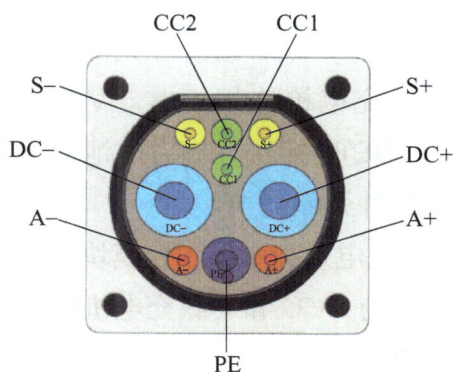

图 4-39 新能源汽车快充插孔端子

1）DC−：高压直流充电电源负极。

2）DC+：高压直流充电电源正极。

3）PE：地线（搭铁）。

4）A−：低压辅助电源负极。

5）A+：低压辅助电源正极。

6）CC1：充电连接确认。

7）CC2：充电连接确认。

8）S+：充电通信 CANH。

9）S−：充电通信 CANL。

快充桩安装在固定的充电场所，与 380V 交流电源连接。电流经过功率因数校正（PFC）模块、DC/AC 转换器、高频变压器、AC/DC 转换器后，与新能源汽车快充插孔相连接。快充桩工作原理如图 4-40 所示。

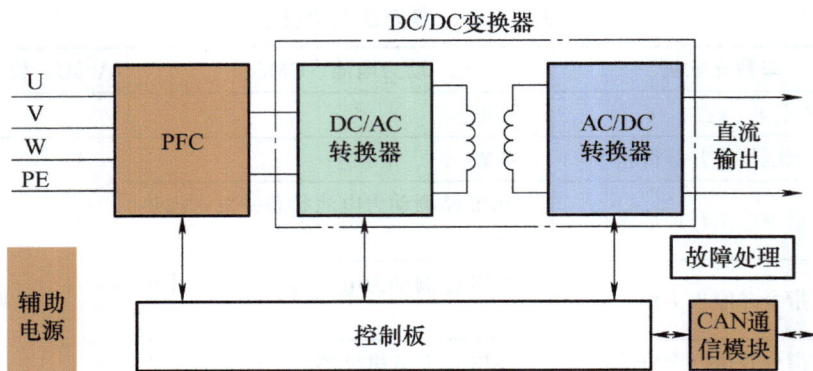

图 4-40　快充桩工作原理

新能源汽车快充时的电流大小受动力电池内部温度的影响，当动力电池温度低于 5℃时停止充电，5～15℃时充电电流为 20A 左右，15～45℃时充电电流为 50A 左右，高于 45℃时停止充电。

当车辆充电时，起动车钥匙位于 OFF 档位，充电枪连接正常后，首先充电桩发出 12V 低压电信号唤醒整车控制器（VCU），此时仪表充电插头指示灯点亮，表示充电枪连接正常。VCU 输出 12V 低压电信号，唤醒动力电池管理系统和DC/DC 变换器，动力电池内部自检合格后通过 CAN 总线向充电桩发出充电请求信号并开始充电。

充电过程中，主控模块与从控模块采集的动力电池电压和温度等信息通过 CAN总线与 VCU 和车载充电机通信，车载充电机可随时调节充电电流和电压，保证充电数据的安全合理。当充电线束拔出充电枪后，VCU 控制车辆高压系统下电。

三、新能源汽车充电故障的诊断流程

1. 故障类型

1）快充唤醒 A+ 故障。

2）连接确认 CC2 故障。

3）充电插座温度故障。

4）充电插座温度断路故障。

5）充电插座温度短路故障。

6）充电插座温度检测上拉电源故障。

7）整车不允许充电。

8）充电口充电前存在电压。

9）充电桩与 BMS 发送的充电参数不匹配。

2. 控制导引电路

控制导引电路如图 4-41 所示。

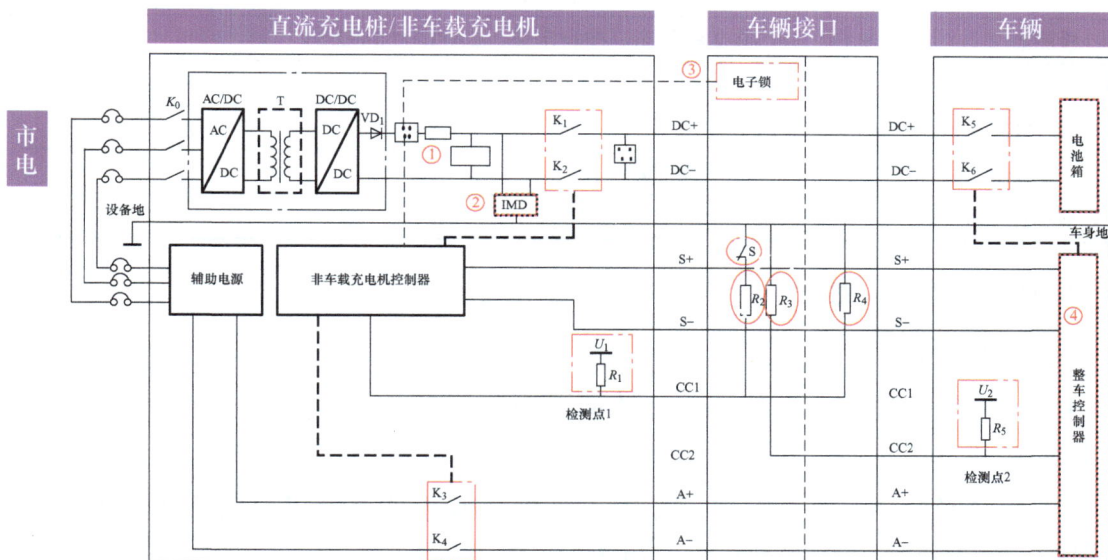

图 4-41 控制导引电路

3. 电路参数状态

电路参数状态见表 4-18。

表 4-18 电路参数状态

对象	典例值	备注
K_1、K_2	—	闭合后，充电桩的直流电才能输出
K_3、K_4	—	闭合后，充电桩的辅助电源 A+ 才能输出

（续）

对象	典例值	备注
K_5、K_6	—	闭合后，充电桩的直流电才能输出到电池箱，相当于高压盒内的直流充电继电器
R_1	1kΩ	—
R_2	1kΩ	在车辆插头内
R_4	1kΩ	在车辆插座内
U_1	12V	—
检测点 1	12V/6V/4V	共 3 种状态
S	常闭	与车辆插头上机械锁联动：按下机械锁，S 断开
R_3	1kΩ	在车辆插头内
R_5	1kΩ	在 BMS 内
U_2	12V	在 BMS 内。可自定义，如 CATL 为 5V
检测点 2	12V/6V	共 2 种状态。按自定义，CATL 为 5V/2.5V
① 泄放电路	—	—
② IMD	—	—
③ 电子锁	—	在车辆插头内
④ 整车控制器	—	—

4. 快充唤醒 A+ 故障

（1）故障分析

1）充电时 BMU 必须被唤醒后才能充电，唤醒信号一般为 A+ 信号，其典例值为 12V 或 24V，正常范围为 4 ～ 36V。

2）快充唤醒 A+ 故障的可能原因：①整车或车载充电机供电问题；②供电线路问题；③ DC/DC 问题；④ BMU 问题。

（2）排查步骤

1）如有条件更换充电桩，排除由充电桩导致的 BMU 唤醒失败的问题。

2）插充电枪，万用表测高压盒处 A+ 对地电压，若正常（4 ～ 36V），继续排查；若异常，协调整车和充电桩制造商排查。

3）查看电气原理图，有 DC/DC 项目进入第 4）步，无 DC/DC 项目进入第 5）步。

4）万用表测 DC/DC 接口处 A+ 对地电压，若正常（4 ～ 36V），参考 "BMS 供电唤醒与电池系统 DC/DC"，继续排查；若异常，排查高压盒到 DC/DC 线束。

5）BMU 插接件处测量 A+，若正常（4 ~ 36V），继续排查，若异常，更换 BMU 到高压盒底座线束。

6）BMU 插接件处整车铅酸电池供电电源若正常（18 ~ 32V），进入下一步；若异常，协调整车排查。

7）排查整车连接器铅酸电池电压是否正常，若正常继续排查，否则更换 BMU 到高压盒底座线束。

8）更换 BMU 进行验证。

5. 连接确认 CC2 故障

（1）故障分析

1）CC2 为整车端对物理连接的检测信号，如果检测到信号正常，才能进行下一步充电流程。

2）CC2 的 CATL 典例值为 5V 或 2.5V，正常范围是 4.6 ~ 5.2V 或 1.9 ~ 3.3V。（检测回路有两个 1kΩ 串联电阻，引起 CC2 检测点电压状态变化）

报警举例：① CC2 检测信号上拉电源电压故障；② CC2 连接丢失；③ CC2 信号检测上拉电源故障。

连接确认 CC2 故障的可能原因：①供电线路问题；② BMU 问题。

（2）排查步骤

1）上低压电，连接上位机，查看 CC2 电压是否为 4.6 ~ 5.2V，如果是，则继续排查，否则转至第 7）步。

2）上低压电，测量高压盒 CC2 线束对地电压是否约为 4.8V，如果是，则转至第 4）步（至此，基本电池端线路没问题，要考虑充电机问题），否则继续排查。

3）下低压电，排查高压盒 CC2 线束是否存在虚接、短电源、短地情况，如果是，则更换线束，否则继续排查。

4）测量充电 CC2 对地电阻是否为 1000Ω ± 30Ω，如果是，则继续排查，否则协调充电桩排查充电桩问题。

5）测量 PE 与 GND 之间的电阻是否小于 1Ω，如果是，则继续排查，否则排查 PE 线束接地是否良好。

6）插充电枪进行充电，查看上位机 CC2 电压是否为 2.2 ~ 2.6V，如果是，则继续排查，否则转至第 7）步。

7）更换 BMU 进行验证，如果问题解决，则说明为 BMU 问题，否则继续排查。

6. 充电插座温度故障

（1）故障分析

1）国家标准规定，额定充电电流大于 16A 的应用场合，供电插座、车辆插座均应设置温度监控装置。

2）报警举例：①直流充电 A 插座过温 1 级；②直流充电枪 1 插座温度过高报警。

3）触发机制：充电插座温度高于报警阈值。平台阈值为大于 100℃限制充电功率到 50%，大于 120℃停止充电。

4）充电插座温度故障可能原因：①温度检测点问题；② BMU 问题。

（2）排查步骤

1）连接上位机及调试线束，报的是充电插座过温故障。

2）上位机观察充电过程中，充电插座温度是否存在过温情况，如果是，则继续排查，否则跳转到第 4）步。

3）停止充电，根据电气原理图，从高压盒低压插接件处测量各 NTC 100℃电阻是否小于 120℃对应电阻，具体见表 4-19，如果是，则告知整车 BMU 处理，否则继续排查。

表 4-19　测量各 NTC 电阻　　　　　　　　　　（单位：kΩ）

温度传感器类型	100℃对应电阻	120℃对应电阻
TR29	16.5	6.8
NTSE1103FV040	0.99	0.6
CWF2103F950	0.67	0.386

4）更换 BMU 进行验证，如果问题解决，则定位为 BMU 问题，否则继续排查。

7. 充电插座温度检测 NTC 断路故障

（1）故障分析

1）国家标准规定，额定充电电流大于 16A 的应用场合，供电插座、车辆插座均应设置温度监控装置。

2）报警举例：直流充电枪 1 充电插座 NTC 断路故障。

3）触发机制：充电插座 NTC 检测回路断路。

4）充电插座温度检测 NTC 断路故障可能原因：①温度检测点问题；② BMU 问题。

（2）排查步骤

1）连接上位机及调试线束，上位机报充电插座 NTC 断路故障。

2）参考电气原理图，用万用表测量整车低压连接器 NTC 正负极端子线束是否导通。如果线束断路，则要求整车排查，否则继续排查。

3）参考电气原理图，排查高压盒内 NTC 正负极端子线束是否导通，如果线束断路，则更换线束，重新上电确认故障是否修复，否则继续排查。

4）更换 BMU 进行验证。

任务五　检修动力电池通信类故障

动力电池管理系统是二端子系统，其一端与整车电子系统相连，另一端与动力电池相连，并通过总线与能量控制系统、电机控制器、车载控制器、车载显示系统等进行实时通信。新能源汽车 BMS 主要基于微型计算机技术，并结合电池监测及自动控制技术对电池箱的状态进行实时监控、准确测量、安全保护，管理电池使其始终处于安全的状态下工作，进而提高动力电池管理系统的耐久性和鲁棒性。

一、认识新能源汽车通信的类型

1. CAN 总线

CAN 是控制器局域网（Controller Area Network）的简称，由德国博世公司于 1987 年，为解决现代汽车众多的控制器与测试仪器之间的数据交换问题而开发的一种串行数据通信协议，其通信速率最高可达 1Mbit/s，如图 4-42 所示。

CAN 总线协议包括三个部分：高速 CAN 网物理层、中速 CAN 网物理层和协议层。

图 4-42　CAN 总线

2. ISO 9141 协议

ISO 9141 协议主要为车辆与诊断设备之间通信的国际标准，于 1994 年开始

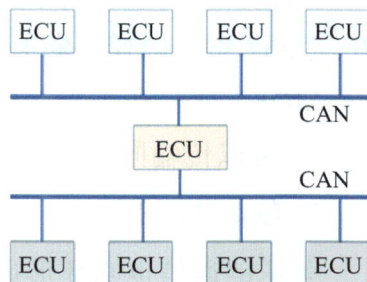

在车辆上使用，其速率 <10.4kbit/s。

ISO 9141 协议中包含有一系列模块，只有与诊断仪连接后，模块才通过网络的单根数据总线发送信息。ISO 9141 协议连接在总线上的控制模块之间没有通信，如图 4-43 所示。

3. LIN 总线

局域互联协议（Local Interconnect Network，LIN）是由摩托罗拉、宝马、戴姆勒–克莱斯勒、大众等乘用车公司组成的 LIN 协会，于 1999 年推出的开放式串行通信标准。2000 年和 2003 年，分别发布了 LIN1.2 和 LIN2.0 规范。

LIN 总线主要用作 CAN 总线等高速总线的辅助网络或子网络，在带宽要求不高、功能简单、实时性要求低的场合，如车身电器的控制（空调、后视镜、车门模块、座椅等），使用 LIN 总线可有效地简化网络线束，减低成本，提高网络通信效率和可靠性，CAN–LIN 总线如图 4-44 所示。

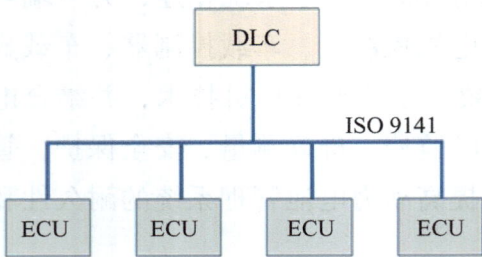

图 4-43　ISO 9141 协议　　　　图 4-44　CAN–LIN 总线

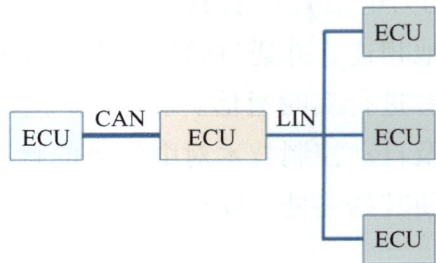

4. MOST 总线

MOST 总线是面向多媒体定向传输系统，由德国 Oasis Silicon System 公司开发，2002 年应用到车辆上。

MOST 总线利用光纤进行数据传输，传输速率可达 25Mbit/s，采用环形拓扑结构，可以传输同步数据、非同步数据和控制数据，如图 4-45 所示。

5. 菊花链通信

菊花链通信也叫环形通信，是指将多个设备按照环形连接起来，每个设备只与相邻的设备进行通信。当一个设备需要发送数据时，必须等到其相邻的设备空闲，然后才能发送数据，如图 4-46 所示。这种通信方式的优点是实现简单、成本低，但是受限于环形连接的物理结构，传输速率较慢，传输距离较短，只适用于少数设备之间的通信。

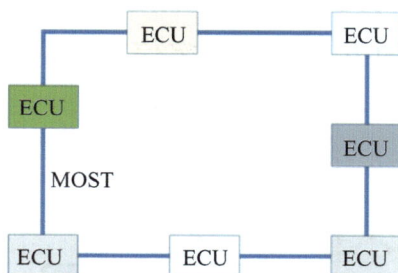

图 4-45　MOST 总线

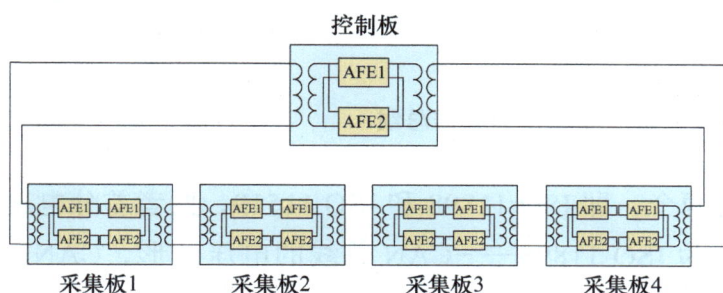

图 4-46　菊花链通信

二、常见通信信号的传输

1. CAN 总线

CAN 总线是 ISO 国际标准化的串行通信协议。在当前的汽车产业中，出于对安全性、舒适性、方便性、低公害、低成本的要求，各种各样的电子控制系统被开发了出来。

CAN 是一套应用在车辆上的计算机局域网络。图 4-47 所示为 CAN 总线的示意图，它由 3 组 CAN 总线组成，它们之间使用网关模块进行连通。

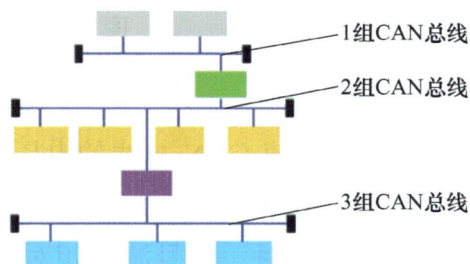

图 4-47　CAN 总线的示意图

CAN 总线采用双绞线作为数据总线，以增加总线的抗干扰能力，如图 4-48 所示。两根双绞线分别命名为 CANH 和 CANL。

CAN 总线采用电压差的方式识别数字信号，从而判断所传输信息的含义。CAN 总线电压差驱动如图 4-49 所示。

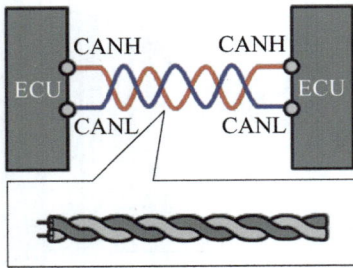

图 4-48　CAN 总线采用双绞线作为数据总线

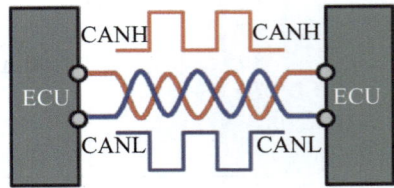

图 4-49　CAN 总线电压差驱动

CAN 标准有两个，即 ISO 11898 和 ISO 11519，两者差分电压特性不同。

图 4-50 所示为 ISO 11898——CAN 总线的电压波形，CANH 与 CANL 形成了对称的阵列布置方式。

CANH 的电压在高位时为 3.5V，在低位时为 2.5V；CANL 的电压在高位时为 2.5V，在低位时为 1.5V。CAN 总线信号特点如图 4-51 所示。

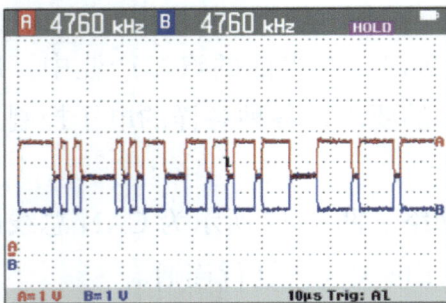

图 4-50　ISO 11898——
CAN 总线的电压波形

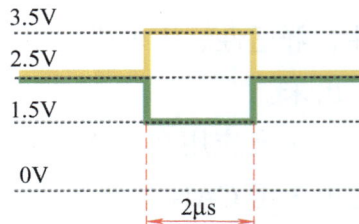

图 4-51　CAN 总线信号特点

图 4-52 所示为 ISO 11519——低速 CAN 总线的电压波形。

终端电阻的作用是吸收信号反射及回波，而产生信号反射的最大来源便是阻抗不连续以及不匹配。高频信号传输时，信号波长相对传输线较短，信号在传输线终端会形成反射波，干扰原信号，所以需要在传输线末端加终端电阻，使信号到达传输线末端后不反射。对于低频信号则不用。CAN 总线两端必须连接终端电阻才可以正常工作，终端电阻应该与通信电缆的阻抗相同，典型电阻为 120Ω，如图 4-53 所示。

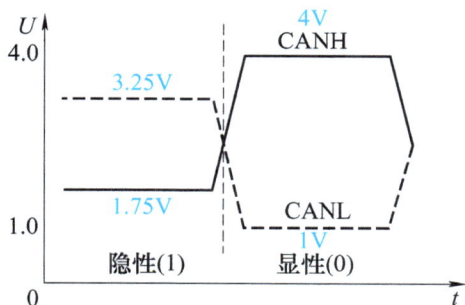

图 4-52　ISO 11519——
低速 CAN 总线的电压波形

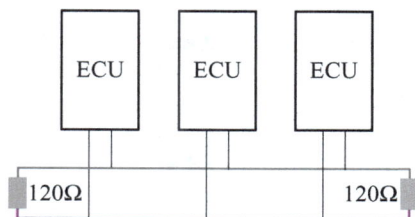

图 4-53　终端电阻

其作用是匹配总线阻抗，提高数据通信的抗干扰性及可靠性。在高速 CAN 数据总线的 CANH 和 CANL 线路端（或节点内）均以终端电阻连接，高速终端电阻为 120Ω，如图 4-54 所示。而在低速 CAN 数据总线的 CANH 和 CANL 线路端（或节点内）均与终端电阻连接，低速终端电阻为 2.2kΩ，如图 4-55 所示。终端电阻的作用是消除电压信号在线路上出现回流现象，以保证 CAN 总线上的数据准确性。终端电阻也为 CAN 总线的故障诊断提供了参考依据。

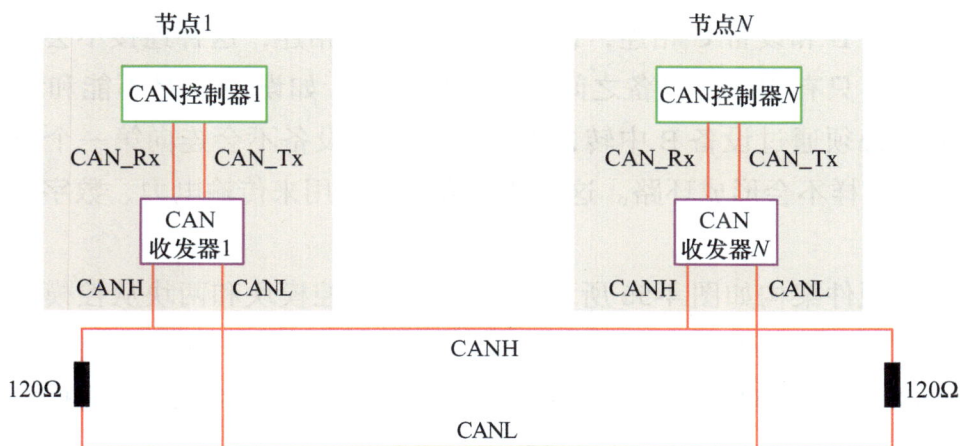

图 4-54　高速终端电阻

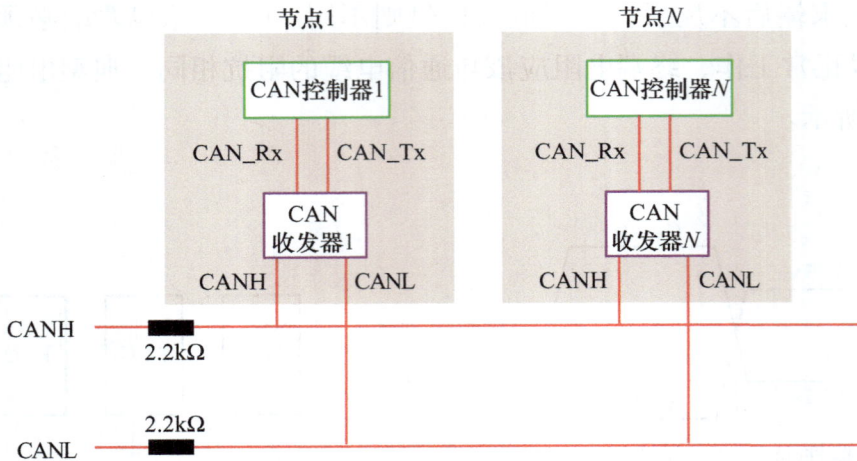

图 4-55 低速终端电阻

CAN 总线速率和最大通信距离见表 4-20。

表 4-20 CAN 总线速率和最大通信距离

指标	高速 CAN 总线				低速 CAN 总线				
速率 /（kbit/s）	1000	500	250	125	100	50	20	10	5
最大通信距离 /m	40	130	270	530	620	1300	3000	6700	10000

最大通信距离指同一条总线上两个节点之间的距离。

2. 菊花链通信

在电子电气工程中，菊花链通信代表一种配线方案，如设备 A 和设备 B 用电缆相连，设备 B 和设备 C 相连，设备 C 和设备 D 相连，这种连接不会形成网状的拓扑结构，只有相邻的设备之间才能直接通信，如设备 A 是不能和设备 C 直接通信的，必须通过设备 B 中转，因为最后一个设备不会连向第一个设备，所以这种方法同样不会形成环路。这种连线方法能够用来传输电力、数字信号和模拟信号。

BMS 的硬件架构如图 4-56 所示，包含一块主控模块和两块从控模块，主控模块和从控模块之间通过菊花链方式通信，包含多个不可或缺的功能模块，共同实现 BMS 的功能。BMS 的技术要点有很多，本文主要介绍 BMS 主控模块与从控模块之间的信息交互部分（红色虚线框）——菊花链通信。

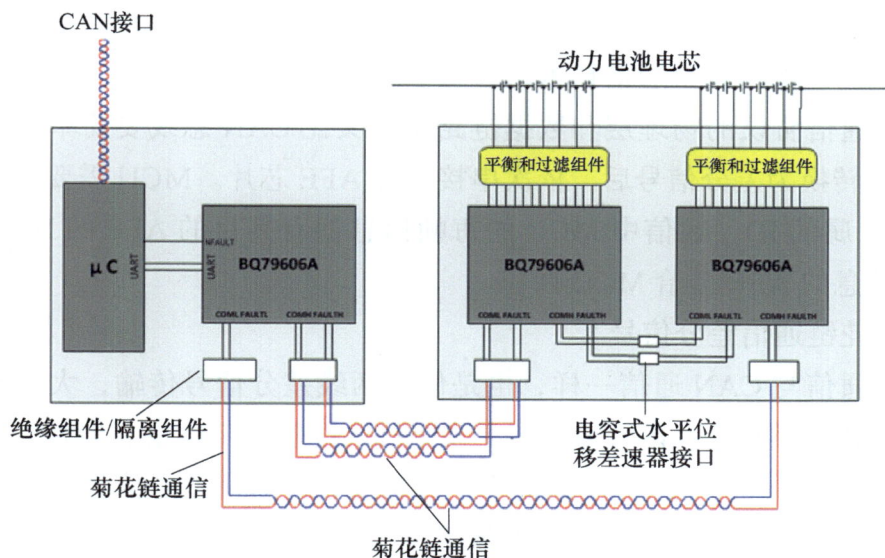

图 4-56　BMS 的硬件架构

BMS 的主控模块与从控模块之间的通信方式主要有两种：CAN 通信和菊花链通信。因为 CAN 通信在汽车电子上的应用时间长且通信稳定性好，所以早期主控模块与从控模块之间采用 CAN 通信方式（当前一些量产车型上仍然使用 CAN 通信），出于对汽车电子成本的考虑，行业内逐渐发展了一种新的通信方式——菊花链通信，由于其使用的元器件更少（减少了芯片使用），更具成本优势。虽然菊花链通信的稳定性没有 CAN 通信好，但是考虑到 BMS 多数场景下放置在一个相对封闭的应用场景（电池箱内部），并且主控模块与从控模块之间的线束较短，符合应用要求，所以目前市场上使用更多的是菊花链通信方式。菊花链通信与 CAN 通信如图 4-57 所示。

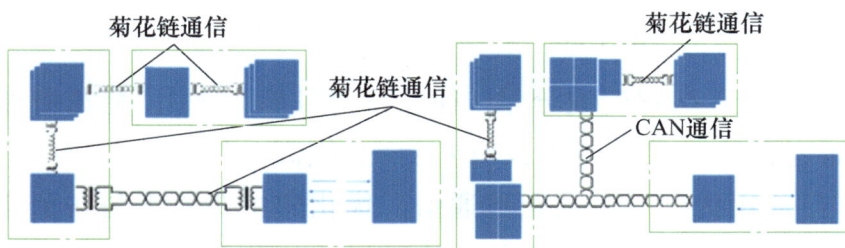

图 4-57　菊花链通信与 CAN 通信

（1）菊花链通信协议

目前，BMS 菊花链通信技术还没有形成行业标准，主要是由各模拟前端

（AFE）芯片厂家制定私有协议，各家的 AFE 只能与其自家的桥接芯片配套使用，各家对自己的菊花链通信技术命名也不同。

菊花链通信协议的物理层和数据链路层定义比 CAN 总线要简单得多，桥接芯片将信号转换为差分信号后，依次串接到各 AFE 芯片。MCU 需要先为每一个 AFE 配置专属的 ID，通信中 MCU 的每帧信息都有其目的 AFE 的 ID 信息，正确接收到信息的 AFE 会给 MCU 回应。

（2）菊花链通信差分信号

菊花链通信与 CAN 通信一样，也是使用两线差分信号传输，大多数芯片方案也需要终端端接电阻（内置或外接）去阻抗匹配和稳定网络。但是，其使用脉冲相位调制方式编码，与 CAN 通信不一样，菊花链通信差分信号传输如图 4-58 所示，正相脉冲表示逻辑"1"，负相脉冲表示逻辑"0"，通过芯片内的编码解码模块实现转换。

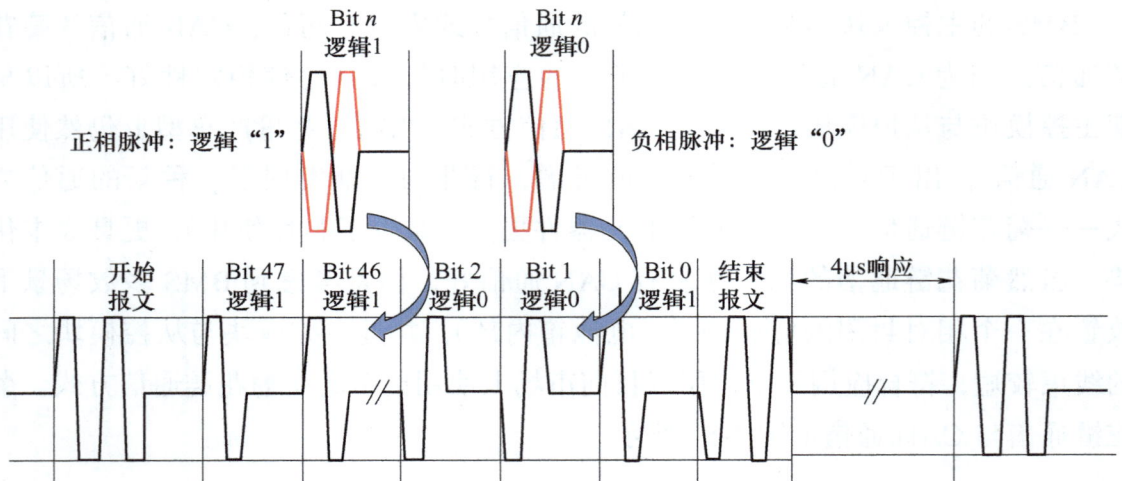

图 4-58　菊花链通信差分信号传输

脉冲上下沿具有高频谐波分量（往往是对外辐射源）。菊花链通信的使用率没有 CAN 总线高，稳定性也没有 CAN 总线高，但是随着时间的推移会有越来越多车厂使用优化后的菊花链通信。优化的主要原理是在菊花链通信链路上采用多信道的通信方式，这种结构可以叠加两个不同频率的信号，在接收端通过分频和滤波后由两个独立信道进行接收。这两个信道是冗余的，当某一个信道发生故障时，另一个完全可以继续工作。这样的设计极大地提高了通信的可靠性和抗干扰性。

菊花链通信虽然还没有形成统一的行业标准，其稳定性也有待更多的市场应用去验证，但是由于其具有低成本优势和受更低成本市场需求的驱使，未来菊花链通信在稳定可靠、行业标准统一上会有很大的发展空间。

三、动力电池通信类故障

1. CAN 通信故障

（1）故障分析

1）电池系统有多个 CAN 总线，分别承载不同的功能，最终都汇集到 BMU。

2）报警举例：① ACAN/SCAN/HVB 通信故障；② ACAN 通信丢失标志 0：正常（normal），1：丢失（lost）；③ SCAN 通信丢失标志 0：normal，1：lost。

3）CAN 通信故障可能原因：①传输线路问题；② CAN 总线节点问题。

（2）排查步骤

1）连接上位机，低压上电，读取故障码（DTC），确认报故障的 CAN 总线位置，继续排查。

2）检查上位机设置，调试线和 CAN 设备是否正确连接，正常则下一步，异常则修复。

3）查看 BMU 的常电供应和唤醒电源电压（点火开关 / 直流充电唤醒 / 交流充电唤醒 /VCU 唤醒等）是否正常，正常则下一步，异常则修复。

4）用万用表测量高压盒低压线束输出插头上 CANH 和 CANL 之间的电阻，正常为 60Ω（或 120Ω），正常则下一步，异常则跳转第 6）步。

5）用万用表测量高压盒低压线束输出插头上 CANH 对地电压是否在 2.5 ～ 3.5V，CANL 对地电压是否在 1.5 ～ 2.5V，正常则跳转第 7）步，异常则下一步。

6）用万用表测量 CAN 总线是否断路、短电源、短地或者插接件虚接退针，若线束异常，更换线束；若线束正常，则继续排查。

7）用上位机采集报文，查看各路 CAN 通信是否有报文发出，若无 BMU 或电池的其他部件报文发出，则更换对应的硬件总成。

2. 菊花链通信故障

（1）误码率

1）当误码率为 0 时：此时通信正常。

2）当误码率大于 3% 时：此时通信存在异常，应重点关注通信质量。

3）当误码率大于 7% 时：此时通信情况恶劣，上位机会弹窗报警，建议先排查线束。

4）当误码率为 100% 时：菊花链通信中断，上位机检测如图 4-59 所示。

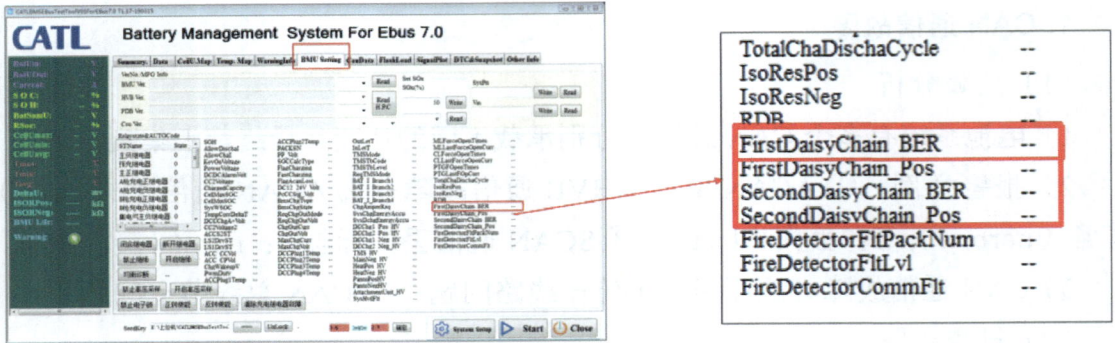

图 4-59　上位机检测

（2）故障排查

1）测线束通断。

① 测试电池箱外线束：端子 1 对端子 1，端子 2 对端子 2，端子 4 对端子 4，端子 5 对端子 5。

② 测试电池箱内线束：BMU 端控制盒低压输出插接件：端子 4 对端子 5，端子 1 对端子 2，阻抗小于 1Ω（图 4-60）。

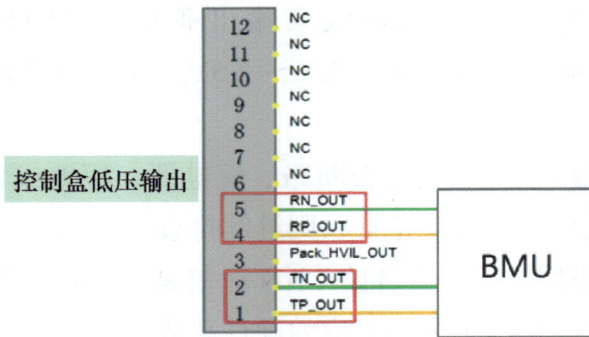

图 4-60　测试阻抗

③ 测试电池箱内线束：电池箱低压输入输出插接件：端子 1 和端子 2 悬空不测试，仅测试端子 4 对端子 5，阻抗小于 1Ω（图 4-61）。

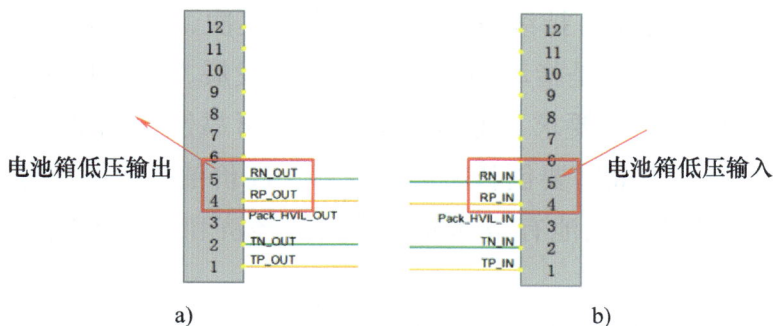

图 4-61 测试端子 4 对端子 5 阻抗

2）检查双绞线。

① 这一步应仔细检查、确认。

② 双绞线绞错，信号衰减约 400mV，会直接造成无法通信。

（3）菊花链通信故障排除

1）故障分析。

① 报警举例：菊花链通信故障和 CSC 菊花链通信丢失故障。

② CAN 通信故障可能原因：传输线路问题和 CAN 总线网络节点问题。

2）排查步骤。

① 连接调试线束，连接上位机，车辆上电，查看故障码是否存在菊花链通信故障。

② 在上位机数据（Data）界面，查看各 CSC 数据是否丢失，如果是，则下一步，否则跳转第④步。

③ 查看菊花链误码率（First Daisy Chain BER 和 Second Daisy Chain BER）和故障节点位置（First Daisy Chain_Pos 和 Second Daisy Chain_Pos），根据故障位置和电气原理图定位故障电池箱排查连接线束，拆电池箱重新拔插 CSC 插接件。装车后若故障仍未排除，则继续下一步。

④ 更换 BMU 验证，若故障仍未恢复，则继续排查。

⚙ 拓展学习

2024 年 9 月 1 日，宁德时代董事长曾毓群在 2024 世界动力电池大会期间，认为动力电池行业必须迈进"高标准"发展阶段，给出的四点建议分别是高安全、高可靠、高性能、高价值。

　　首先，高安全是行业可持续发展的生命线；其次，"可靠"是动力电池行业的竞争力；再次，高性能是指动力电池行业不断发展，新的应用场景不断涌现，催生了对电池性能的更高要求。电池在安全性、可靠性、能量密度、充电速度、循环寿命、耐温性等方面需要创新突破；最后，高价值是指一块好电池输出电能只是"基本功"，未来，电池有望释放多维度的经济和社会价值等，甚至可以成为"投资品"。

　　曾毓群认为，上述模式可以让电池在峰谷电价差距相当高的地方，为消费者提供新价值，并作为"移动充电宝"在将来平衡风、光、储、充，甚至在电网不稳定的极端情况下成为电源。

神行电池　　　　FINAL 电池
　　　　　　　　生产线